Truth In History 5

真田一族
家康が恐れた最強軍団

相川 司 著

新紀元社

まえがき

「真田日本一の兵(つわもの)」の実像を描く

「真田三代」とは

　本書『真田一族』のメインテーマは、〈真田幸隆(ゆきたか)（享年62歳）―昌幸(まさゆき)（65歳）―幸村(ゆきむら)（49歳）〉と続く「真田三代」の活躍の歴史である。それぞれの生没年を記すと「幸隆（1513〜74）、昌幸（1547〜1611）、幸村（1567〜1615）」、ちょうど真田三代で約百年となる。そして幸村の兄・信之(のぶゆき)（1566〜1658　享年93歳）も著名な人物だ。

　彼らが生きた時代、それこそが「戦国時代」といっていい。

　時代背景を彩る重要ポイントを列挙すれば、「戦国大名の群雄割拠→豊臣

[本書で扱う主な時代]

		1550			1600	
II章	真田幸隆	13―――――――74				
III・IV章	昌幸		47――――――――――11			
V・VI章	幸村			67――――――15		
VII章	真田信之			66―――――――〜58		
主要登場人物	武田信玄	21――――73				
	上杉謙信	30――――78				
	北条氏康	15――――――71				
	武田勝頼		46―――82			
	上杉景勝		55―――――〜23			
	織田信長	34――――82				
	豊臣秀吉	36――――――98				
	徳川家康	42―――――――16				
	豊臣秀頼			93――15		
主要出来事		61川中島の戦い	75長篠の戦い　82本能寺の変	00関ヶ原の戦い	14,15大坂の陣（冬・夏）	

2

秀吉の天下統一→関ヶ原の戦い→徳川家康の江戸幕府開設→大坂の陣（冬・夏）」となり、この未曾有の激動期に真田三代は活躍したのである。

　まず幸隆は信濃（長野県）の名門・海野氏の一族で、小土豪から身を起こした。その後、「最強」の名が高い戦国大名・武田信玄に仕えて、「川中島の戦い」（1561年）にも出陣したといわれる。だが、幸隆の力量は**謀略**を用いた戦術で発揮される。真田氏の礎を築いたといわれる人物だ。

　次の昌幸には数多くのエピソードがある。

　昌幸の所領だった上野（群馬県）・沼田の領土紛争が、豊臣秀吉の「北条征伐（小田原征伐）」（1590年）のきっかけとなった話。

　天下分け目の「関ヶ原の戦い」（1600年）を前にして、真田氏の存続を図るために自分と次男・幸村は西軍（石田三成方）に味方し、長男・信之を東軍（徳川家康方）に属させた話。

　さらに信濃・上田城に籠った昌幸は、その**奇謀**を発揮して、関ヶ原に急ぐ徳川秀忠軍の進路を阻止してしまう。そのために秀忠が、「決戦場に遅参する」という大失態を犯した話もよく知られている。

　「関ヶ原の戦い」の結果、昌幸は幸村とともに紀伊・九度山に追放されてその地で没するが、幸村は「豊臣恩顧」に報いるために大坂城に入る。

　そして「大坂冬の陣・夏の陣」（1614〜15年）で、幸村は**智謀**の限りを尽くして徳川家康の首を狙う。それは「真田日本一の兵」といわれるほどの奮戦であり、徳川方に大きな打撃を与えたが、合戦は豊臣方の敗北に終わり、幸村は戦死を遂げる。

　これもまた有名な話であり、創作の世界では猿飛佐助以下の「真田十勇士」が神出鬼没の活躍振りを見せ、さらに「幸村生存説」までもが登場してくる。

　一方、徳川氏に仕えた幸村の兄・信之（享年93歳）は信濃・松代藩主となり、10万石の大名家として幕末まで続き、その子孫は華族に列した。

真田六文銭とは

　「（真田氏は）そもそも信州以来、御当家（徳川家）に敵すること数回、一度も不覚の名を得ず。御当家の斑猫（毒虫）なりと世に沙汰（評判）せり」

（『翁草』）

この江戸中期の史料によれば、「負け知らずの真田一族は、徳川家の天敵だ」という評判が世間で広く流れたようだ。
　その強さの秘訣が、縦横無尽の**謀略**。知恵、才覚と表現してもいい。要するに真田一族の人気の背景には、「小数の味方で多数の敵に勝つ」醍醐味にある。加えて、幸村の最期に代表される「滅びの美学」の要素もあろう。
　それらのエピソードは、江戸時代の『真田三代記』によってフィクションを交えて紹介され、その波乱万丈の物語に多くの人々が魅了されたのである。また、このころから「幸村」の名前が定着し始める。それ以前は「信繁」などと書かれる史料が多かった。
　その真田一族の象徴が、**六文銭（六連銭）**の家紋。
　江戸時代、庶民の間で流行した川柳（せんりゅう）では、たとえば関ヶ原直前の分離行動を「六文の兄弟忠と義に分かれ（よ）」と詠んでいる。
　つまり、「真田兄弟の兄・信之は徳川家への忠義、弟・幸村は豊臣家への義理（恩顧）のために泣く泣く分かれた」、というエピソードが託された川柳となる。
　そもそも家紋とは一族団結の印（しるし）であり、「六文銭」は真田氏の代名詞となった。現在の理髪店などで使用される数の符丁（ふちょう）でも、6は「サナダ」という。江戸時代の床屋以来の業界用語である。
　ちなみに4は「ササキ」（『源平盛衰記』に登場する佐々木盛綱の四目結（よつめゆい））、7は「タヌマ」（老中・田沼意次の七曜（おきつぐ））といい、いずれもが家紋に由来したものだ。

［数の符丁を表す家紋］

佐々木氏家紋　　　真田氏家紋　　　田沼氏家紋

　さて「六文銭」は図のとおり、無文銭を3枚ずつ横に2段に並べたもので、信濃を含む東国の流通貨幣だった「永楽通宝」の裏側をかたどったという。

この紋に関しては「仏は六道（地獄、畜生、餓鬼、修羅、娑婆、極楽）の衆生(しゅじょう)を救う」に由来するとか、いろいろな説があるのだが、一番ポピュラーなのが「死者の棺(ひつぎ)に入れる6枚の銭、**三途(さんず)の川の渡し賃**が6文」という説である。

　言い換えれば「六文銭」には、「死を恐れない、命を惜しまない」という意味が強く込められている。このニュアンスを表現した川柳を挙げれば、「討死の覚悟真田は紋で知れ」。

　「大坂夏の陣」に際して、幸村は死を覚悟して臨んだ、という話がこの川柳の背景にはある。

本書の特徴とは

　「真田一族」に関する本は歴史書、創作（時代小説、架空戦記）など数多く存在し、上記のような話もかなり知られている。

　そこで本書の執筆にあたっては、「先入観を持たずに、有名な話をもう一度史実に即して検証しよう」というスタンスに立った。

　たとえば現代の私たちは「関ヶ原の戦い」で、どの大名が西軍や東軍に参加したのか、また誰が東軍に寝返ったのかは知っている。

　しかし当事者だった石田三成は、小早川秀秋の寝返りを知らずに処刑された可能性がある。というのも西軍の敗退によって、彼も戦場から脱出して山中に逃げ込んだのだから、事実関係の確認のしようがない。

　もちろん東軍サイドに逮捕された後に、三成は見聞きしたかもしれないが、どこまで東軍内部で秀秋の話が伝わっていたのだろうか？

　要するに、「結果だけで物事を判断しないように」ということである。また万が一、裏切りを知ったとしても三成は「おのれ、秀秋！」とはいわない。それは当時、武士には実名(いみな)（諱）を呼ぶ慣習がなかったからだ。呼んだとすれば官位であり、「金吾中納言(きんごちゅうなごん)」となるのだろう。

　本書の第1のポイントは、上記のような戦国時代の慣習を含めて、合戦や武士像などの**実態**を明らかにすること。

　「下剋上によって古い価値観が崩壊した」とか、「鉄砲によって武田騎馬軍団は壊滅した」とか、そういう話は本当なのだろうか？

また、なぜ「大坂の陣」は起きたのだろうか？　大坂城に集まった牢人とはいったい何だろうか？……いわばこれらの疑問は、時代小説や時代劇で培われた「歴史常識」への挑戦である。

　次に第２のポイントは、フィクションを除いて真田一族の**実像**に迫ること。

　領土紛争が起ったころに豊臣秀吉は、真田昌幸のことを「表裏比興の者にて候」と表現した。現代の言葉に置き換えれば、表裏とは謀略、比興とは卑怯となる。では、なぜ昌幸はそういわれたのだろうか？

　そして第３のポイントは、第２とも密接に関係するが、真田一族の**行動の謎**を解明すること。

　たとえば真田一族で最も知られる話、「家名存続のために昌幸・幸村は西軍、信之は東軍に属した」は、果たして本当なのだろうか？

　それと「なぜ昌幸は関ヶ原に行かずに、上田城に籠城したのか？」も大きな問題だ。書籍によっては「石田三成と東西同時挙兵の密約を結んでいたからだ」と説明されているが、事実なのだろうか？

　まとめれば昌幸が「行動の基軸を何に置いていたのか」、という問題へのアプローチとなるが、本書では大胆な**仮説**を提示したつもりだ。

　なお、本文中に引用した史料の大半が意訳であることを、あらかじめお断りしておきたい。

　本書を通じて「真田一族」の新たな像が結ばれれば、著者としてそれに勝る喜びはない。

相川　司

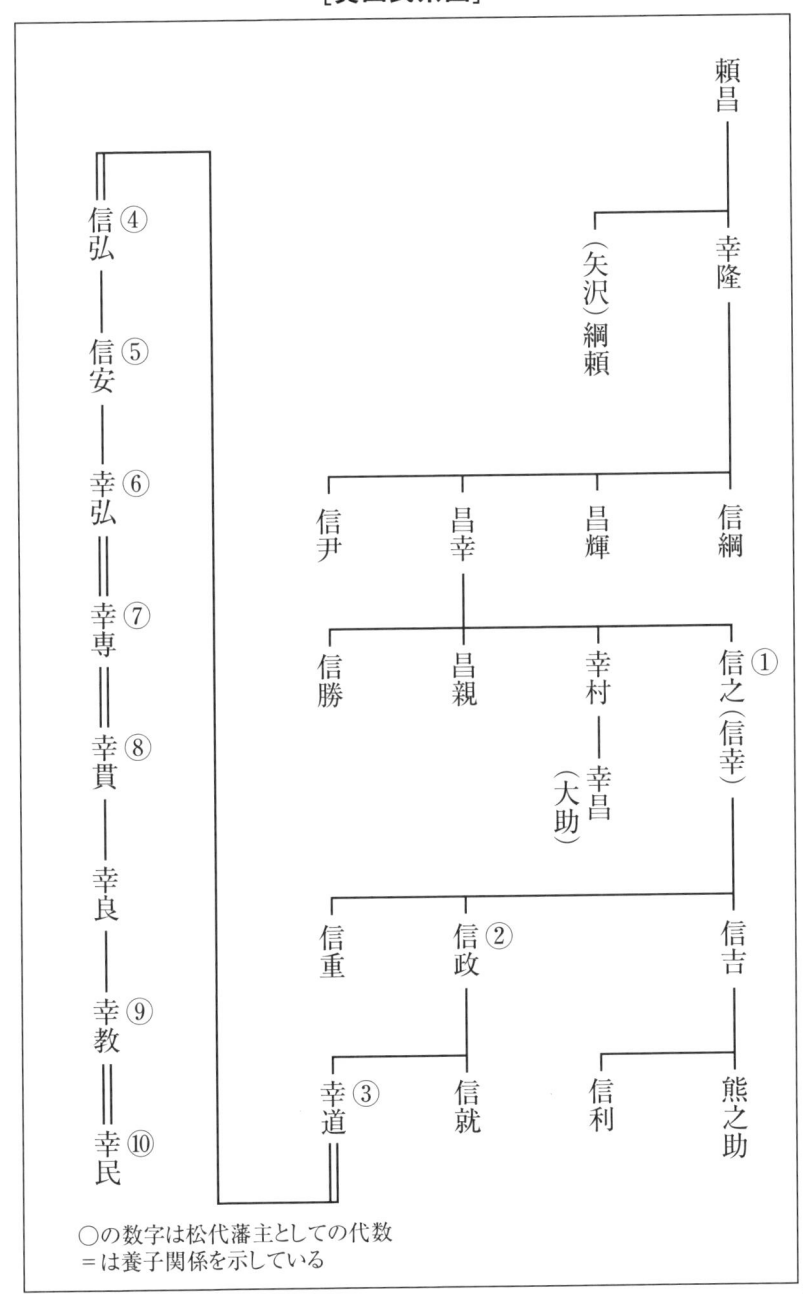

[真田氏系図]

○の数字は松代藩主としての代数
＝は養子関係を示している

真田一族
家康が恐れた最強軍団
Truth In History 5

目次

まえがき――「真田日本一の兵」の実像を描く　002

Ⅰ 真田前史
信濃の名族の分流

1 真田創世記　014
土豪の割拠を生んだ信濃の自然／戦国時代の馬はポニーサイズ／真田氏の祖・滋野一族の貴族伝説

2 真田一族のルーツ　020
武田信玄も一目置いた「滋野三家」のブランド／真田氏の先祖が『平家物語』の著者？／中世信濃の合戦〈守護・小笠原氏vs.村上＆国人連合〉

Ⅱ 謀略の将
真田幸隆―最強軍団の前線司令官

1 真田幸隆の登場　028
戦国大名の出現―群雄割拠／脚色された真田幸隆の出自／悪大将・武田信虎の信濃「郡盗り物語」／後継者・武田信玄のトラウマ

2 真田幸隆の雌伏時代　034
「必死の逃亡者」・幸隆／武田信玄への従属〈武田信玄vs.村上義清〉Ⅰ／戦国時代のギブ＆テイク／戦国大名の兵力動員数の実態

3 甲信越の緊張　041
戸石城の攻防戦〈武田信玄vs.村上義清〉Ⅱ／謀略こそが戦国時代のメイン戦略／「信玄のライバル」―上杉謙信のスタンス／衝撃的な「謙信女人説」

4 川中島の戦いⅠ　048
第1次、第2次川中島の戦い―善光寺争奪戦〈武田信玄vs.上杉謙信〉Ⅰ、Ⅱ／第3次川中島の戦い―信玄の信濃制圧〈武田信玄vs.上杉謙信〉Ⅲ／関東管領・謙信の相模進攻〈上杉謙信vs.北条氏康〉

5 川中島の戦いⅡ　　*054*
第4次川中島の戦い―両軍の大激突〈武田信玄vs.上杉謙信〉Ⅳ／第4次川中島の戦いの真実／舞台は信濃から上野へ―真田幸隆の活躍の場／真田幸隆の西上野攻略

6 真田幸隆の晩年　　*061*
真田幸隆が築いた基盤／三国同盟の終焉―信玄の外交戦略の転換／「信玄上洛」の本気度／武田信玄そして真田幸隆の死

Ⅲ 奇謀の将
真田昌幸―独立大名への道

1 甲府勤務の時代　　*070*
エリートコースを歩んだ真田昌幸／武田家での真田昌幸の役割／三方ヶ原の戦い〈武田信玄vs.徳川家康〉／武田軍団の虚像と実力

2 真田氏の家督相続　　*076*
長篠の戦い〈武田勝頼vs.織田・徳川連合軍〉／昌幸の家督相続時の政治情勢／沼田城攻略〈真田昌幸vs.北条軍〉／真田独立への道

3 独立大名へのステップ　　*083*
沼田城を巡る紛争／武田氏の滅亡―巨大帝国の落日〈武田勝頼vs.織田信長〉／真田昌幸のバランス感覚／織田信長への帰属と「本能寺の変」

4 昌幸、その大名への道　　*089*
「本能寺の変」の余波／旧武田領での徳川家康のスタンス／徳川・北条の和睦と上田城築城／小牧・長久手の戦い―沼田領問題の表面化〈羽柴秀吉vs.織田・徳川連合〉／上杉景勝への帰属と昌幸の実力

5 第1次上田合戦　　*096*
上田合戦〈真田昌幸vs.徳川軍〉／上田合戦での徳川軍の被害―『三河物語』は彦左衛門の恨み節／秀吉と昌幸との接点／真田問題に見る秀吉の政治力

Ⅳ 奇略の将
真田昌幸―「関東乱入」の夢

1 沼田領問題の再燃　　*106*
昌幸の秀吉への臣従／豊臣秀吉の天下統一アイテム／「沼田領」を巡る秀吉の裁判／秀吉の裁定―北条征伐のきっかけは沼田領問題

2 豊臣政権の樹立　　*112*
史上空前の規模となった北条征伐〈豊臣軍vs.北条軍〉／北条征伐の戦後処理―家康の関東入国／独立大名・真田信幸の誕生／秀吉の天下統一と真田一族

3 上杉征伐―関ヶ原決戦前夜　118
秀吉独裁から豊臣共和体制へのスライド／豊臣秀吉の死とその後の政権運営／真田昌幸と石田三成／上杉景勝の謀反／「上杉征伐」と石田三成の暗躍

4 真田昌幸の上田城籠城　125
小山評定―遠征軍の軍議／「犬伏の別れ」の真実／「関ヶ原の戦い」の直前の動き〈東軍(徳川家康)vs.西軍(石田三成)〉

5 第2次上田合戦　131
寄り道ではない徳川秀忠の上田城攻撃／第2次上田合戦〈真田昌幸vs.徳川秀忠〉／昌幸の行動の謎／上杉景勝に加担した真田昌幸

6 九度山での日々　139
「関ヶ原の戦い」―戦後処分のタイムラグ／真田信幸の助命活動／配流地・九度山での生活／牢人生活を過ごした昌幸の最期／昌幸の家族―それぞれの人生

V 智謀の将
真田幸村―孤高の牢人　大坂城入城

1 江戸幕府の開設　148
牢人・真田幸村の「栄光への脱出」／「関ヶ原」後の政治情勢／豊臣の呪縛を脱した家康の将軍就任／律義者・家康の狙い

2 徳川・豊臣氏の軋轢　154
徳川幕府の「2元体制」とは／家康と秀頼との「二条城の会見」／方広寺・鐘銘事件の本質／家老・片桐且元の退去事件

3 大坂冬の陣・合戦前夜　160
秀頼の幕府法令違反／朝廷を巡る徳川と豊臣の動き／豊臣氏を見放した大名たち／御恩と奉公―豊臣恩顧大名たちの心情／牢人―生活苦にあえぐ大量の失業武士

4 大坂冬の陣・合戦準備〈豊臣軍vs.徳川軍〉　168
真田幸村、堂々の大坂城入城／女系ファミリーだった豊臣譜代衆／大坂城に集まった牢人の顔ぶれ／豊臣方の軍議―出撃か籠城か？

5 大坂冬の陣・合戦〈豊臣軍vs.徳川軍〉Ⅰ　176
真田の本領を発揮した要塞・真田丸／真田丸の攻防戦〈真田幸村vs.徳川軍〉／厭戦ムードの中で和平交渉スタート／講和の成立と大坂城の堀埋め立て

VI 知略の将
真田幸村―「日本一の兵」の散華

1 大坂夏の陣、迫る！ 184
牢人に乗っ取られた大坂城／束の間だった戦士・幸村の休息／徳川家康の最後通牒／「大坂夏の陣」を決めた秀頼の自我

2 大坂夏の陣・合戦〈豊臣軍vs.徳川軍〉II 189
徳川軍と豊臣軍との戦力比較／豊臣方・軍議の信憑性／恨みとプライドが交錯する「怨念の合戦」／「大坂夏の陣」―諸戦線の激闘

3 大坂城落城 197
天王寺の合戦―死中に活を求めた幸村の奮戦〈真田幸村vs.徳川家康〉／伝説と化した真田幸村の活躍／大坂城落城

4 真田幸村伝説 204
幸村の影武者説／秀頼・幸村生存説―主従は九州に落ち延びた？／六文銭の家紋を付けた仙台藩士／勝者・徳川方―悲喜交々のその後

VII 計略の将
真田信之―「真田家」を守り通した名君

1 真田信之の軌跡 216
徳川家に忠義を尽くした信之／信之の「犬伏の別れ」／父子分離行動の真実／諱を変えた信之の真意

2 その後の真田一族 221
信之を襲った「大坂の陣」の余波／松代藩の成立／御家騒動に悩まされた信之の晩年／廃藩置県まで続いた松代藩

VIII 真田一族略伝

真田幸隆 230／真田昌幸 232／真田幸村 234／真田信之 236／真田信綱・昌輝 238／真田信尹 239／真田幸昌 240／真田信利 241

付録：戦国武将略伝・主要周辺人物略伝
武田信玄 242／武田勝頼 244／上杉謙信 246／上杉景勝 248／北条氏康 250／織田信長 252／豊臣秀吉 254／豊臣秀頼 256／徳川家康 258／徳川秀忠 260／石田三成 262／淀殿 264／大谷吉継 266／大野治長 267／後藤基次 268／毛利勝永 269／長宗我部盛親 270

COLUMN　真田伝説ウソかマコトか――真田の忍び　211

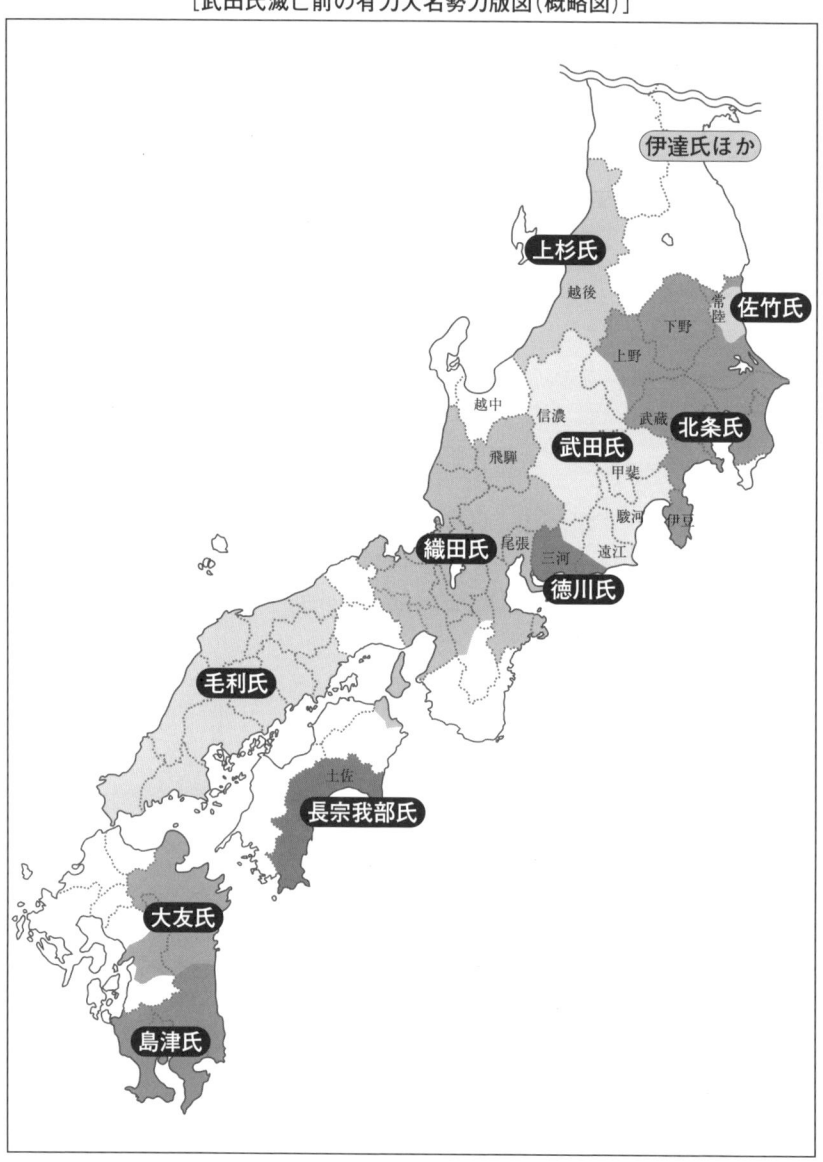
［武田氏滅亡前の有力大名勢力版図（概略図）］

Ⅰ 真田前史

信濃の名族の分流

1 真田創世記

土豪の割拠を生んだ信濃の自然

　信濃（長野県）に興隆した真田一族を語る場合、その国の地理や成り立ちを抜きにしては難しい。そこでまず信濃の地勢から説き起こしていきたい。

　山に囲まれた信濃は古代「科野」とも表記された。現在でもそばで名高い更科（更級）、蓼科、埴科などの地名に、その名残を留めている。「科」の語源は定かではないものの、一説に「層状になっている土地の形態」を指すという。

　これに従えば、山上から山麓にかけての段々状が「科」、その山あいの谷が「沢」となる。谷としての地名には伊那谷や木曽谷などがある。また今でも長野県は、「沢」のつく苗字（宮沢、柳沢、滝沢など）が多いことで知られている。

　そして山並みの裾野に広がる平坦な小盆地が、「平」。現在でも善光寺平、佐久平、松本平などの地名はよく知られ、その間は街道によって結ばれる。「平」を点とすれば街道は線、いわば山間の国・信濃は「点と線」の構図にある。

　真田一族も「平」との関係は密接だ。その発祥地が佐久平であり、子孫は善光寺平の松代藩主（長野市）として幕末まで存続した。

　一方で信濃は**大国**（広大な国）であり、数多くの国と国境を接している。長野県県歌「信濃の国」の中にも「連なる国は十余州」という一節がある。その連なる諸国を北から時計まわりに挙げると、中世では越後（新潟県）、上野（群馬県）、武蔵（埼玉県）、甲斐（山梨県）、駿河（静岡県）、遠江（静岡県）、三河（愛知県）、美濃（岐阜県）、飛騨（岐阜県）、越中（富山県）となる。

　よく信濃を信州、上野を上州、甲斐を甲州とも表現するが、「州」とは国名の中国風の呼称である。中華料理でも、「食は広州にあり」といったフレーズを耳にされたことがあるだろう。

　そして古代から、東国への入口は足柄峠と碓氷峠といわれ、信濃は上野と碓氷峠で結ばれている。そのような道路事情もあって、信濃は関東圏の政

I　真田前史

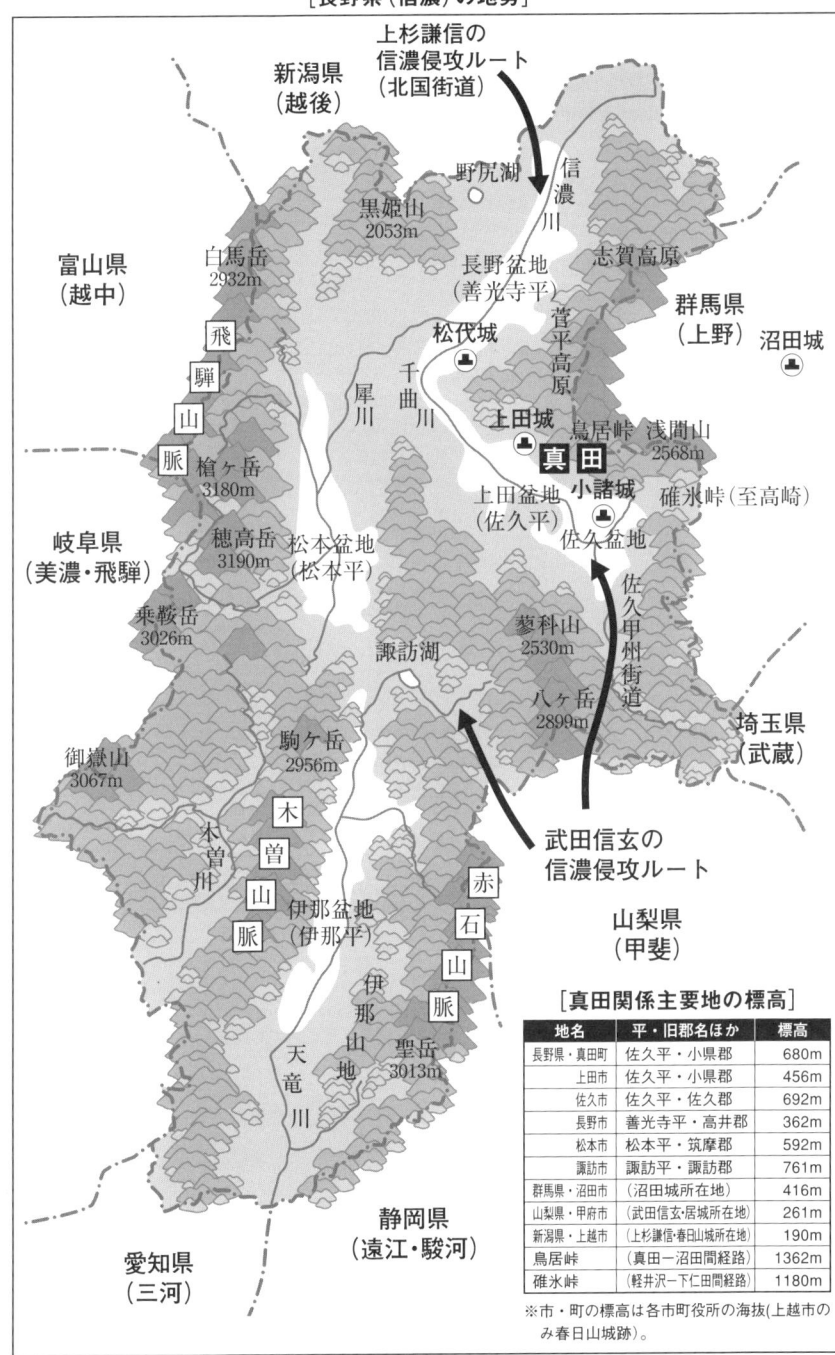

治・文化の影響を受けやすかった。

その信濃の国内は、変遷はあるものの、戦国時代では11の郡から構成されていた。水内、高井、埴科、更科（更級）、安曇、小県、佐久、諏訪、筑摩、木曽、伊那（伊奈）の諸郡である（地図参照）。ちなみに現在の長野県では、水内郡ならば上水内郡、下水内郡……のように細分化されて長らく16郡となっていた。だが、「平成の市町村大合併」により、更級郡（05年1月）、南安曇郡（05年10月）の名が消える。

I 真田前史

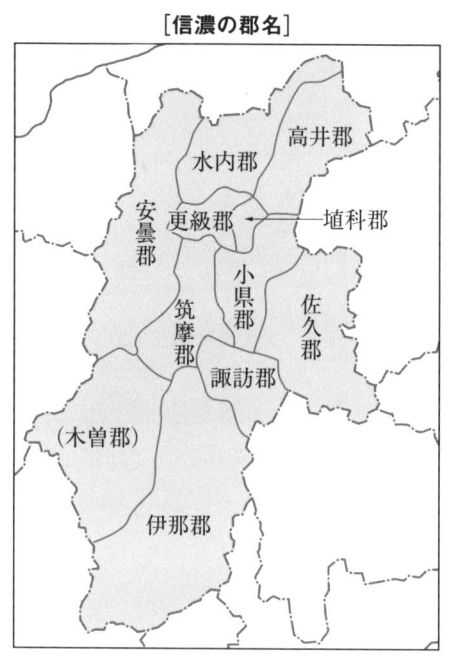

［信濃の郡名］

なにかしら戦国時代というと司馬遼太郎の『国盗り物語』のように、尾張（愛知県）の織田信長が美濃の斉藤義龍を攻めたとか、国単位で語られるケースが多いのだが、戦国大名の侵略の実態は**郡盗り物語**といっていい。

隣国・甲斐の武田氏は、まず甲斐国内の4郡（山梨、都留、八代、巨摩）を武力で統一し、その上で大国である信濃の諏訪郡、佐久郡……を個別に、郡単位での侵略を開始するのである。

具体的に16世紀末ごろの国別の米生産量（石高）を比較すれば、甲斐の23万石に対して、信濃は41万石と約2倍の規模を誇っていた（『慶長三年検地

目録』)。

　それまでの信濃は、地勢が複雑でかつ大国であるがゆえに、巨大な戦国大名は出現せず、各郡部に中小の国人（土豪、国侍、地侍）が数多くひしめきあっていたのである。

　その中でも勢力があったのが、北信地方の村上氏（善光寺平）、南信地方の諏訪氏（諏訪平）、中信地方の小笠原氏（松本平）であり、そして真田氏を含む滋野一族は、東信地方（小県・佐久郡）の佐久平を基盤としていた。

　いわば自然が統一権力の組成を阻み、各郡部・各「平」の支配者が競合しあう国。それが戦国期までの信濃だった。

戦国時代の馬はポニーサイズ

　このような山、科、沢、平といった自然が織りなす信濃の地形は、古来より天然の牧場として、馬の生育に適していた。つまり沢から流れてくる水が馬の飲み水となり、平では牧草が育ち、科（山麓）が自然の柵となる。

　奈良時代、朝廷は馬の育成を図るため諸国に牧地を定め、特に信濃、甲斐、武蔵、上野の4か国には御牧（国立牧場）を設置していた。それを監督する役人を牧監という。

　現在から想像する以上に馬の数は少なく、貴重なものだった。また気の荒い野生馬の育成は大変な作業で、専門性と経験が求められた。いまでいえば野生馬の調教である。並大抵の苦労ではない。

　その牧の数と朝廷に納める馬の数は、信濃が圧倒的に多く、国内では佐久郡3牧、諏訪郡3牧、伊那郡3牧……と全域に分布している。

［御牧の分布］

国名	牧数	馬数（頭）
信濃	16	80
望月の牧	1	20
甲斐	3	60
上野	9	50
武蔵	4	50

　中でも著名だった牧場が佐久郡の望月の牧。平安時代にはここから20頭、その他の牧から60頭、合計80頭の馬が毎年京都に送られた。ボリューム的にも望月の牧はダントツの存在であり、当時の日本では最大の生産地といって過言ではなく、「望月の馬」として貴族から珍重されたと伝えられる。

Ⅰ　真田前史

言い換えれば、馬はその稀少性のために特権階級の身分の象徴＝ステータスだったわけだ。これは、次世代の支配階級・武士にとっても同様である。
　馬は戦国時代の合戦形態に密接に関係するので、ここで当時の様子について触れておきたい。
　まず鎌倉時代から江戸時代にかけての国産馬の大きさは、名馬といっても現在のポニー（体高147cm以下）のサイズ。標準サイズは体高約130～140cm、馬体重も350kg前後とかなり小型である。競走馬として著名なサラブレッド（体高160～165cm）には程遠い状態で、約20cm以上は低かった。
　この状況は江戸末期でもあまり変わらず、当時の事典『古今要覧稿』にも「おおよそ馬の丈（たけ）は4尺（121cm）を定めとし、4尺の馬を小馬、4尺5寸（136cm）を中馬、5尺（152cm）を大馬という」と記されている。
　これが明治時代になって富国強兵が叫ばれ始め、日本が軍国化を辿る過程でアラブ種やサラブレッド種が輸入され、新たな軍馬の育成が図られていく。
　それより3百年以上も前の時代の話である。たとえば武士が合戦に赴く際にも、馬には鎧をまとって武士が乗り、かつ人馬の食糧を載せ、その脇に制御用の鼻ネジや馬盥（うまだらい）、槍や鉄砲などの武器、自分用の食糧を持った徒歩の小者が従う。
　分かりやすくいえば、小型馬に鎧40kgを着た体重50kgの武士が乗り、さらに食糧10kgを積むことになる。当時の馬は約100kgの重量に耐えながら、未整備の道を歩く。しかも蹄鉄（ていてつ）技術もないので、道なき道を「沓（くつ）」という馬用の草鞋（わらじ）を履いて進んだ。このように馬にかかる負担は想像以上にきつく、全力疾走をすればばててしまう。それが実態である。
　従って映画『影武者』（黒澤明監督）の「大型馬に騎乗した武田騎馬軍団が戦場を駆け巡る」シーンなどは、イリュージョンの世界でしか過ぎない。むしろ実際の人馬の様子は、甲冑（かっちゅう）をまとってポニーに乗り、従者サンチョパンサを連れて荒野を進む『ドン・キホーテ』、あのみすぼらしい姿に近い。

真田氏の祖・滋野（しげの）一族の貴族伝説

　真田氏の先祖も「牧」に関係していた。そのルーツを辿れば、真田氏は**本姓**を「滋野氏」と称した。つまり松代藩の初代藩主・真田信之は、正式には「真田伊豆守（いずのかみ）　滋野信之」と記される。
　あくまでも真田氏は**苗字**で、伊豆守は正式の官位、信之は諱（いみな）である。諱と

Ⅰ　真田前史

は忌み名。つまり「日常で口に出すことを憚る名」の意味であり、大名の場合は官位が呼称となる。真田信之ならば中国風に豆州といった具合である。

徳川氏でいえば本姓＝源氏であり、徳川家康も中国に向けた文書では「日本国　源家康」と署名している。この棲み分けとして本姓＝滋野氏とは天皇家から与えられたもの（賜姓）であり、苗字＝真田氏は居住地などによってみずから称したもの（自称）と考えたほうが理解しやすい。ちなみに天皇家は姓を与える立場だったので、現在でも姓がないといわれている。

江戸時代の大名がその家柄を誇るために、ルーツを４大姓[*1]（源氏、平氏、藤原氏、橘氏）に求めた中にあって、真田氏のケースは異色といってよく、著名な苗字と比べれば滋野姓はさほど知られてはいない。逆にいえば、それほどまでに真田氏は「滋野氏の子孫」であることに誇りを抱いていたのであろう。

よく武家の代表姓は「清和源氏」といわれ、「姓は源氏」という洒落もあるほどだ。これは清和天皇の孫にあたる経基王（父は貞純親王）が「源」の姓を与えられたことに由来し、その子孫からは幕府を開いた征夷大将軍・源頼朝、足利尊氏、徳川家康などを輩出したことに起因する。

実は滋野氏について、江戸時代に編纂された各種の真田氏系図では〈清和天皇―貞元（貞秀）親王―善淵王……〉と清和天皇の流れと位置づけて、善淵王が滋野氏を賜わったと記している。

また『藩翰譜』[*2]には「清和天皇の御子・貞秀親王が信濃・海野庄に下り、死後には滋野天皇といわれた」といった記述があるが、貞秀親王や善淵王の実在を裏付ける史料は見当たらず、滋野天皇も架空の人物である。

これらの一連の記述は、江戸期になって真田氏の先祖を著名な清和天皇に意図的に結びつけたもの、すなわち仮構と理解すべきであろう。

しかし、紀伊国造を祖とする古代貴族・滋野氏が存在したのは事実である。平安初期には滋野貞主という儒学者として有名な貴族がいて、その一族が信濃守や信濃介などの地方官[*3]に任命されたことがある。

ただし、実際には現地に赴かないケース（遙任）もあったりして微妙なの

Ⅰ　真田前史

---

*1　４大姓：源平藤橘が日本を代表する本姓で、平清盛のように「の」を付けて読むのが特徴。なお羽柴秀吉は本姓が豊臣であり、苗字と本姓が混同された代表例。
*2　藩翰譜：1702年に、新井白石がまとめた江戸初期の各大名家の年譜。
*3　地方官：律令制では一等官を守（長官）、二等官を介（次官）、三等官を掾（判官）、四等官を目（主典）という。『忠臣蔵』の吉良上野介の官職は、本来は「上野国の次官」の意味。ちなみに官職によって、介は「助、輔、佐」とも表記される。源頼朝は官職が「右衛門佐」だったので「佐殿」と呼ばれた。また真田幸村の官職「左衛門佐」とは、本来は衛門府の次官という意味である。

だが、一族の中には信濃まで来て土着する者もいた可能性はある。

このように言葉を濁さざるを得ないのは、都の貴族系ならば信濃での土着地域は国府(政庁の所在地)があった松本一帯(中信地方)と考えるのが自然なのだが、実際の信州・滋野一族は距離間がある東信地方(小県郡・佐久郡)に幅広く分布しており、どうしても地理的な矛盾が付きまとうからだ。

また、貴族系滋野氏の子孫・幸経が前述の「望月の牧」の牧監(管理官)になり、根をおろしたとする説がある。

次章でも触れるが、信州滋野一族の主要三家の中に望月氏があり、牧とは密接な関係にあったのは事実のようだ。その一方で、信濃の牧で勢力を有したのは、古代貴族・大伴氏の一族だったとする説もある。

これらの諸説を合理的に解釈すれば、おおよそ次のとおりになろう。

まず貴族・滋野氏が京都から赴いて土着したのではなく、牧の管理に従事していた現地土着勢力が、形式上は地方官に任命された滋野氏と接点を持ち、その傘下に入って一族を名乗った。

土着勢力からすれば都(中央)とのパイプを太くして、かつ地域におけるステータスを高めるのが目的である。一方で貴族のほうも献上馬などでメリットを享受したものと思われる。このような中央と地方の関係は、当時でもけっして珍しいものではなかった。

Ⅰ 真田前史

2 真田一族のルーツ

武田信玄も一目置いた「滋野三家」のブランド

いずれにしても滋野一族は、「牧」で武士としての修練(弓馬)に励み、小県郡・佐久郡で勢力を培っていった。その一族の中でも**海野、禰津、望月氏**が滋野三家といわれ、特に武威を誇った。海野、禰津氏は小県郡海野(東御市)、望月氏は佐久郡望月(佐久市)の牧を発祥の地とする。

彼らが史上に登場するのは、1156(保元1)年に京都で起こった「保元の乱」[*1]のときであり、源義朝[*2]に従う兵・3百騎強の中で信濃の住人として「宇野(海野)太郎、望月三郎、諏訪平五……根津(禰津)神平……を始めとする27騎」と、『保元物語』には記されている。

一族は東国に基盤を有した源氏の有力な配下であり、筆頭に掲げられた海野氏が嫡流とされ、江戸時代の大名家・真田氏は海野氏の正系を自負していた。つまり〈滋野→海野→真田〉という流れである。

　保元の乱の約4百年後、戦国時代においても滋野三家は信濃の名門であり、そのブランド性は後に武田信玄が①次男に海野氏を継がせ、②禰津氏の女を側室とし、③甥に望月氏を継がせ親類衆として遇した事実からも窺えよう（63ページ参照）。

　また架空の話ながら、真田幸村の手足となって活躍する「真田十勇士」のメンバーにも、猿飛佐助、霧隠才蔵のほかに海野六郎、望月六郎、根津（禰津）甚八が登場したりもする（204ページ参照）。

　滋野三家の系図は22ページのとおりで、ここでは鷹匠（たかじょう）（鷹狩りのときに用いる鷹の飼育者）として知られた禰津氏について少し触れておきたい。実際の真田氏の祖先は、この禰津氏の一党だったようだ。

　禰津氏は滋野一族で小県郡・新張（みはり）の牧を基盤としたが、禰津貞直のときに諏訪一族の嫡流・大祝（おおはふり）氏と縁を結んだことから、諏訪一族とも同族的な関係を深め、代々「神平」を通称とした。

　信濃一の宮である諏訪大社の特徴は祭政一致にあり、大祝は最高の宮司であると同時に一族（神氏（みわし）*3）の武門の棟梁でもあった。

　殺生禁断を唱える仏教が日本に伝来して以来、肉食や狩猟は次第にすたれていき、鎌倉幕府は全国に鷹狩り（狩猟）禁止令も出したが、諏訪大社の御贄（み・にえ）狩りだけは適用除外とした。

　当時の武士は鷹狩りで弓馬の修練を積み、合戦ともなれば敵を殺す。また実際問題として農作物は鳥獣の被害を受けることから、その駆除は民・百姓にとって切実なものがあった。

　そこで鎌倉時代の御家人（将軍に仕える武士）は、積極的に地元へ諏訪大社の分社を勧請（かんじょう）することになる。つまり日本各地に諏訪分社を建立して、生き物への鎮魂、言い換えれば殺生のエクスキューズを図ったといっていい。

Ⅰ　真田前史

＊1　**保元の乱**：京都で起った天皇家・藤原摂関家の争乱。源氏や平家の武士も両派に分かれて戦った。結果として貴族階級の無力と武士の実力が顕著に表れ、武士の政界進出が始まった。
＊2　**源義朝**（1123～60）：東国に基盤を有した平安末期の武将。続いて起こった「平治の乱」では平清盛と争い、敗走の途中に尾張で謀殺された。清和源氏の嫡流で、頼朝や義経の父。
＊3　**神氏**：諏訪神社には上社、下社があり、上社を中心として軍事的に団結した武士団を「神氏」、「神党」といった。禰津氏の通称・神平も、このことに由来する。
＊4　**長崎氏**：代々、執権・北条氏に仕え内管領（執事）として家政面を掌握。鎌倉末期の長崎高資は政治面でも実権を握り、執権を凌ぐほどの勢威を振った。

一例を挙げたい。鎌倉幕府の執権・北条氏の執事だった長崎氏[*4]（伊豆出身）は、各地に所領を有してそこに長崎の名を付けた。その代表例が現在の長崎市であり、東京都の西武池袋線・東長崎駅一帯も同様である。しかも長崎市最大の祭りである「長崎くんち・竜踊り」は、「おすわさん」こと諏訪神社で開かれる。

　これからも分かるように執権・北条氏の諏訪大社に対する信仰は善光寺[*5]とともに厚く、狩りの神事にも参加したりしている。そのときには海野、禰津、望月氏も**信濃侍**として陪席したという記録が残る。もちろん海野の地にも諏訪神社は勧請され、海野氏歴代が頭役を勤めていた。

　連想ゲーム的にいえば禰津氏の場合は、〈牧・馬→狩猟→鷹→神事・呪術〉のプロセスを辿って鷹匠「禰津流」の祖となり、一方で信濃の巫女や山岳の修験者を支配したとも伝えられる。いわば忍者の頭であり、望月氏にも忍者伝説がある。

Ⅰ　真田前史

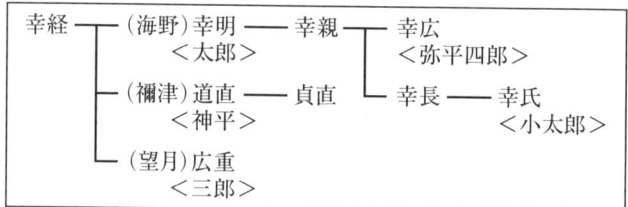

🦌 真田氏の先祖が『平家物語』の著者？

　源平合戦のとき、1180（治承4）年に源氏の将・木曽義仲[*6]が信濃に挙兵したため、平家に味方した越後の豪族・城氏が、善光寺平に侵攻してきた。そのとき義仲の兵の中に、木曽の樋口一族や諏訪一族などとともに、滋野一族として海野弥平四郎幸広、望月次郎、禰津神平などの名前を見出すことができる。

　海野幸広は、平家追討のために義仲に従って北陸道・倶利伽羅峠から西国へと転戦し、備中（岡山県）の「水島の戦い」で戦死を遂げた。諸説あるも

[*5]　**善光寺**（長野市）：642年に創建され、古代より信仰を集めた寺。現在は浄土宗・天台宗によって管理されている。不信心で強欲な老婆が偶然信仰にめざめる話が「牛にひかれて善光寺参り」であり、善光寺の女性崇拝を端的に表している。なお善光寺は、落語「お血脈」にも登場する。

のの、その幸広の弟を幸長、嫡子を小太郎幸氏という（前ページ系図参照）。
　この諱(いみな)で共通する「幸」の字を**通字**といい、真田一族でも〈幸隆―昌幸―信幸（信之）・幸村……〉と、代々引き継がれていく。
　まず**海野幸長**に関しては史料に乏しく、木曽義仲の右筆(ゆうひつ)（文書・記録の担当官）だったとされるが、一説に『平家物語』の作者ではないか、ともいわれる謎の人物だ。
　『平家物語』の作者については確実な史料がなく、有名な吉田兼好の『徒然草』では「信濃前司行長」（信濃の前長官）の名を挙げている。
　しかし鎌倉初期に該当する人物が見当たらないので、後年の研究家は下野(しもつけ)前司・中山行長という貴族ではないか、と推定した。理由は思いのほか希薄である。東国の地方官で諱が一致する人物が、ほかに見出せないからだ。要するに、信濃は下野の間違いとする。
　これに対して、かつて滋野一族には信濃の地方官だったという伝説があり、行長が幸長とすれば、信濃前司行長＝「海野信濃守　滋野幸長」と考えることもできる。
　明治時代までの漢字の表記は、今でいう表音文字の感覚に近く、真田は実田、佐那田と書かれたりもする。いずれにせよ、〈信濃→下野〉という国名の間違いほどに乱暴な話ではない。しかも海野幸長は文書記録官のキャリアがあったことを考えれば、戦史のストックも豊富だったに違いなかろう。真田氏の先祖が『平家物語』の著者だった可能性は十分にある。
　次の**海野小太郎幸氏**については、比較的史料が存在する。幸氏は木曽義仲の嫡男・清水冠者(かじゃ)義高に仕えた。義仲が鎌倉の源頼朝に差し出した人質である。清水義高、海野幸氏の主従はともに11歳の若さであり、義高は頼朝の長女・大姫（6歳）に慕われたという。政略的に源氏同士の絆を深めようと、将来は婚約も予定されていた。
　しかし、1184（元暦1）年、旭将軍として勇名を轟かせた木曽義仲が源義経と近江(おうみ)（滋賀県）で戦って敗死した後、義高は鎌倉の館を脱出して信濃に

Ⅰ　真田前史

＊6　**木曽義仲**（1154～84）：源頼朝の従兄弟にあたる武将。信濃で平家討伐の兵を挙げ、いち早く京都を制圧して「旭将軍」（征夷大将軍）と呼ばれるほどの猛威を振るった。しかし義仲軍の乱暴が激しいために、後白河法皇は源頼朝に「義仲追討」を命じる。そこで頼朝の弟・義経などが率いる軍勢が西上し、義仲軍は宇治・勢田川で防御するが、合戦は義仲軍の敗北に終わり、義仲は近江で戦死する。4百年以上も後の「大坂冬の陣」のとき、豊臣方の軍議で出撃策（宇治・勢田川ラインで徳川方を迎撃）が採られなかったのは、この「義仲敗戦」の先例があったからだ。なお武田勝頼自滅のきっかけを作った木曽義昌は、著名な義仲の子孫と称したが、直系ではないようだ。

23

I 真田前史

戻ろうとするが、途中で発見され殺されてしまう。その死を聞いた大姫は、悲嘆に暮れてついには重い病気に陥ったという。ちなみに、この鎌倉版『ロミオとジュリエット』というべき幼い悲恋は、『清水物語』として長く語り継がれている。

その脱出劇のときに義高の身代わりとして、その寝所に残ったのが海野幸氏である。そこで彼は囚われの身となるが、源頼朝はその勇気を褒め、助命した上で小県郡・海野の本領を安堵[*7]した。

かくして幸氏は、鎌倉幕府の御家人となって弓馬の名手といわれ、さらに隣国・上野の三原荘(群馬県吾妻郡嬬恋村)にも所領を得た。

この両国間にまたがる所領のロケーションは、記憶に留めていただきたい。後に真田一族は信濃・東信地方のみならず、鳥居峠を越えて隣接する西上野一帯に勢力を拡大するが、その端緒はすでに幸氏のころにあったのである。

余談ながら海野の地名は、古代の伝説的な英雄である日本武尊[*8]の命名によるもの、という伝説がある。

九州の熊襲、東国の蝦夷を征服した日本武尊は、浦賀水道で妻の弟橘姫を亡くす。そして旅の帰途、彼は西上野から東信地方へと抜け、そのときに妻を慕って付けた地名が吾妻、嬬恋、そして信濃の湖を見て「この海も野となれ」といった地が海野となったという。ここでいう西上野とは利根川の西方地域、現在のJR吾妻線(渋川〜大前)沿線、軽井沢北方の草津温泉を含む一帯を指す。

この幸氏の名前は、日本三大仇討[*9]のひとつ『曾我物語』にも登場する。源頼朝が開催した富士の裾野の巻狩りに乗じて、曾我兄弟は仇を討つために突進し、行く手をはばむ多くの御家人と切り結ぶ。これを「十番斬り」といい、そこに幸氏が登場するのである。

「八番に信濃の住人、海野小太郎幸氏と名乗りて……渡りあい、しばし戦いけるが、膝を割られて、乾(北西の方角)に伏す」

---

*7 **安堵**：国人の所領(土地)の所有権、領有権を承認すること。先祖伝来の所領を安堵することを本領安堵、新規付与の所領を安堵することを新恩安堵という。
*8 **日本武尊**：景行天皇の子とされる伝説上の英雄。古代の大和朝廷の日本統一過程(九州〜東国)が、日本武尊の伝説に仮託されたといわれる。ちなみに、東京の下町にある「根津権現」も日本武尊の創祀と伝えられる。
*9 **日本三大仇討**：①1193年、曾我兄弟が父の仇・工藤祐経を討つ話。②1634年、荒木又右衛門が伊賀上野「鍵屋の辻」で仇討をサポートする話。③1702年、赤穂浪士が吉良上野介を討ち、主君の無念を晴らした話(「忠臣蔵」)。

この幸氏が海野氏の名を高め、以降その嫡流は代々小太郎を名乗るようになる。

中世信濃の合戦
〈守護・小笠原氏♣vs.㊤村上＆国人連合〉

　鎌倉時代以来の信濃守護は武田一族の小笠原氏であり、国府のあった松本一帯に勢力を張った。守護とは国内の軍事・警察権（御家人を軍役・番役のために召集・動員、謀反人・殺害人の処分）を有する者で、本来は御家人（国人）の経済基盤である所領を侵害するものではなかった。

　その後、南北朝時代を経て室町時代となり、1400（応永7）年に信濃国内を二分した大塔合戦が起こる。

　これは所領問題に端を発し、幕府権力を背景として国人統制（年貢徴収、諸役の賦課など）を強化しようとする守護・小笠原長秀に対して、みずからの領地支配権を守ろうとする国一揆（国人連合）が強く反発した結果の衝突だった。

　小笠原軍はその基盤である中信地方から動員され、一方の国一揆軍には北信地方の村上氏、東信地方の滋野一族、南信地方の諏訪氏など数多くの国人が参加した。

　両軍が激突したのは善光寺平。合戦自体は、国一揆軍が大塔砦に籠もった小笠原軍を破り、小笠原長秀が京都に逃げ帰る形で終結するのだが、ここでは合戦場が善光寺平だったことに注目したい。大塔合戦を軸として、2百年前の木曽義仲の戦い、150年後の川中島の戦い、そのいずれもの舞台が善光寺平なのである。

　その背景には、以下の要因が存在していたと思われる。

①**地理的要因**：道路事情が劣悪な時代にあって、大軍を動員できる平地が限られたこと。

②**経済的要因**：門前町として栄え、物流の中心地だった善光寺一帯（長野市）の制圧が勝利への道だったこと。

　『大塔物語』によれば国一揆メンバーとして滋野一族の海野幸義や禰津遠光などの名が見え、さらに禰津氏配下に**実田**、横尾、曲尾などの武士がいた。

　この実田こそが真田であり、真田の真は種を意味する。つまり本来の真田

Ⅰ　真田前史

の意味は、苗代田(なえしろ)のことになる。

　また『大塔物語』に記された真田(実田)、横尾、曲尾のいずれもが、現在の真田町に地名として残っている事実からすれば、当時の真田氏にはとても真田郷全域を支配だけの実力はなく、その一画を領していた程度の小土豪だったのであろう。なお真田氏は滋野一族の中で「海野氏」系と称しているが、実際は「禰津氏」系の可能性があるのも、上記の記述によるものだ。

　もうひとつ、中世の真田氏の動向として、1440(永享12)年に下総(しもうさ)(茨城県など)で起きた「結城(ゆうき)合戦」*10に関東管領*11の軍勢として信濃から**真田源太、源五、源六が従軍したという記録が残っている。**

　いずれの通称にも「源」が含まれるのがポイントであり、通称は諱(いみな)の一字とともに代々の子孫に引き継がれる傾向にある。たとえば海野氏嫡流であれば通称は「小太郎」で、諱は「幸」である。

　後述するとおり、真田昌幸の通称が源五郎、その次男・幸村が源次郎だったことからすれば、結城合戦に従軍した武士こそが真田一族の直接的な祖先だったに違いない。

Ⅰ　真田前史

---

*10　**結城合戦**：室町中期の鎌倉公方・足利持氏(関東御分国の支配者)は、京都の足利将軍家の後継者問題や関東管領・上杉憲実(持氏の補佐役)との確執から叛乱を起こすが、1439年に幕府と憲実のために滅ぼされる。これを「永享の乱」という。その翌年、持氏派だった下総の豪族・結城氏朝は、持氏の遺児を迎えて幕府に反旗を翻す。そこで幕府は憲実に討伐を命じ、信濃・甲斐を含む東国の守護や国人を総動員した。合戦は討伐軍が勝利し、関東の実権は鎌倉公方から関東管領・上杉氏へと移る。ちなみに、足利持氏の別の遺児が「古河公方」と呼ばれ、その子孫は後に北条氏の庇護を受ける。関東支配を目指す北条氏は、関東管領に対抗するために、上杉氏の主君筋にあたる古河公方を担ぎ出したのである。なお、この「古河公方(足利氏)＆北条氏」支配体制を打破するために、上杉氏を継いだ謙信は「関白(近衛前久)＆上杉氏」体制を目指す。

*11　**関東管領**：室町幕府の職制で、代々上杉一族が世襲して鎌倉公方(足利一族)の補佐を務めた。ただし関東管領の任命権は鎌倉公方ではなく、幕府にあったのがポイントで、次第に「鎌倉公方家」vs「幕府＋関東管領家」の構図となり、永享の乱に至る。その後、北条氏が侵略を始めるまでは、関東の実質的な支配者は関東管領家だった。甲斐の守護・武田氏といえども、関東管領の傘下にあった。なお後に、長尾景虎(上杉謙信)が合戦の最中に上洛したのも、将軍・足利義輝から関東管領家相続の許可を得るのが目的だった。

II 謀略の将

真田幸隆─最強軍団の前線司令官

西暦	和暦	真田一族（幸隆関連）の主な出来事（☆＝主要一般事項）
1513	永正10	真田幸隆、誕生
1521	大永1	武田晴信（信玄）、誕生
1530	享禄3	長尾景虎（上杉謙信）、誕生
1541	天文10	海野平合戦、幸隆は上野へ逃亡。武田信虎、国外追放。信玄、家督相続
1547	天文16	幸隆の3男・昌幸、誕生
1548	天文17	信濃・上田原合戦（武田信玄vs.村上義清）
1550	天文19	信濃・戸石崩れ（武田信玄vs.村上義清）
1551	天文20	幸隆、戸石城攻略
1552	天文21	上野の上杉憲政、景虎を頼る
1553	天文22	第1次川中島の戦い（武田信玄vs.上杉謙信）
1555	弘治1	第2次川中島の戦い（武田信玄vs.上杉謙信）
1556	弘治2	幸隆、尼飾城攻略
1557	弘治3	第3次川中島の戦い（武田信玄vs.上杉謙信）
1559	永禄2	幸隆、出家（一徳斎）
1560	永禄3	☆桶狭間の戦い（今川義元vs.織田信長）
1561	永禄4	景虎、小田原城攻撃。景虎、上杉氏相続＆関東管領就任。第4次川中島の戦い（武田信玄vs.上杉謙信）
1563	永禄6	幸隆、上野・岩櫃城攻略
1566	永禄9	幸隆の孫・信幸、誕生
1567	永禄10	幸隆、上野・白井城攻略。幸隆の孫・幸村、誕生
1572	元亀3	三方ヶ原の戦い（武田信玄vs.徳川家康）
1573	天正1	信玄、病没（53歳）
1574	天正2	幸隆、病没（62歳）

1 真田幸隆の登場

戦国大名の出現―群雄割拠

　真田氏は幸隆の代になって、大きな飛躍を遂げる。真田三代〈幸隆―昌幸―信幸・幸村〉のはじまりである。

　幸隆以前の真田氏の事績はほとんど分かっておらず、また彼自身についても不明な点が多いのだが、生年は1513（永正10）年。**戦国大名**でいえば北条氏康（1515～71）や今川義元（1519～60）、武田信玄（1521～73）とほぼ同時代人である。

　ここでまず、当時の関東諸国および信濃の形勢を確認しておきたいと思う。

　戦国時代とは、おおよそ1477年（応仁の乱が終焉）から1573年（室町幕府の滅亡）までの百年間を指し、豊臣秀吉が天下を統一するまでの間、戦国大名が諸国に群雄割拠していた。

　戦国大名の始まりは、15世紀末に伊豆から相模（神奈川県）へ侵略した北条早雲[*1]であり、その子孫を鎌倉幕府の執権・北条氏と区別するために「後北条氏」と表現することもある。

　もともとは伊勢氏を称していたのだが、朝廷・将軍家に依頼してまで改姓を行ったのは、伊豆出身である執権・北条氏の再来を名乗り、関東支配の大義名分を獲得するためであった。戦国大名は旧来の価値観を否定したかのようにいわれるが、むしろ巧みに利用したと表現する方が適切だろう。

　その後、後北条氏は旧勢力を代表する関東管領・上杉氏を駆逐し、関東諸国を支配する一大勢力へと成長していく（以降の表記は北条氏とする）。

　ここで関東近隣に目を転ずれば、室町幕府の守護だった駿河・今川氏、甲斐・武田氏などは領国内の各地で抵抗勢力（国人衆）と戦いながら次第に国人を家臣化して、守護から戦国大名への脱皮を図っていった。

　そして領国（分国[*2]）の支配権を確実なものにするために、たとえば『今川仮名目録』（1526年）のような**分国法**を定め、頻発する国人同士の土地争

Ⅱ　謀略の将

---

*1　**北条早雲（1432～1519）**：元の名を伊勢新九郎長氏という。出身地には諸説があるが、妹が今川氏に嫁いで嫡子を産んだことから、今川氏に身を寄せて、その支援を得て伊豆を平定する。その後、相模を制圧して北条氏発展の礎を築いた。

いや訴訟、年貢（税金）徴収の基準などを細かく法制化していったのである。戦国大名への権力の集中過程といっていい。

だが、戦国初期の信濃は、他国とは様相を異にする。

守護・小笠原氏は依然として中信地方を押さえていたが、一国を統一して戦国大名へと脱皮するだけの勢力がなく、信濃は地勢を反映した村上氏（北信）、海野氏（東信）、小笠原氏（中信）、諏訪氏（南信）の鼎立状態が続き、遠く木曽郡では、木曽義仲の子孫と称する木曽氏が独自の勢力を培っていた。

その中で変化のきざしといえば、村上氏の勢力が次第に強くなり、しきりに海野氏の基盤を侵食し始めたことだ。

脚色された真田幸隆の出自

江戸時代、徳川幕府はたびたび各大名家に由緒を訊ね、諸家の系図の編纂を行った。そのひとつ『寛政重修諸家譜』は全1530巻と膨大なもので、当時の学者を総動員しての一大事業であった。「士農工商」に象徴される身分社会においては、家柄、血筋は現代から想像する以上に重要視されたのである。

そのときに松代藩主・真田氏が提出した史料では、「はじめ海野氏を称し、弾正忠幸隆のときに至って信濃・真田の庄に住んだので、真田氏を苗字とした」と記されている。

また藩の記録『滋野世記』には「幸隆は海野棟綱の次男で通称は小太郎。兄の幸義が死んだために家督を継いだ」とある。

いずれもが、真田氏は海野氏の嫡流だと強調しているが、どうやら江戸時代に入ってからの創作のようだ。

というのも、前述のとおり真田氏は中世から存続していた小土豪であり、幸隆の代になって初めて真田の庄に居住したわけではなく、幸隆自身の通称も最初は源太左衛門といった。

後に名乗った弾正忠とは箔を付けるために、通称として用いた官職名であり、正式な任官ではない。

戦国時代には、たとえば「武田二十四将*3の筆頭・馬場美濃守」のように

II 謀略の将

＊2　**分国**：戦国大名の領国を意味し、実態は独立国と考えていい。その分国内で施行された独自の法律を「分国法」という。

＊3　**武田二十四将**：武田信玄を支えた24人の部将。数え方には異動があるが、真田一族では「幸隆、信綱、昌輝」が名を連ねるケースが多い。

官職や地方官をみずから名乗る武士は数多く見受けられた。余談ながら、テレビ時代劇『必殺仕事人』で登場した中村主水の「主水」も、今でいえば水道局の役職に由来する。

　従って江戸時代に入ってからの史料は、松代藩主・真田氏が中興の祖・幸隆を接点として系図を名門・海野氏に結びつけた、と考えるべきであろう。由緒正しくという意識が働いたものだ。

　ただし嫡流ではないにせよ、真田氏が海野氏の同族だったことに違いはなく、幸隆は当主・海野棟綱とも血縁関係にあったようだ。

　幸隆は、実は真田頼昌という人物の長男として生まれ、正しくは源太左衛門幸綱といった。その母が海野棟綱の娘であり、棟綱からすれば外孫にあたる。この履歴が現在では定説となりつつある。

　確実な史料によれば、幸隆の弟は禰津系の矢沢氏（上田市在住の国人）の跡を継いで、矢沢源之助綱頼と名乗り、後に真田氏の有力な家臣となっている。兄弟の通称では「源」が共通し、前述の「結城合戦」従軍者の子孫だったのは間違いなかろう。なお、同時代の良質な史料には幸隆と書かれたものはなく、幸綱と記録されている。

　この諱も通称と同様に兄弟で「綱」が共通し、さらに幸隆（幸綱）の長男は信綱といった事実からすると、本家・海野棟綱から一字をもらったものと考えられる。ただし本書では、煩雑さを避けるために、記述は幸隆で統一を図りたい。

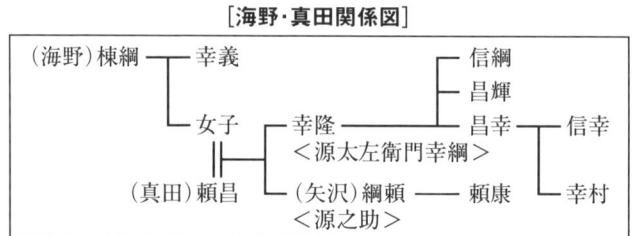

[海野・真田関係図]

悪大将・武田信虎の信濃「郡盗り物語」

　若き日々の真田幸隆は、苦難の連続だったようだ。
　まず1532（天文1）年、幸隆が20歳のころに、北信地方の村上義清が小県郡の海野氏を襲う。ついで1537（天文6）年には、隣国・甲斐の守護大名・

武田信虎（信玄の父）が佐久郡を攻め、その一部は武田支配地域となる。

さらに1541（天文10）年には信虎は村上義清、南信地方の諏訪頼重と連合して海野氏を攻める。これを「海野平合戦」といい、幸隆の伯父・海野幸義は戦死し、幸隆は祖父・海野棟綱とともに西上野への逃亡を余儀なくされ、上野に本拠を有する関東管領・上杉憲政*4を頼る。この当時、憲政が東信地方の国人衆と連携を図ろうとしていたことが、背景にある。

同時に連合軍によって滋野三家の望月氏も追われたが、禰津氏だけは諏訪氏を頼って本領を安堵され、それに連なる矢沢綱頼（幸隆の実弟）も許されたといわれる。

幸隆自身の動向は後述するとして、ここでは信濃に進出した**武田信虎**の事情から述べておきたい。

そもそも武田氏は鎌倉時代以来の名門で甲斐の守護を務めたが、一族の内紛や国人の反抗が絶えず、守護権力を回復した信昌（信虎の祖父）の代以降も内戦が相次いだ。

甲斐は、大きく中央の国中地方＝武田氏、東部の郡内地方＝小山田氏、南部の河内地方＝穴山氏に分かれ、覇を競っていた。かならずしも、武田氏が絶対の存在ではなかったのである。

その国内の混乱をようやく武力で統一したのが信虎であり、後年になって彼は「並はずれて悪大将」（『甲陽軍鑑』）、「大方ならぬ荒人にて、悪逆無道の大将」（『武田三代記』）といわれている。強い武将ながら、恐怖政治を行い、評判はよくなかったようだ。

ただし君臨したといっても、実態は有力な国人衆を束ねる盟主的な存在であり、奉公や忠義といった言葉に代表される強い主従関係は、まだ確立していないころだ。いざ合戦となれば、実際に兵力を提供するのは国人なのである。

ともあれ甲斐を統一した信虎は、次なるターゲットを大国・信濃に定める。その背景に領土欲があるのは当然だが、甲斐の国が16世紀前半に多くの自然災害（地震、台風、洪水）に見舞われ、民・百姓が飢饉に襲われたことも見逃せない。国土は枯れ、民衆の間には怨嗟が満ち溢れていた、と思われる。

国力が弱まれば、隣国の他勢力が自国に侵入してくる懸念も生じる。そこ

II　謀略の将

---

*4　**上杉憲政**（？～1579）：上野で北条氏康と戦うが、抗しきれずに越後の長尾景虎を頼り、関東管領職と上杉氏の名跡を景虎（謙信）に譲る。謙信の没後、「御館の乱」で復権を目論むが、謙信の養子・景勝に殺される。

で信虎は対外侵略戦略を打ち出し、まず信濃の有力国人衆を個別撃破する作戦、「郡盗り物語」を採った。

最初の標的は、甲斐に国境を接した諏訪郡を本領とする諏訪氏。しかも諏訪大社の分社は信濃一円のみならず甲斐にも広がっており、信虎の野望「**信濃侵略**」を実現するためには、その宗教的な影響力は見逃せない。

しかし諏訪氏の勢力は強く、1535（天文４）年に信虎は一旦和睦（後に信虎の娘が諏訪頼重の妻）を結び、矛先を甲斐北方で隣接する佐久郡へと転換する。それが本節の冒頭につながるのだが、やはり信虎は相当強かったらしい。

当時の史料には「武田殿は信州に取りかかり……１日に36もの城を落としたそうだ」（『妙法寺記』）という伝聞記事が載せられている。ちなみに、ここでいう城とは、天守閣のある姫路城のような壮大なものではなく、山の尾根とかを利用したりして、主要街道を遮断すべく設けられた小規模かつ貧弱な砦を指す。

その後、信虎は海野氏を信濃から放逐した翌月に娘婿の今川義元*5（信虎の娘が義元の妻）を訪れるが、突然駿河からの帰路をシャットアウトされてしまう。ひそかに企てられていた長男・信玄を中心とするクーデターが実行されたのだ。その結果、信虎は実質的に国外追放されたことになる。

とにかく信虎が空気を読めず、国土の疲弊を顧みずに強引に出兵を繰り返したことが、長男プラス家臣団の離反劇を招く結果となった。

追放された信虎はやむなく流浪の旅を続け、京都の足利将軍家に仕えたりもする。そして信虎は信玄よりも長く生き、81歳の高齢で初めて孫の勝頼と信濃・伊那郡で対面し、その地で没した。信虎は死ぬまで故国には戻れなかったことになる（次ページ系図参照）。

Ⅱ　謀略の将

---

*5　**今川義元**（1519〜60）：東海３か国（駿河・遠江・三河）を領国とした戦国大名。尾張侵攻を目指したが、「桶狭間の戦い」で織田信長の奇襲に遭って、戦死を遂げる。その子・氏真の代になってから今川氏は衰退し、江戸時代は「品川氏」として高家に列した。

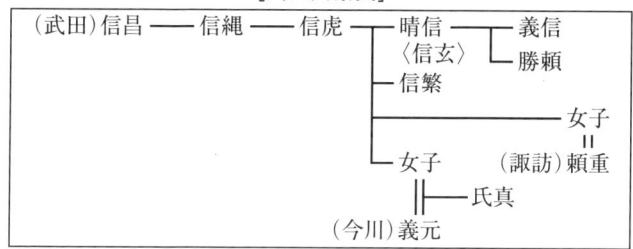

後継者・武田信玄のトラウマ

　父・信虎を放逐し家督を継いだとき、武田信玄は21歳。信玄とは後に出家したときの名であり、諱は晴信といった。正確に記せば「従五位下　武田大膳大夫晴信」となり、朝廷から認められた正式の官位である。

　諱の晴信は当時の将軍・足利義晴の一字の偏諱*6であり、このような授受は両者の親密さを表すとともに大変な名誉でもあった。分かりやすくいえば貴人である将軍が「名付け親」ということであり、偏諱の関係は戦国大名と家臣団との間にも見ることができる。

　たとえば有名な武田二十四将の諱（武田信繁、穴山信君、山形昌景、甘利虎泰、真田幸隆……）を見ると、多くの将が武田氏代々の「信」、中興の祖・武田信昌の「昌」、先代・武田信虎の「虎」を賜っている。

　後に信玄に仕える真田幸隆の子供たちの諱（信綱、昌輝、昌幸）もまた完全な武田カラーに染まっており、真田幸村の実名「信繁」は、信玄の実弟・武田信繁にちなんだものという説もある。

　先に述べたとおり、当時の慣習として諱で呼ぶことはなく、通称が用いられた。織田信長が明智光秀を呼ぶケースは、無官のときは十兵衛、任官後は惟任日向守となる。すなわち、諱とは「死後にいわれる生前の名前」といってよく、時代劇や小説のように「おのれ、光秀の謀反か！」ということはありえない。

　さて甲斐の盟主となった信玄が採った対外政策も、父同様の「諏訪攻め」

Ⅱ　謀略の将

＊6　偏諱：将軍や大名といった貴人が、家臣などに名前（諱）の一字を与えること。武田晴信（信玄）は将軍・足利義晴から「晴」を賜り、家臣へは「信」を与えた。逆にいえば晴信が、「晴」を家臣に与えたケースはない。武田の軍師として名高い山本勘介晴幸の実在が疑問視されたのも、その「晴幸」という諱が一因である。

だった。直接の動機は、「海野平合戦」の後に諏訪氏が武田氏とは相談せずに、単独で上杉憲政と講和を結び、領土を分割してしまったことにある。

1542（天文11）年に信玄は妹婿・諏訪頼重を滅ぼし、重臣・板垣信方(のぶかた)を諏訪郡代として配置した。以来、武田軍には有名な「風林火山」とともに、「南無(な)諏方南宮法性上下大明神(むすわなんぐうほっしょう)」のふたつの軍旗が掲げられることになる。ここに信玄は諏訪大社の宗教的なバックボーンをも持ち合わせた、といっていい。

当時の信玄の信州観は、『甲陽軍鑑』によれば次のようなものだった。

「信濃は城が多く治めにくい。城が多いから何度も合戦をしなければならない。村上、小笠原、諏訪、木曽の4勢力のうち諏訪は倒したが、まだ3勢力が残っている。そのほかにも多くの城主がおり、しかも強気の国柄で武術巧者の侍ばかりで難しいが、思案工夫を図り時期を待ちたい」

その信玄最大のネックは父・信虎の追放であった。後の宿命のライバル・上杉謙信は神社に「武田晴信悪行の事」として「直親信虎を国より追い出し(じきしん)、牢道乞食に及ばせ(ろうどうこじき)（たとえ悪逆無道の父であっても、それを路頭に迷わせるような信玄の行為は神仏を恐れぬものだ）」と、強く非難した文書を納めている。

現代の価値観では分かりにくい面があるが、当時は呪詛(じゅそ)が信じられていた。信玄が30代で出家したことも、父を追放したことが影響しているとも伝えられる。今でいえば精神的外傷(トラウマ)である。

この信玄に仕えて頭角を現したのが真田幸隆である。信玄の動向については各章で触れることとしたい。

Ⅱ 謀略の将

2 真田幸隆の雌伏(しふく)時代

「必死の逃亡者」・幸隆

話を武田信虎や村上義清によって故国を追われた真田幸隆に戻そう。前述の「海野平合戦」の結果、幸隆の本領だった小県郡真田郷(ちいさがた)は村上領となっていた。

幸隆が頼った先は隣国・上野(こうずけ)の海野一族、吾妻郡の羽尾幸全(はねおゆきてる)という国人だった。実は、幸全の娘が幸隆の妻だったという説があり、幸隆の弟も同じ吾妻郡の鎌原(かんばら)氏の養子となっていたようだ。要するに、まずは血族に庇護を求めたことになる。

　この時期の幸隆は所領もない一介の牢人に過ぎず、僧侶に衣服を恵まれたとか、かなり困窮して西上野一帯を転々としたとか、そういうエピソードが残っている。

　彼が流浪した地名を挙げれば、箕輪(みのわ)(箕郷町)、安中(あんなか)(安中市)、沼田(沼田市)、名胡桃(なぐるみ)(月夜野町)などである。箕輪の領主は関東管領・上杉憲政の重臣・長野氏であり、幸隆は祖父・海野棟綱とともに上杉氏の保護を受けながら、**旧領回復**の機会を窺っていたようだ。なお、これらの地名もまた、本書ではたびたび登場するので記憶に留めていただきたい。

　そのころ上杉憲政は、甲斐の武田信玄が東進政策「上野侵攻作戦」を採った場合、東信地方が武田防衛の最前線となると考えていた。実際、「海野平合戦」のときにも海野氏は上杉氏に援軍を求めたが、間に合わなかったという。

　またこのような地理的要因のみならず、「結城合戦」に見られるように、海野一族サイドにも関東管領・上杉氏への心理的な帰属意識は存在していたように思われる。これは関東御分国[*1](足利公方と関東管領による関東支配)の名残であり、東国の国人に共通する意識といっていい。

　だが上杉憲政は、1552(天文21)年に北条氏康の攻勢に耐えきれず、上野から越後に逃れ、長尾景虎を養子として「上杉」の姓と関東管領職を譲ることになる。

　この景虎こそが、後の**上杉謙信**である。謙信は出家後の法名であり、実際の諱(いみな)は〈長尾氏代々の「景」から景虎→管領・上杉憲政の「政」から政虎→将軍・足利義輝の「輝」から輝虎〉へと変遷していく。

　上杉謙信というと、ただちに武田信玄との信濃戦線での激突・「川中島の戦い」がイメージされる。だが、そればかりが謙信の姿ではない。

　むしろ謙信の本意は、関東戦線で北条氏康へ反撃して名門・上杉氏の復権・旧領回復を果し、さらに関東を支配することにあった、というほうが適切であろう。

Ⅱ　謀略の将

＊1　**関東御分国**：鎌倉時代は源頼朝の知行国、室町時代は鎌倉公方が支配した諸国(関八州＋甲斐、伊豆)を指す。大雑把にいうと、「室町幕府の支配下にはあるが、鎌倉公方が独立的に統治する諸国」。なお信濃は、鎌倉時代には御分国に含まれていた。

「真田氏発祥の郷」の碑（真田記念公園：長野県小県郡真田町）

武田信玄への従属
〈武田信玄 ❖ vs. ㊤ 村上義清〉Ⅰ

Ⅱ 謀略の将

　そのころ東信地方では、一時期同盟を結んだ武田氏と村上氏とが反目し始める。武田氏はすでに諏訪氏を滅ぼした信玄の代となっており、村上義清は小笠原氏と手を結んだ。信玄の脅威が増してきたので、国人衆による反武田戦線が構築され始めたのである。

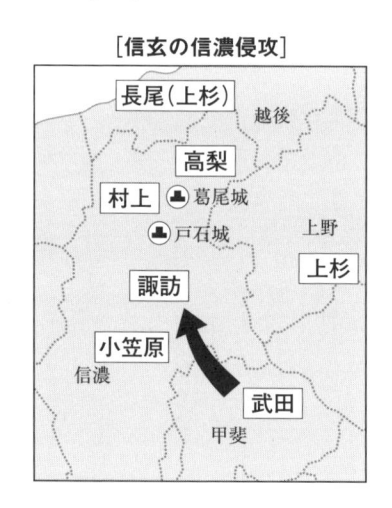

[信玄の信濃侵攻]

1547（天文16）年、佐久郡では有力国人・笠原氏（諏訪一族）が信玄に屈することなく志賀城（佐久市）に籠城し、上野・上杉憲政に援軍を要請する。上杉氏は救援を派遣するが、逆に武田軍によって壊滅させられる。
　武田サイドの記録によれば、首を取られた上杉方は約3千人。その生首は城の周囲に晒されたという。記録的な大敗といっていい。
　さらに落城の結果、城内にいた男女は生け捕りとなり、甲州に連行されて2～10貫[*2]で売買された。当時の日本では、合戦時の首取り、人身売買、掠奪などはポピュラーな行為であり、手柄の証というべき首取りは幕末[*3]まで横行する。
　この合戦の前後に幸隆は、滋野三家の禰津元直（信玄の娘婿）の斡旋によって、信玄に仕えることになる。幸隆は30代前半、人生の大きな転機が訪れた、といっていい。
　ただし、なぜ幸隆が海野一族を追放した武田氏への従属を決意したのか、は分かっていない。はっきりしているのは、信濃復帰後の彼のスタンスが終始〈反・村上〉だった点だ。たぶん彼には、村上氏にたびたび襲撃された恨みがトラウマとしてあり、旧領も村上氏の支配下にあったことから、武田氏出仕を決めたのであろう。
　以降、幸隆は甲斐武田氏の**信濃先方衆**・真田弾正として歴史上に登場し始める。
　その先方衆とは「他国（本国以外）で味方に付いた国人」の意味であり、衆には一定の発言権がある有力者というニュアンスが含まれている。分かりやすく徳川幕府を例に挙げれば、譜代（代々の家臣）に対する外様（譜代以外の家臣）の扱いとなる。
　そして先方衆・幸隆に求められたミッションは、①地理の案内や偵察（物見）、②人縁・地縁による情報収集、③血縁による国人の懐柔・籠絡・切り崩しなどの**謀略活動**である。
　その間に信玄と信濃国人衆との亀裂は深まり、1548（天文17）年の冬、信濃3郡（諏訪、伊那、佐久郡）を支配下に置いた信玄は、小県郡を占領していた村上義清（本拠地は更級、埴科郡）への攻撃を開始し、両軍は上田原

Ⅱ 謀略の将

[*2]　貫：1貫＝4石で換算すると、1貫は米俵で10俵に相当する。
[*3]　幕末：函館・五稜郭に籠もって官軍と戦った旧幕府脱走軍（榎本武揚、土方歳三など）の軍律にも、「敵の首級、取るに及ばざる事」と明記されている。それまでの「鳥羽伏見の戦い」や「会津戦争」で首取りが横行していたのを、禁止したものだ。

（上田市）で衝突する。武田軍は7千人、村上軍もほぼ同数だったという。

これが「上田原合戦」であり、武田軍は諏訪郡代・板垣信方など有力な家臣が戦死するなど、記録的な大敗を喫して撤退を余儀なくされる。

『甲陽軍鑑』の「真田弾正武略の事」によれば、真田幸隆は「この合戦では板垣信方の脇備え*4だった」とか、前述の「志賀城攻撃では武田軍の先鋒を務めた」とか、その前には「謀略を用いて村上義清の兵5百人を全滅させた」とかいろいろと書かれているが、どこまでが本当の話かは分からない。おそらくは、そのような華々しさとは裏腹に、幸隆はもっと地道な活動に従事していたと思われる。

とはいえ、まず真田幸隆が「謀略家」として紹介されていることは、注目に値する。その幸隆の思いを『甲陽軍鑑』では、「信州国内で合戦を重ねてわれわれが苦労しても、晴信公が大身にならなければ致し方がない」と紹介している。つまり幸隆は「信玄が領国を拡大しないかぎり自分もメリットがない」と考えていたのである。

Ⅱ 謀略の将

戦国時代のギブ＆テイク

確実な史料では1549（天文18）年に、真田幸隆は望月源三郎に対して武田信玄からの「朱印状」（所領7百貫を安堵）を渡している。

ここに幸隆が初めて記録に登場するわけだが、この源三郎とは武田信虎に滅ぼされた望月氏の生き残りで、武田帰属後は望月信雅として信玄の実弟・信繁の娘婿となる。つまり、信玄の御親類衆として遇された人物である。

その翌年（1550年）、信玄は宿敵・村上義清を再攻撃する直前に、幸隆に対して以下の内容の書状を与えている。

「その方の年来の忠信を喜ばしく思っています。そこで本意（本来の目的）を果たしたときには、諏訪形3百貫と横田氏の旧領地（ともに村上氏が占領中の小県郡の土地）との合計1千貫を進上しましょう」

信玄が義清に勝利したときには、幸隆に恩賞として敵領の一部を与えようという**約束状**である。

---

*4　備え：「陣立て」ともいう。敵の襲来を待ち構えて、兵を配置すること。

戦国大名はこのような所領に関する安堵状や約束状を、数多くの国人(したこう)に認めている。約束状によって、敵陣営からの寝返る国人が出てくれば、それこそ兵力を消耗せずに大きな軍事的効果が期待できる。

とかく合戦というと、肉弾戦をイメージしがちだが、それは最後のアクションであり、事前の切り崩しや外交交渉が不調に終わった結果、といったほうが適切だろう。

そして約束状の目的が味方への勧誘、合戦での奮起などにあるのは当然なのだが、なにも国人からの一方的な忠誠心を求めているのではなく、必ず恩賞としての所領（土地）を介在させているのが特徴だ。

要するに戦国大名と国人とは「ギブ＆テイク」の関係にある。ただし、このギブ（論功行賞）について、戦国大名はかなり気を遣ったようだ。というのもバランスを失すれば、逆に国人からの不平、不満を誘発しかねないからだ。従って「当時の幸隆の実力は１千貫」と見られていた、と考えて間違いないであろう。

戦国大名の兵力動員数の実態

さて、ここで約束状にも登場する貫高(かんだか)について触れておきたい。

現代の常識からすると、戦国時代は日本全国が石高制(こくだか)（土地を米の生産高で表示する方式）だったと錯覚しがちだが、おおよそ「西国＝石高制、東国＝貫高制」と分かれていた。それが石高制に国内統一されるのは、太閤検地(たいこう)*5 以降のことだ。

その貫高とは土地面積を「銭」（その貨幣単位が貫文(かんもん)）で表示する方式である。大雑把にいえば土地生産物（米、穀物など）の価値を銭に換算したもの、土地から見込まれる収入額ベースと考えればいい。逆にいえば石高は、米そのものの生産量表示である。

さらに分かりやすくいえば、土地を銭で表示（貫高）するか、現物で表示（石高）するかの違いといってもいい。そのことが、例外は数多くあるが、流通通貨ベースでも東国は銭（永楽通宝）、西国が米に結びついていく。

たとえば家紋にしても、真田氏が「六文銭」、織田信長が「永楽通宝」を

Ⅱ 謀略の将

---

*5 　太閤検地：1584年以降、豊臣秀吉が全国で実施した百姓所有地の調査測量。目的は租税体系の確立にあった。ちなみに、戦費が嵩むために、秀吉の税金徴収は過酷だったという。

用いた背景にも、この流通経済の実態があった。また、今でも威厳や重みのある人物を「あの人は貫禄がある」というが、もともとは「貫高ベースの俸禄の多い人（高収入者）」をいったのである。

ともあれ、上記約束状のケースを具体的に記せば、所領獲得後の幸隆には税金の取立て義務や軍役・労役などが賦課されることになる。このように、約束状には将来発生する債務の側面もある。

戦国大名というと、武将としての側面＝合戦ばかりにスポットライトが当てられるが、彼らは同時に政治家でもあり、実際には領国内の流通貨幣の安定維持政策を図ったりもしている。たとえば北条氏康の「鐚銭※6流通の禁止令」は、現代でいえば金融市場への「日銀介入」に近い。

また貫高にスライドした**軍役**（軍事動員）も、詳細に決められていた。なにも国人衆は「いざ、合戦！　ご主君、お家のために」とばかりに、自主的に武器を手にして戦場に赴いたわけではない。軍役はあくまでも、ギブがあってのテイクなのである。

たとえば北条氏の領国内では、所領50貫の武士は合計5人（騎乗の武士＋徒歩の従者4人）の従軍が武器とともに細かく定められていた。具体的な内訳は〈騎馬武者1、旗持ち1、鉄砲持ち1、槍持ち2人〉であり、このような軍役は、所領に応じて段階的に増加していく。

同様に上杉謙信が、越後国内の一門や国人衆に課した軍役の記録も残っている。総動員力は約5千5百人で、そのうち武将クラスは39人、騎馬武者は566人。従って戦記や時代小説で「謙信は数万の兵を動員して……」と書かれたりするのは、かなり誇大な数値となる。実際の動員力は、意外と少ない。

また**騎馬武者**は全体の1割強に過ぎず、軍勢の大半は「戦闘員」である槍足軽・鉄砲足軽などや、「非戦闘員」である小荷駄（人馬の食糧運搬）、陣夫（土木工作員）などから構成された。

街道や砦に置かれた障害物を人力で除去し、河川に橋を架けながら進軍する。競馬のジャンプレース（障害競走）を見ても分かるとおり、基本的に馬は障害物が苦手なのだ。だから合戦といっても、相当数の非戦闘員も狩り出されることになる。

Ⅱ　謀略の将

＊6　鐚銭：悪銭ともいう。永楽銭以外の粗悪な銭で、年貢（納税）や商取引では嫌がられた。当時、経済市場に複数の良貨や悪貨が流通したが、誰もが良貨を欲しがるために、価格混乱や物価高騰が生じたのである。領国大名にとって、非常に大きな問題だった。北条氏が関東で五代・百年も続いたのは、民政に意を注いだからといわれる。

さらに合戦時の食糧も、「1日1人あたりの玄米支給は1升」といった具合に細かく規定されていた。馬の食糧も同様である。

このように戦国大名は、貫高に応じた家臣層の「軍役台帳」を備えており、武田氏もその例外ではなかったと思われる。というのも、もし軍役台帳がなければ、みずからの軍勢の動員力や必要な食糧ボリュームすら把握できず、とうてい他国への侵攻などを計画することはできないからだ。

そうなるとイメージを掴むためには、「1貫が何石に相当するのか？」という換算比率が大きなポイントになるのだが、領国ごとに異なっていたようだ。北条氏の領国内では、換算比率が〈1貫＝4石〉というケースが残っている。

このデータを仮に信濃に当てはめると、真田幸隆が約束された1千貫は4千石の土地に相当し、動員力は50貫＝5人ベースとして百人程度の規模となる。

言い換えれば「約束状」以前の幸隆は、かなり小規模な国人に過ぎなかったことになる。

3 甲信越の緊張

🕷 戸石城の攻防戦
〈武田信玄❖ vs. ㊤村上義清〉Ⅱ

1548（天文17）年の「上田原合戦」で信玄が敗退したとき、中信地方の小笠原氏は信玄追撃のチャンスとばかりに、武田領となっていた諏訪郡に乱入し始め、一時期は甲斐まで攻め込もうという勢いだった。

しかし、翌年には逆に本拠地・松本までもが信玄に奪われ、小笠原長時は**村上義清**[*1]のもとに落ち延びる。

このような経緯もあり、信濃国内では葛尾城（埴科郡坂城町）に本拠を構える村上義清だけが、信玄に対抗しうる唯一の存在となっていた。そして

---

*1　**村上義清（1503〜73）**：北信地方に勢力を有した国人。武田信玄の侵攻を受けたことから、上杉謙信を頼って旧領回復を目指すが、果せないままに越後で死去した。その子・景国は景勝に従った。

Ⅱ 謀略の将

1550（天文19）年の夏に、村上義清・小笠原長時を中核とした国人連合軍は、葛尾城の前線基地である山城・戸石城（上田市）を補強して、信玄の襲撃に備えた。

一方、諜報のミッションを帯びた真田幸隆は、去就（きょしゅう）が定まらない善光寺平周辺の国人を武田サイドに誘い徐々に効果を挙げていたが、9月上旬には武田軍5千人が山麓（さんろく）に到着して戸石城攻撃を開始する。

合戦は、本城・葛尾城の兵を率いた村上義清が、戸石城を攻めあぐねる武田軍の背後を襲う作戦が成功し、国人連合軍の勝利に終わる。義清は当時、北信地方で競合していた高梨政頼（たかなしまさより）*2（越後の長尾景虎＝上杉謙信の縁戚）と急遽和睦を結び、戦場に駆けつけたといわれる。

後に徳川家康を震えあがらせたほどの「戦上手（いくさじょうず）」信玄を、こうして義清は2度までも撃退したのだから、相当な勇将だったに違いない。

この敗戦は、武田サイドからは**戸石崩れ**といわれるほどの記録的な惨敗（討死1千人、負傷者3千人）であり、史料『妙法寺記』によれば、武田軍は武器を投げ捨てて甲斐に逃げ帰ったという。

「信州戸石の要害を御退（の）け候とて、……随分の衆千人ばかり討死なされ候。……道具（武器）は国中皆捨て候。歎（なげ）き言語道断限りなし。されども信州の取合い止まず」

「だが、信州の争奪戦は終わらなかった」。このラストのフレーズからは、信濃を巨大なゲーム盤にたとえることもできる。つまり合戦とは「陣取りゲーム」といってよく、一方が陣地（城）を失うまでは決して終わりを告げない。

この戸石城の戦いによって村上義清の勢力は盛り返し、その支援を受けた小笠原長時も旧領回復に躍起となるのだが、結局は実現しないままに終わる。反武田戦線を組む国人衆にとっても、一進一退の状況が続く。

Ⅱ　謀略の将

---

*2　**高梨氏**：信濃・高井郡（中野市）の国人で、越後の長尾氏（後の上杉氏）との関係が深かった。また真田氏とも縁戚を結んでいる。終始、真田幸村に従った舅・高梨内記もこの一族の出身と思われる。余談ながら、高梨氏の分家は「小鳥遊」氏と称した。読み方は本家と一緒。タカナシ（鷹なし）なので小鳥が遊べる、という洒落た苗字である。

謀略こそが戦国時代のメイン戦略

　翌1551（天文20）年、まだ戸石崩れから１年も経過しないころ、なんと真田幸隆が単独で戸石城を乗っ取ってしまう事件が起こる。その詳細は分かっていないが、合戦ではなく、幸隆の謀略活動によって村上方に内通者が出た結果といわれている。

　ひとつ興味深い説を挙げておこう。実はそのころ幸隆の弟・矢沢綱頼が、村上方に属して戸石城を守備していた。その綱頼が裏切ったという。

　またタイミングは特定できないものの、終始上杉謙信に味方した有力国人・高梨政頼の娘は、それぞれ村上義清と真田信綱（幸隆の長男）に嫁いだ事実がある。つまり真田氏と村上氏とは、高梨氏を軸に縁戚関係にあったことになり、実は微妙な人間関係が存在した可能性も多分にある。

　なお当時は、「武士が裏切りを誘うとは卑怯だ」という概念はなかった、と考えていい。「武士は正々堂々」とか、「飛び道具（鉄砲）とは卑怯なり」とかが、しきりに叫ばれだしたのは江戸中期以降であり、むしろ戦国時代から江戸初期にかけては、**略**（戦略、策略、知略、計略、謀略……）が重要視された。後に触れる徳川家康も、実に略の多い人物として著名な存在だ。

　略は**表裏**ともいう。柳生新陰流の完成者である柳生宗矩の『兵法家伝書』にも、「表裏こそが兵法の根本だ。表裏とは略だ。偽りでもって真を得ることだ」と記されている。

　では、なぜ「略」を用いるのかといえば、戦国大名の領国内での軍事動員力には限界があるからだ。当時は人口も少なく、たとえば戦死者が出ても、容易に成人男子の代替要員を調達することが困難だったから、戦国大名はできる限り兵力の温存を図り、消耗を回避しようとした。

　まして戦国大名の直轄部隊は少なく、兵力の大半は軍役によって国人から提供を受けたものだ。もし大敗を喫すれば、国人層の離反というリスクがつねに内在していた。武田勝頼の代になって、武田氏があっけなく滅亡するのは、譜代の国人衆離反（郡内の小山田氏、河内の穴山氏）の典型的なケースである。

　従って戦国大名はありとあらゆる策略（風評による敵陣分断作戦、恩賞を餌にした寝返り工作、宗教的権威の影響力など）を駆使して、「損傷なき戦い」を志向した。大軍を動員するのも一種の示威活動、デモンストレーションの要素がある。そのプレッシャーで、もし敵が戦意を喪失するならば、労

Ⅱ　謀略の将

せずして勝つことができるからだ。

　有名な「川中島の戦い」は、信玄と謙信とが5回も戦いながら、雌雄を決しなかったという。逆にいえば戦いそのものが、遠距離での睨み合いに終始した可能性を示唆している。

　人間の心理として合戦ともなれば、殺されないように、ケガをしないように、と誰しもが身を庇うのは当然のことであろう。

　さて戸石城攻略に成功した真田幸隆が、旧領・真田郷を回復したのか、それとも恩賞として約束の所領をもらったのか、そのいずれも正確には分かっていない。だが、幸隆が信玄にとって手足として動く重宝な存在と認められ、次第に信濃先方衆の中で一定の地位を築き始めたことは間違いなかろう。

　一方、戸石城を奪われた村上義清は、次第に追い詰められていく。1553（天文22）年には信玄のために本拠・葛尾城は落城し、義清は隣国・越後の上杉謙信に救援を依頼する。ときに武田信玄33歳、村上義清51歳、上杉謙信24歳、そして真田幸隆41歳。

Ⅱ 謀略の将

「信玄のライバル」─上杉謙信のスタンス

　信玄の宿命のライバルといわれる上杉謙信について述べておきたい。越後守護代・長尾為景の子として生まれた謙信こと長尾景虎は、1551（天文20）年、苦労の末に一族や国人を従えて越後の領国化に成功し、春日山城（上越市）を居城とする。謙信とは、信玄同様に出家後の法名である。

　代々越後の守護は上杉氏で、守護代（現地代官を務めた有力家臣）が長尾氏*3という主従関係だったが、戦国時代に至って長尾氏の実力が守護上杉氏を凌駕してしまう。

　いわゆる下剋上、「下が上に剋つ」の典型的なケースであり、織田信長の家系も尾張守護・斯波氏の守護代を務めた織田氏の分流にあたる。

　ここで改めて謙信の立場から、今までの記述を整理すると以下のとおりになる。

①**信濃戦線**：1553年、武田氏に信濃を追われた村上氏から救援依頼を受け

＊3　**長尾氏**：平安末期に、関東に基盤を有した鎌倉権五郎景政（歌舞伎「暫」の主人公）の子孫。源頼朝の有力家臣だった梶原景時も同族で、「景」を代々の通字とした。室町時代には上杉氏に従って、長尾一族は上野、下野、越後、上総など東国一円に広がった。長尾景虎（上杉謙信）は、越後府中の長尾氏の出身。

る。なおこの時点では長尾景虎を名乗っていたが、煩雑さを避けるために、以降の記述は謙信で統一する。

②**上野(こうずけ)戦線**：1552年、北条氏に上野を追われた上杉憲政を保護し、1561年に憲政から正式に「関東管領」職と上杉氏の名跡(みょうせき)を譲られる。

つまり若い謙信は、越後を統一してまだ日が浅いにもかかわらず、隣国からの支援要請を受けて、対外的に①信濃＝対武田氏戦略、②上野＝対北条氏戦略の構築を迫られることになる。

そして前述のとおり、時代の価値観として②に重みがあるのはいうまでもない。謙信の宿願は東国における関東管領・上杉氏の復権、北条氏に奪われた旧領回復にあり、上野が戦国大名・3勢力（北の上杉氏、南の北条氏、西の武田氏）が激突する地域となっていく。

少し先の話になるが、『上杉文書』によれば謙信が**関東管領**を認められたとき、信濃の国人衆21名が太刀を持参して、春日山城へ祝賀に出向いている。

この「御太刀持参の衆」は、謙信に味方する北信地方の国人衆、それと東信地方の滋野一族（海野、望月、禰津氏）に大きく分けられ、滋野一族の中には「真田殿」（幸隆）の名も記録されているのだ。

タイミングとしては、信玄と謙信とが川中島で断続的に武力衝突していた最中のイベントである。従って信玄に従属していたはずの幸隆の行動は、一見奇妙に映る。

この事実は弱小の信濃国人が信玄のライバル・謙信にも保険を掛けたように解釈されがちだが、「結城合戦」に見られるとおり、滋野一族が関東管領・上杉氏の郎党(ろうとう)を意識し続けており、かつ幸隆を含む一族が西上野で上杉氏の庇護を受けた経緯が、祝賀参上の背景にはあったのではないか、と思われる。

言い換えれば、幸隆には「現在の主君・武田氏の敵は長尾氏であり、関東管領・上杉氏は先祖代々の主筋」という理屈、いわば棲み分けした考え方が働いた、と理解すべきであろう。実は後々まで、上杉氏と真田氏との関係はかなり密接なのである。

微妙なニュアンスながら信玄自身の書状にも、すでに謙信が上杉氏を継承した段階にもかかわらず、「長尾輝虎」と明記したものが残っている。このことは、信玄は謙信の関東管領家相続を認めていなかったことの証左であり、上記と同じような考えが働いていたのであろう。代々の甲斐守護である名門・武田氏ですら、室町時代には関東管領・上杉氏の指揮下にあったことを

Ⅱ　謀略の将

踏まえれば、不思議な話ではない。

　要するに東国の武士にとって、関東管領とは足利将軍家（京都在住）、足利公方家（鎌倉、後に古河在住）に次ぐ権威の象徴、と考えれば分かりやすいかと思う。

　繰り返すが、下剋上といっても既成のステータスが完全に失墜したわけではない。むしろ戦国大名は、それをみずからの領国支配に役立てようとしたのである。

衝撃的な「謙信女人説」

　話を戻して「なぜ長尾景虎こと謙信が、村上義清を保護したのか」、を考えてみたい。実は義清は越後にも一部所領を有し、局地的に謙信とは競合する立場にあり、本拠地の北信地方では、謙信の姉婿にあたる高梨政頼とは長年のライバル関係にあった。

　端的にいえば義清にとって、「前門の虎」が武田氏で「後門の狼」が長尾氏となる。にもかかわらず謙信は義清を受け入れ、即座にその旧領回復を図るために信濃に出兵して、川中島で信玄と戦うのである。

　その理由は**義戦**（正義のために起こす戦い）とされる。

　事実、謙信自身が出陣理由として、神社に祈願した文書に「信玄が信州に乱入して神社仏閣を壊し、国中の人々を悲嘆に陥れている。私が信玄と戦うのはこのためだ」とか、「信濃の武士たちが牢人し、私を頼ってきたからだ。また私の領地・西上州へ信玄が攻め込み、川中島でも私の家来を多く戦死させた。そのために私は信玄を退治する戦いを行っている」と記している。さらには「義をもって不義を誅す」と明確に書いたものまで存在する。

　後世、多くの人々から謙信が愛されたのは、ひとえに彼が「正義のため」、「人のため」に戦ったことが最大の理由である。

　また地理的にも、信濃最大の経済都市・善光寺から謙信の居城・春日山城までは約60kmと至近な距離にあり、信玄によって領国を侵される危機感もあったとされる。

　確かに上記の理由はもっともなのだが、ここで指摘しておきたいのは、越後の国人の動向である。当時、越後では有力国人の反乱が頻発し、謙信の座は磐石とは言いがたかった。

　また謙信傘下の国人にしても、義戦ともならば恩賞（働きに対する代償）

Ⅱ　謀略の将

がない、という切実的な問題に直面せざるをえない。なぜならば、合戦の目的が「義清の旧領回復」だからである。越後の国人、そして彼らに従う兵にすれば、利益にもならず関係のない話なのだ。

それらのマイナス要因を押し切ってまで、果たして謙信には戦う必然性があったのであろうか？　言い換えれば義清は、謙信にとって「亡国」の亡命者になりかねない。

この疑問のヒントになるのが、歴史家・八切止夫が展開した天下の奇説**「謙信女人説」**である。謙信は生涯独身を通し、脳溢血で死んだとされる。しかし、当時の史料には「越後の景虎は大虫（婦人病）で死んだ」という記録も残っている。

八切説は、それを根拠として「戦国大名＝男性」という先入観を排除したものだった。そして川中島の戦いは、女人・謙信が村上義清を愛したからこその「愛の合戦」だった、と続ける。

この話は荒唐無稽のように扱われるが、その着眼点は鋭い。女人説ではないにせよ謙信の独身理由は、飯綱の魔法[*4]に凝り女性を寄せ付けなかったからで、謙信と義清とは衆道（男色）の関係にあった、と考えることも可能であろう。

戦国から江戸時代を通じて、衆道は武士にとって珍しいものではない。武田信玄と高坂昌信[*5]、織田信長と万見仙千代[*6]、後の徳川家光と堀田正盛[*7]……いずれもが衆道だったといわれている。

そのような視点に立たないかぎり、謙信出陣の動機が十分に説明しきれない面が、どうしても「川中島の戦い」には残る。

なお後に義清の嫡子は、謙信からは所領と姓、謙信の後継者・景勝からは諱を与えられて山浦景国を名乗るのだが、なによりも注目すべきは「上杉一門衆」として、景勝に次ぐナンバー２に位置づけられている点だ。ほかの上杉、長尾一族を差し置いた異例の処遇であり、この事実も謙信と義清との

Ⅱ　謀略の将

＊４　飯綱の魔法：飯綱権現は信濃北部の戸隠山近くにあり、古来より修験者の霊場として知られた。その魔法が「空中遊泳術」で、室町幕府の管領・細川政元は本当に空を飛び、空中に立ったといういう。上杉謙信もまた飯綱権現を信仰し、その象徴である狐を兜に付けた。政元、謙信の共通点は女性を近づけなかったので子供がおらず、養子同士が相続を巡って合戦をしたことだ。
＊５　高坂昌信（1527〜78）：春日弾正ともいう。武田信玄に仕えて〈近習→使番→侍大将→海津城城代〉というエリートコースを歩んだ。
＊６　万見仙千代（？〜1578）：織田信長の小姓出身といわれ、側近として検使役や奉行を務めた。
＊７　堀田正盛（1608〜51）：江戸初期の大名で、春日局の孫にあたる。徳川家光に近侍して寵臣といわれ、加増が相次ぎ老中となった。家光の逝去に伴って殉死したことでも知られる。

「個人的な関係」を暗示しているように思われる。

4 川中島の戦いⅠ

第1次、第2次川中島の戦い──善光寺争奪戦
〈武田信玄 vs. 上杉謙信〉Ⅰ、Ⅱ

　村上義清から救援依頼があったその月、1553（天文22）年4月、上杉謙信はただちに信濃へ兵を進め、川中島（善光寺平）で武田軍と交戦する。川中島とは文字どおり、犀川と千曲川に挟まれた中州、広大な湿原地帯である。

　これが最初の「川中島の戦い」であり、両軍の合戦は以降12年間で5回におよぶ。この第1次合戦の結果、村上義清は一旦信濃に戻るのだが、武田軍の攻勢のために8月には再び越後へと追われてしまう。

　『滋野世記』（松代藩の記録）によれば合戦には真田幸隆も出陣し、「謙信方の高梨頼治のために深手を負った。その危ないところを家来が助けた」と書かれている。だが、江戸時代の記録なので確かなことは分からないし、そもそも彼の参戦を示す史料はほとんどない。

　ともあれ合戦後に、幸隆は信玄から秋和（上田市）の所領350貫を与えられ、武田家臣の小山田昌行*1の付属となる。おそらく秋和は、信玄が約束した土地の代替地だったのであろう。また小山田氏との縁はその後も続き、武田滅亡後に小山田氏は真田氏に仕え、家老を務めることになる（221ページ参照）。

　同時に信玄は幸隆に対して、3男・源五郎（当時7歳、後の昌幸）を甲斐府中（甲府市）に在住させるように命じた。明らかに人質としての取扱いであり、どうやら幸隆は甲府にも屋敷を構えていたようだ。

　こうした一連の措置は、村上氏の駆逐という「本意」を成し遂げた信玄が、さらに家臣との主従関係を強化しようとしたものであり、幸隆からすれば頭角を現したことを意味している。

Ⅱ 謀略の将

＊1　小山田昌行（？〜1582）：武田譜代の家臣。1582年、織田軍が信濃に侵攻したとき、高遠城の救援に赴いたが、その地で戦死した。

そして2年後の1555（弘治1）年に起きた「第2次川中島の戦い」の実態は、**善光寺**の争奪戦だった。

そのころ、北信地方の善光寺一帯は謙信の勢力圏だった。謙信に味方する善光寺別当・栗田氏[*2]は村上一族であり、ある意味、その動向が信濃の民意や経済を左右するといって過言ではない。

というのも、善光寺信仰は全国規模に広がっており、寺の門前は市をなすほどの賑わいだったからだ。

要するに善光寺は、信濃最大の流通経済都市であり、かつ交通の要地でもあった。その繁栄の理由は、当時仏教の多くが女性を信仰の救済対象から除外[*3]していたが、善光寺だけは女性に門戸を開いていたためだ。従って信濃のみならず、全国の女性の信仰を集めていたことになる。

謙信はその善光寺に出馬し、信玄は犀川を挟んだ場所に陣を張り、両軍の対峙（たいじ）が続いた。しかし、信玄の謀略で栗田氏の一族が武田方に寝返ったために、謙信は駿河の戦国大名・今川義元の和睦斡旋を受け入れ、兵を越後に戻した。

この合戦の様子を『妙法寺記』では次のように記している。なお武田サイドの史料では、謙信は敬称略の扱いを受けている。

「武田晴信公（信玄）が信州に出馬された。先に村上殿、高梨殿が越後守護・長尾景虎（謙信）を頼ったために、景虎も出陣し善光寺に陣を張られた。武田殿は三十里手前の大塚を陣とした。善光寺の堂守・栗田殿は旭城にいた。……長尾景虎は攻撃したが、叶わずに今川義元の扱いで和談なされた」

第3次川中島の戦い──信玄の信濃制圧
〈武田信玄 ❖ vs. ❀ 上杉謙信〉Ⅲ

翌1556（弘治2）年、武田信玄は真田幸隆に「謙信方の尼飾城（あまかざりじょう）（長野市松代町）を落としてください」と命じ、攻略に成功した幸隆は尼飾城にそのまま詰めた。最前線では和睦後も依然として小競り合いがあり、緊張が続いていたのだ。

Ⅱ　謀略の将

---

* 2　**栗田氏**：平安末期以来、善光寺と戸隠神社を支配した一族。1598年、上杉景勝の会津転封に伴い、高梨氏などとともに会津に移った。
* 3　**除外**：高野山の女人禁制が代表例。高野山に配流された真田幸村の妻・娘も入れなかった。

第3次川中島の戦いは1557（弘治3）年。信越国境が雪に覆われるタイミングに、信玄は謙信方の信濃国人衆を攻めたが、謙信は雪解けを待ってから信濃へ出陣せざるをえなかった。

　しかも越後国内では、謙信が一時期引退を表明するほど、国人衆の統率に手を焼いていた経緯がある。第1次、第2次合戦のころには、有力国人・北条高広(きた じょう)が信玄の謀略活動に乗って謙信に反旗を翻したりもしている。

　この第3次合戦の詳細は、よく分かっていない。ただ、善光寺争奪戦は武田軍の優位に進んだようで、結果として信玄は本尊(ほんぞん)を甲斐に持ち帰り、同国の信徒から熱狂的な歓迎を受けている。

　この事実は、川中島の戦いが単なる軍事的な衝突ばかりではなく、**宗教戦争**の要素を帯びていたことを窺わせる。つまり戦国大名は人々の心を掴むために、神仏・信仰政策を非常に重視したわけで、武田軍は九字護身法「臨兵(りんべい)闘者皆陣烈在前(とうじゃかいじんれつざいぜん)」*4を唱えながら戦場に赴いたのである。

　かくして信玄は、信濃の政治上の要地（国府・松本）とともに宗教上の聖地（諏訪大社、善光寺）を我が物とし、侵攻後10数年の歳月を経て信濃に君臨することになる。そして飽くなき領国拡大策の次なるターゲットを西上野(こうずけ)と定める。巨大な「信玄帝国」を目指す彼の考え方は、『甲陽軍鑑』の次の一節に集約されている。

「兵を多く集めて抱えるのは、合戦に勝つためだ。合戦に勝つとは、国（領国）を拡げようということだ。国を拡げてこそ、諸々(もろもろ)の武士に加恩（恩賞を増やすこと）して喜ばすことができる」

　真田幸隆は合戦後も、引き続き小山田昌行とともに尼飾城の在番を務めていた。彼宛ての信玄の書状には、謙信の動向に触れて「申すまでもありませんが、在城衆と談合して城の備えを堅固にしてください。また在番として、普請(ふしん)による防御も肝要です」と記されている。

　ここで説明しておくと、「番」とは交代で軍務・軍役を務めることで、今も「当番、早番……」と日常的に使われているが、いずれも交代のニュアンスが含まれているのが特徴だ。

Ⅱ　謀略の将

＊4　**九字護身法**：「臨兵闘者……」の九字を唱えて、空に指で十文字を切る真言宗の秘法。これによって、当時は難を逃れられると信じられていた。なお「臨兵闘者……」とは難しそうだが、「兵は陣の前に出て戦え」という意味。

また「普請」とは石垣や縄張などの土木工事を意味する。建築工事は、厳密にいえば「作事」となる。

そして信玄は来るべき第４次合戦に備え、川中島に新たな基地・海津城(かいづじょう)の構築に着手する。海津城は、信濃・越後間を結ぶ北国街道を臨む戦略拠点であり、現在の松代城の前身にあたる。

その築城に際して、おそらく幸隆は関与していたものと思われる。大雑把にいえば第１〜３次川中島の戦いは、華々しい合戦というよりは局地的な小競り合いに終始しており、その間の幸隆のミッションは最前線の城の固めや補修だったからだ。

関東管領・謙信の相模進攻
〈上杉謙信 vs. 北条氏康〉

1558〜59（永禄１〜２）年にかけて、外交面で武田信玄、上杉謙信双方に大きな動きが見られた。

まず信玄は、将軍・足利義輝に信濃守護への就任を申請して任命される。いわば公的に信濃の統治権を認められたことになる。

守護という過去からのステータスを、統治や合戦の**大義名分**として活用しよう、みずからの行為の正当化を図ろうとしたわけで、現在の戦争でも「外交」が最重要戦略であることに変わりはない。

ここで触れておくと、戦争（WAR）に必要なのが「戦略」であり、戦闘（BATTLE）では「戦術」となる。つまり信濃守護職は戦争、海津城築城は戦闘のためのものである。

そして1559年に信玄こと武田晴信は出家して、法名を「信玄」とする。そのときに真田幸隆も出家し、「一徳斎」となった。この経緯について『甲陽軍鑑』では「武田家中の者でも望まれた人は、信玄公の意向で法体(ほってい)（仏門に入り髪を剃ること）となられた」と記し、幸隆への信頼が厚かったことを窺わせる。

一方の謙信は、1558年に上洛して足利義輝から関東管領就任の内諾を得る。分かりやすくいえば、謙信は公的に以下の**東国の支配権**を獲得したことになる。

●**北条氏への宣戦布告権**：関東管領・上杉氏の支配領域を侵したことへの制裁

Ⅱ 謀略の将

●**武田氏との調停権**：信濃の国人衆を放逐することへの牽制

　その謙信が越後帰国後に、真田幸隆などの信濃国人衆が大挙して祝賀に参上したのは前述のとおり（45ページ参照）。

　この結果、権限に矛盾した面はあるものの、両者はオフィシャルに信濃出兵の正当性を主張できることになったのである。

　その後、謙信は関東諸国の有力国人衆を総動員して、1561（永禄4）年3月には遠く相模（さがみ）まで攻め込む。そして北条氏の居城・小田原城を包囲し、鎌倉鶴岡八幡宮で関東管領・上杉氏相続の一大セレモニーを敢行する。いわば、関東への不法侵入者・北条氏に対する「聖戦」のクライマックスを飾る舞台である。謙信は、人生の中で栄光の頂点に立ったといっていい。

　さて、攻撃を受けた北条氏康は徹底した**籠城策**（じょうさい）を採った。そのころの小田原城は、現在の小田原市街全域におよぶほど広大な城塞だったと伝えられ、兵・民衆や食糧などの収容能力は十分にあった。

　外部から味方の援軍が期待できるならば、籠城策も有効な作戦なのである。なぜならば持久戦になると、攻撃側にも戦意のダウンが生じ、兵や食糧の補給・調達面で支障をきたすからだ。まして謙信自身は越後からの出陣で補給路は長く、信濃戦線では信玄と一触即発の状態にある。

　そこで氏康は信玄に対して謙信の背後攻撃を依頼し、信玄は碓氷峠を越えて上野に出兵する。その結果、退路を絶たれることを懸念した謙信は、6月に小田原城包囲網を解いて越後へと戻る。

　その後、氏康の勢力が再び回復したことはいうまでもない。そしてこの籠城の成功体験が、豊臣秀吉の北条征伐のときにも籠城策を採る要因となり、さらにいえば真田幸村が活躍する「大坂冬の陣」の大坂城籠城にも影響を与えた。その内容は各章で述べることとしたい。

　当時、甲斐の武田氏、相模の北条氏、駿河の今川氏は攻略結婚による**縁戚関係**（次ページ縁戚図参照）にあり、3国間の相互不可侵を約束した**軍事同盟**を結んでいた。この同盟は、情勢の変化や利害の不一致が生じれば、破られることもある。

　とはいえ、微妙な表現になるが、手切れ（外交断絶）ともなれば軍備も必要となるし、人質としての肉親や人間関係も複雑に絡んでいるだけに、「即契約破棄」といったドライなものでもない。

　ここで謙信の小田原城包囲について、大局的に三者の立場を整理しておこう。

①**上杉謙信**：関東管領としての権威の誇示に成功し、数多くの関東国人衆を動員できた。
②**北条氏康**：「籠城策」によって落城のリスクを回避でき、味方にアピールできた。
③**武田信玄**：軍事同盟を実践し、かつ謙信を牽制できた。

　要するに空気を読んだ情勢判断や外交によって、とりあえず各人の面目は立ち、軍事面でも大きな損傷・消耗はなかったのである。

　それを裏付けるかのように、越後に戻ったわずか２か月後に、謙信は矛先を変えて信濃へと出陣する。その彼方には、武田方の築いた海津城が聳えていた。

現在の松代城跡に残る「海津城祉之碑」

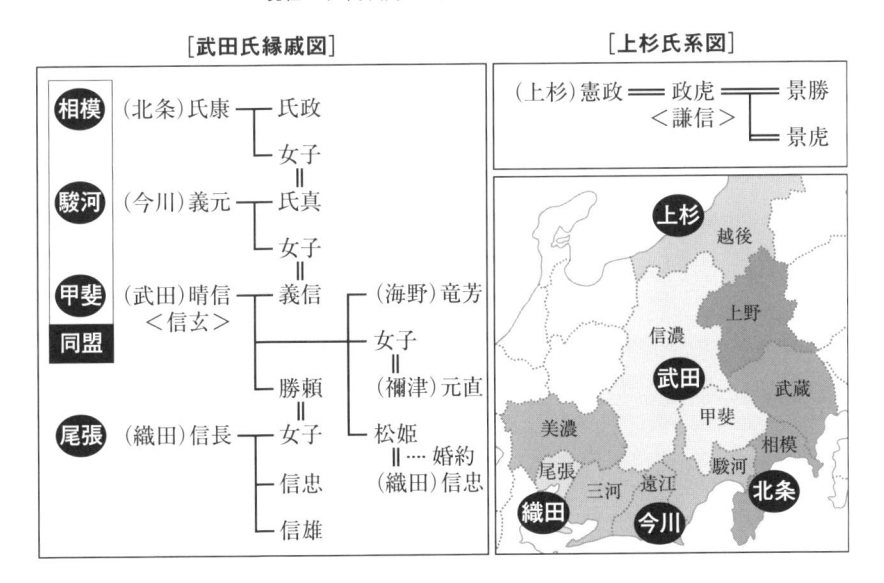

Ⅱ　謀略の将

［武田氏縁戚図］

［上杉氏系図］

5 川中島の戦いⅡ

第4次川中島の戦い—両軍の大激突
〈武田信玄 vs. 上杉謙信〉Ⅳ

　この武田・上杉軍の激突を記した『甲陽軍鑑』は小幡勘兵衛[*1]の著作とされ、江戸時代最大のベストセラーだったといわれる。そのために合戦の詳細は人々に知れ渡り、一般に「川中島の戦い」といえば、1561（永禄4）年9月に起こった第4次合戦を指すのが普通となっている。

　そこでまず、合戦の概要を『甲陽軍鑑』などの通説に沿って紹介しておきたい。なお両軍の兵力数には諸説があって正確には分からないが、総じて実態より過大な数値のように思われる（40ページ参照）。

　まず上杉謙信は軍勢1万3千人のうち、越後からの補給路を確保しておくために善光寺に5千人を残し、みずからは8千人の兵を率いて犀川、千曲川を渡り、妻女山に本陣を構えた。ロケーション的に上杉本隊が海津城を見下ろす格好になり、山麓から城までの距離は約1里（約4km）。

　信玄は2万人の兵を動員して、一旦は妻女山と千曲川を挟んだ場所に陣取るが、最終的には海津城へ入城する（56ページの合戦図参照）。

　そこでの軍議の結果、信玄が最終的に採用した戦術が有名な**啄木鳥作戦**だ。これは軍師・山本勘介[*2]が提案したもので、啄木鳥には「木の穴にひそむ虫を捕るときに、穴の反対側をコツコツと叩き、驚いた虫が出てきたところを食べる」習性があり、それを応用したものといわれる。

　具体的には深夜の「上杉軍挟撃作戦」であり、作戦はおおよそ次の3段階から構成される。

Ⅱ　謀略の将

[*1]　**小幡勘兵衛**（1572～1623）：武田家臣・小幡政盛の子。武田滅亡後、徳川秀忠の小姓となるが、出奔して各地を流浪したと伝えられる。「大坂冬の陣」のとき、牢人として大坂城に入ったが、徳川氏のスパイだったともいわれる。その後は徳川氏の旗本に復帰し、「甲州流軍学」の創始者となる。なお『甲陽軍鑑』は、高坂昌信（春日弾正）が書いたものを、勘兵衛がまとめたといわれる。
[*2]　**山本勘介**（？～1561？）：勘助、管助とも書く。武田信玄の軍師といわれ、川中島で戦死したとされる謎の人物。『甲陽軍鑑』に登場するだけで、長年実在が疑われていたが、「使者山本管助」と書かれた信玄の書状が発見されている。

①**第1段階**：午前1時ごろに高坂昌信率いる武田別働隊1万2千人（10頭編成）が、海津城を出発して妻女山の背後から夜襲をかける。「頭」とは部隊長の意味で、10頭の多くは信濃先方衆。その中に真田幸隆（一徳斎）の名もある。
②**第2段階**：不意をつかれた上杉本隊8千人は下山(げざん)を開始する。
③**第3段階**：午前3時ごろに、信玄率いる武田本隊8千人は下山口の八幡原(はちまんばら)に移動し、未明にそこで上杉本隊を待ち構えて一挙に壊滅させる。武田本隊は一門衆と甲斐譜代衆の合計12頭から構成され、信玄の長男・太郎義信も出陣している。

　ところが武田軍の動きを見破った謙信は、本陣に偽装を施して、武田軍の予想よりはるかに早い時間（午前2時）に妻女山を下り始める。そして上杉本隊は千曲川を渡って午前6時には八幡原に陣を張り、逆に武田本隊を迎え討つ作戦を立てる。
　事態は武田軍の予想を越えて意外な方向へ進み、妻女山上に攻め上った武田別働隊は、すでに上杉本隊が撤去したことを知り、今度は武田本隊救援のために山を駆け下りて戦場へ急ぐ。それが午前7時。
　このような敵の裏をかく戦術の応酬の結果、前半戦（午前6時～）は上杉軍が戦いを優勢に進め、後半戦（午前10時～）は別働隊が駆けつけた武田軍が劣勢を挽回する。そして兵力で劣る上杉本隊は退路を絶たれるのを恐れ、善光寺方面へと引き揚げていく。
　有名な「馬上の謙信が太刀を抜いて信玄の本陣へ斬り込み、両者の一騎打ちがあった」という話も、この合戦のときの出来事といわれる。
　真田一族の動向としては、幸隆は別働隊の10頭のひとりとして長男・信綱とともに従軍し、また3男・昌幸は信玄の奥近習として武田本隊に属したとされる。

Ⅱ　謀略の将

[第4次川中島合戦図]

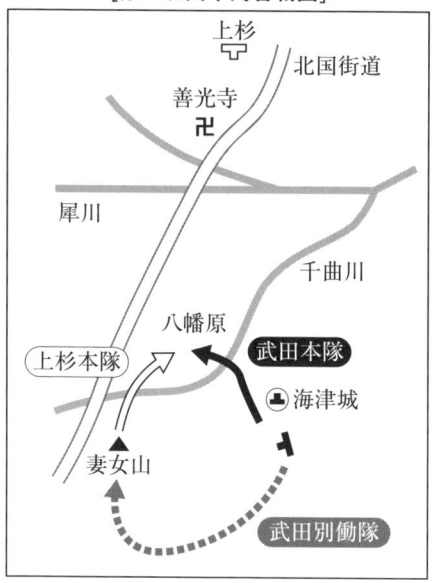

善光寺／上杉／北国街道／犀川／千曲川／上杉本隊／八幡原／武田本隊／海津城／妻女山／武田別働隊

第4次川中島の戦いの真実

　以上のような大激突が川中島であった、というのが『甲陽軍鑑』などの記述なのだが、実はこの合戦の実態を示す同時代史料は極めて少なく、むしろ合戦が有名なあまり、『甲陽軍鑑』に即した偽文書までもが横行している始末なのだ。

　しかも合戦後に戦国大名は、従軍した譜代や国人に恩賞や労いを記した**感状**を出すのが通例なのだが、第4次合戦に関する信玄の感状はほとんど存在せず、わずかに京都の清水寺宛に「越後衆が信州に出張してきたので、迎え撃って合戦に勝利しました。敵3千人余りを討ち取りました」と報告している程度である。

　謙信の方も同様で、関白・近衛前久[*3]から謙信に宛てた返書に「このたび

[*3] 近衛前久（1536〜1612）：戦国時代の関白。公卿であるにもかかわらず、1560年には越後に赴いて上杉謙信とともに、北条氏が勢力を有する関東への進攻を図った。というのも謙信は、鎌倉公方に代わる存在に近衛前久を位置づけ、「近衛＆上杉体制」で関東支配を目論んだからだ。北条氏は古河公方（足利一族）を擁立して、形式上は「足利＆北条体制」を敷いていた。それへの対抗措置だったが、前久・謙信の夢は実らずに終わる。

II 謀略の将

信州で晴信（信玄）と戦って大勝利を挙げ、8千人余りを討ち取られたとのこと。大変めでたく思います」と書かれているくらいなのだ。

　仮に上杉軍のうち3千人（動員兵力の23％）、武田軍のうち8千人（同40％）という膨大な戦死者が出たとすれば、両軍は壊滅状態に陥ったに等しく、実際の戦闘要員の提供者である国人宛てに感状を濫発（らんぱつ）するのがノーマルな姿であろう。だが、それは見当たらない。

　両陣営が領国外部に対してそれぞれ勝利宣言を行っているのだから、合戦自体はあったのであろうが、内部では未発表という実に不思議な合戦である。

　さらに不思議なのは、大打撃を受けたはずの両者が2～3か月後には「関東戦線」に出陣している点だ。上杉謙信は武蔵で勢力を盛り返した北条氏康と戦い、武田信玄はその氏康と同盟して上野（こうずけ）で上杉軍と戦っている事実が存在する。

　このフットワークの軽さからすれば、第4次合戦での両軍の損傷は軽微だった、といわざるをえないだろう。

　どうも合戦というと、鎧（よろい）を着た武士が刀で敵を斬るようなシーンがイメージされがちだが、それはあくまでも時代劇や小説での話。

　実際は石礫（いしつぶて）を投げ、弓を射って、鉄砲を撃つ。そのような遠距離戦がメインであり、接近戦になったときの武器が槍である。リーチの短い刀は、討ち取った敵の首を斬り落とすための道具に過ぎない。刀で鎧を斬ることは物理的に無理で、折れるか、曲がるかのいずれかであろう。

　従って**謙信・信玄一騎打ち**の話も、創作の可能性が高い。前述のとおり当時の馬はポニー並みのサイズであり、しかも戦闘時の武士は馬を降りて戦った。馬は戦場から退却するときに、どうしても必要だったからだ。

　余談ながら、誰しもが合戦は怖い。戦国期から3百年後、幕末の上野戦争（うえの）*4で官軍と戦った彰義隊・隊士は、次のように語っている。

「よく芝居では、チャンチャンバラバラをやるが、斬合いというものはあんなものではない。私はその時分山内（東叡山寛永寺）にいたが、戦争がはじまると、もう恐ろしくて逃げ出した」　　　　　　　　　　（『史話明治初年』）

Ⅱ　謀略の将

＊4　**上野戦争（1868年）**：戊辰戦争のとき、旧幕臣の一部は彰義隊を結成して、上野寛永寺に籠もった。だが官軍の攻撃によって、彰義隊は1日で壊滅した。

以上のようなわけで、実際の第4次合戦は両軍の睨み合いに終始した可能性もあり、真田幸隆の動向もはっきりしないのが実情である。

　ところで『甲陽軍鑑』では、この合戦の戦死者としてほぼ拮抗した数値（上杉軍・約3千百人、武田軍・約2千8百人）を挙げている。

　しかし指揮官クラスとなると、武田本隊では信玄の弟・信繁※5など錚々たるメンバーが戦死を遂げている。この記述を信じれば、実質的には武田軍の敗色が濃い合戦だったことになる。

　ここで付け加えれば、武田信繁は兄・信玄をよく補佐したと伝えられ、子供に『信繁家訓百箇』を与えて「信玄へ忠誠を尽くせ」と説いた。

　そのひとつに「鐘声を聞きて憂え、鼓声を聞きて喜ぶ」とある。「退却を知らせる鐘の合図に心を痛め、進軍の太鼓の音に勇む」という意味であり、当時の軍勢は合図によって進退を確認し、合言葉や袖章を用いて敵味方を区別していた。

　なお真田幸村の実名・信繁は、この武田信繁に因んだものといわれている。

舞台は信濃から上野へ──真田幸隆の活躍の場

　武田軍は、第4次合戦という局地戦では負けたのかもしれない。

　だが上杉謙信が、「村上義清の旧領回復」という成果を挙げられないままに撤退したことは、大局的には信玄が信濃の支配権を防衛したことにつながる。言い換えれば戦闘では謙信、戦争では信玄の優勢だったことになる。

　その後、信玄が小競り合いでも優位に立ち、信越国境を越えて越後まで侵入したり、計略を用いて越後と接する陸奥・会津の芦名氏と遠距離外交を結び、越後包囲網を企てたりもしている。

　とはいえ、甲信両国を支配する信玄の**領国拡大**のポイントは、東の上野と西の飛騨侵攻に置かれた。

　一方、謙信の領国範囲は越中にまで拡大しており、隣接する飛騨の上杉方国人衆を信玄の攻撃から守るべく、川中島へと5度目の出陣を行う。第4次合戦の3年後、1564（永禄7）年のことである。

　要するに謙信にとっては、味方する国人衆の囲い込み運動、いわば信玄の

II　謀略の将

＊5　**武田信繁**（1525〜61）：信虎の次男で、通称を左馬助、典厩という。同じ諱であるために、真田幸村を、真田左馬助信繁と書く史料もある。ちなみに信玄にそっくりで「影武者」といわれたのは、信虎の4男・信廉（逍遥軒）。

動きを牽制する要素が強く、大きな衝突もないままに「第5次川中島の戦い」は収束する。それ以降、謙信は信濃に出馬することはなく、信玄の飛騨侵攻も一頓挫を迎える。

このような経過を辿って、信玄と謙信の主戦場は信濃から上野へと移り、真田幸隆の活躍が目立ち始める。

前に述べたとおり、関東の形勢は上杉謙信と北条氏康とが敵対関係にあり、武田信玄は北条氏康と同盟を結んでいる。

真田幸隆に関していえば、西上野一帯は本領・真田郷に隣接する地域で海野一族が国人としてかなり土着している。また幸隆自身が一時期西上野に避難していたことがあり、地理に詳しい。

しかも第1次、第2次川中島の戦いの間（尼飾城の在番当時）に、北条氏康から幸隆に宛てた手紙も残っており、なんらかの接触もあったようだ。これらの事実からすると、信玄の内命を受けた幸隆は、早くから西上野侵略の準備を進めていたと思われる。

真田幸隆の西上野攻略

1561（永禄4）年11月、第4次川中島の戦いのわずか2か月後、信玄は上野侵略に着手する。その契機のひとつが、西上野・吾妻郡（三原荘）で起こった海野一族同士の所領紛争への介入である。

事件は、かつて幸隆を保護した羽尾氏が、紛争相手の鎌原氏に攻勢を掛け、その鎌原氏が幸隆を頼ったことに始まる。羽尾氏のバックには、西上野の上杉方で岩櫃城（吾妻郡吾妻町）にいた斎藤氏の支援があった。このように幸隆からすれば、一族間の紛争であると同時に局地的な上杉・武田氏の「**代理戦争**」でもあった。

両者間にはさまざまな経緯があり、最終的に幸隆は1563（永禄6）年に斎藤氏や羽尾氏が籠もる岩櫃城を攻略する。兵力などの詳細は分からないが、敵側の一族の内応を促して切り崩しを図ったもので、羽尾幸全はここに戦死を遂げる。

その結果、真田氏は海野、禰津氏とともに**西上野在番衆**に名を連ねることになる。ようやく真田氏も、幸隆の実力発揮に伴って「滋野三家」に肩を並べるまでの存在になったのである。

続いて幸隆は、やはり斎藤氏が守る岳山城（吾妻郡中之条町）を攻める。

Ⅱ 謀略の将

幸隆の侵略径路を分かりやすくいえば、彼は信濃・真田郷から鳥居峠を越えて西上野に入り、現在の「JR吾妻線」沿い、浅間山の北方の上杉方の拠点を個別撃破している。とりわけ中之条は沼田に抜ける交通の要地だった。

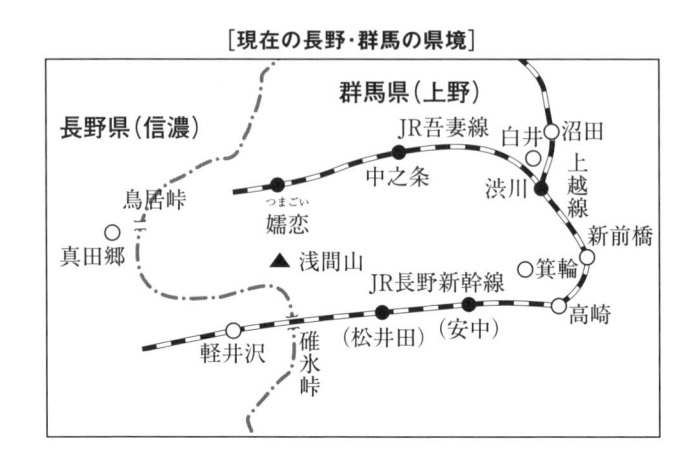

[現在の長野・群馬の県境]

長野県（信濃）　群馬県（上野）
JR吾妻線　白井　沼田
鳥居峠　中之条　渋川　上越線
真田郷　嬬恋（つまごい）　新前橋
▲浅間山　箕輪
JR長野新幹線　高崎
軽井沢　碓氷峠　（松井田）（安中）

　一方、上杉氏の援軍も岳山城に入り、幸隆の攻撃は難航した。ところが1565（永禄8）年に至り、彼は再び謀略によって敵側の重臣を内応させてしまう。信玄がその重臣に宛てた感状には、以下のフレーズが書かれている。

「このたび真田を以（も）って当家（武田氏）へ忠信あるべきの旨、神妙の至り……」

「真田を以って」とは幸隆の仲介斡旋、つまり内応の橋渡しによって、重臣が武田氏に帰属したとの意味である。
　1566（永禄9）年に至って、信玄はみずから碓氷峠を越えて西上野一帯に広がる上杉方・諸城の攻撃を開始する。こちらは現在の「JR長野新幹線」ルートであり、信玄は浅間山の南方に位置する松井田城、安中城、倉賀野城（くらがの）（高崎市）を撃破し、最大のターゲットである**箕輪城**（みのわ）（箕郷町）へと迫る。
　箕輪城は旧関東管領・上杉憲政の重臣だった長野氏[*6]の居城で、当主は長

＊6　**長野氏**：「東下り」で知られる平安時代の歌人・在原業平の子孫といわれ、代々「業」を通字とした。

野業盛という。その父・業正は、幸隆が上州を流浪していたころの保護者のひとりだった。

ちなみに、剣術「新陰流」の創始者として著名な上泉伊勢守秀綱*7は、この長野父子に仕えて戦功を挙げて「上野国一本槍」、「長野十六人の槍」と称せられた。

だが信玄の攻撃によって、城はあっさりと落ちてしまい、長野氏は滅亡する。

本来は援軍を送るべき上杉謙信は、当時すべての戦線で苦境下にある。すなわち①信濃からは撤退を余儀なくされ、②越後へは武田、芦名軍が侵入し、③越後国内では反乱が相次ぎ、④隣国・越中では信玄が手を貸した一向一揆が発生する。しかも⑤関東戦線では、「北条・武田同盟」によって苦戦を強いられていた。

言い換えれば信玄の策謀のために、謙信の周囲は敵だらけであり、西上野に派兵する余裕がなかった。この結果、西上野はほぼ武田領となり、幸隆は後に箕輪城の在番を命じられる。

6 真田幸隆の晩年

🪖 真田幸隆が築いた基盤

西上野を攻略した1565（永禄8）年、真田幸隆（一徳斎）は54歳。すでに老境の域にある。そのとき、彼の胸に去来したのは「信玄公の領国が拡大しないかぎり、真田一族の繁栄はない」という思いだったに違いない。

しかも幸隆は個人的にも、信玄に心酔していたのであろう。謀略を多用し、城の普請に優れ、肉親（保護者）とて容赦はしない幸隆の姿は、信玄そのものが投影されているようにも映る。また幸隆の立場も出家の経緯などからして、信濃先方衆ながらも実態は譜代扱いへと変化してきていたと思われる。

正確な史料は残っていないが、幸隆の支配領域は信濃では小県郡真田郷、上田一帯、それと上野では吾妻郡の一部へと広がっていたと考えられ、後の

Ⅱ 謀略の将

---

*7　**上泉秀綱**（？～1573？）：上野の国人で刀槍の名人。主家・長野氏滅亡後は武田信玄に仕えて、信綱と改名したという。後に上洛して、天下に新陰流を広めた。弟子に柳生石舟斎宗厳（柳生新陰流）や疋田文五郎（疋田陰流）などがいる。

真田一族が活躍する**基盤**はこの幸隆の代に築かれたことになる。

1567（永禄10）年、幸隆はさらに吾妻郡から群馬郡へ進出し、上杉方の重要拠点・白井城（北群馬郡子持村）を攻め落とす。

白井城は利根川と吾妻川の合流地点（現在の関越自動車道の近く）に立ち、国内では〈沼田―白井―厩橋（前橋市）〉とつながり、〈越後―上野―武蔵〉を結ぶ街道を臨む要地である。しかも代々の領主は、謙信（越後長尾氏）とは同族にあたる白井長尾氏だった。その当時、信玄が幸隆などの家臣に宛てた書状が残っている。

「一徳斎の計策によって、白井が短期間で落ちたのはめでたいことです。仕置（征服した地域の統治）については3日以内に連絡します。その間のことは、箕輪在番として春日弾正（高坂昌信）と相談するように。また長尾景虎（謙信）の帰国が確認でき次第、私（信玄）は翌日にでも出向いて西上野の備えについて下知（命令）しましょう。なお、沼田の様子を至急連絡してください。待っています」

同内容の書状ながら、宛名が「一徳斎・真田源太左衛門尉」と連名のものも現存している。この事実からは源太左衛門尉こと長男・**信綱**が父と同一行動を取り、真田の後継者としてすでに認知されていたことが窺える。

なお、その後も白井城を巡る武田・上杉氏の争奪戦は長く続き、両軍が交互に奪回作戦を繰り返す。必ずしも、白井一帯が完全な武田領に帰したわけではない。一進一退の「陣取りゲーム」である。

三国同盟の終焉―信玄の外交戦略の転換

話は少し前後するが、1565（永禄8）年、武田氏に一大事件が起っていた。信玄（45歳）の長男・義信[*1]（28歳）が謀反を企てたとして、幽閉されたのだ。原因は親子間の不和にあったと伝えられ、2年後に義信は自刃を遂げる。この事件は、信玄の外交戦略と後継者問題に大きな影響を与えた。

簡単に整理すれば、まず義信の妻は今川義元の娘であり、義信の憤死は

Ⅱ 謀略の将

[*1] **武田義信（1538〜67）**：『甲陽軍鑑』によれば、義信幽閉の理由は、信玄を殺害して彼が武田家の家督を継ぐ陰謀を巡らせたからだという。

「三国軍事同盟」のベースとなる縁戚関係の一角が崩れたことを意味する。しかも桶狭間の戦い*2（1560年）で、義元は織田信長のために敗死を遂げており、今川氏は氏真（うじざね）の代となっている（53ページ縁戚図参照）。

ただし以上のことは結果論に過ぎず、桶狭間の戦いの後、すでに武田氏の中で次の2グループ間で確執があった、と見ることもできる。
①**親・今川派**：従来からの関係維持を主張する義信グループ
②**親・織田派**：新興勢力への接近を図ろうとする信玄グループ

次いで義信の失脚に伴い、4男・四郎**勝頼**（20歳）が信玄の後継者として位置づけられた。勝頼は信玄と諏訪氏の娘（諏訪御寮人）との間に生まれ、もともとは諏訪氏を継ぐ予定で諏訪四郎といわれていた。勝頼の諱の「頼」も、代々諏訪氏の通字である。

ちなみに信玄の次男・信親は盲人だったと伝えられるが、彼は海野氏を相続して海野竜芳（りゅうほう）*3を名乗る。また望月信雅を姪の婿、禰津元直を娘婿にした一連の縁組戦略からは、信濃攻略時に信玄がどれほど名門である「諏訪・滋野一族の懐柔策」に腐心したか、が窺えよう。

信玄はその勝頼の妻に、織田信長の養女を娶（めと）り、また信長の長男・信忠と信玄の娘・松姫の婚約も整える。

いうまでもなく信長は、今川義元を討ったことで急速に台頭してきた戦国大名であり、この二重の縁組は新たな「武田・織田同盟」の成立、換言すれば「武田・今川・北条同盟」の終焉（しゅうえん）を意味する。

この方針転換に、北条氏康は激怒して甲斐に人質として送っていた7男を引き揚げ、逆に宿敵・上杉謙信に差し入れて新たな「上杉・北条同盟」を結ぶ。

謙信は実子がなかったので、この7男を養子のひとりとして上杉景虎を名乗らせる。まぎらわしいが、謙信の最初の諱と同じ景虎である。そのことが、謙信の死後に勃発する養子同士（景勝vs.景虎）の相続を巡る合戦（御館の乱*4）につながっていく。

＊2 **桶狭間の戦い**：尾張侵略を図ろうとした今川義元は、尾張・桶狭間の地で織田信長の奇襲によって敗死した。「少数の兵力で大軍を破るには、奇襲しかない」と、明治以降の日本軍部で高く評価された合戦。逆にいえば、信長人気も明治以降のものである。
＊3 **海野竜芳（1538～82）**：諱は信親。盲人だったと伝えられる。海野幸義（真田幸隆の伯父）の娘を娶って、海野氏の嫡流を継いだ。彼は勝頼自刃後に自殺するが、竜芳を擁立して真田昌幸が挙兵したという話もある。なお、その子孫は武田姓に復し、徳川幕府の高家に列した。
＊4 **御館の乱（1578～79年）**：謙信の死後、前の関東管領・上杉憲政は復権を目指し、また景虎も家督相続に向けて憲政に支援を求めた。その憲政の居館を御館といい、そこを拠点として景虎は、春日山城の景勝と戦った。しかし合戦は景勝の勝利に終わり、景虎は自殺を遂げ、憲政は斬殺された。

Ⅱ　謀略の将

このように、めまぐるしいほどの**合従連衡策**(がっしょうれんこう)が展開された結果、信玄は「上杉・北条同盟」のために上野侵攻を中断し、メインを「南下作戦」(今川氏の領国・駿河侵攻、北条氏の本拠・相模侵攻) へと転換していく。

「信玄上洛」の本気度

1568（永禄11）年、信玄は駿河に侵入して今川氏真を攻める。この背景には、義元死後の今川氏が弱体したことにつけこみ、織田信長・徳川家康と共同して今川氏の領国（駿河、遠江）を両サイドから奪おうとする「武田・織田同盟」の思惑が働いていた。いうまでもなく家康は、信長の同盟者である。

しかし、今川氏の応援に北条氏政（氏康の後継者）が立ったために、信玄は甲斐に一旦戻る。

次いで翌年には碓氷峠を越えて西上野経由で、北条氏の居城・小田原城にまで迫る。このときには真田幸隆の3男・昌幸が従軍している。しかし、武田軍の攻撃は失敗に終わり、三増峠(みませ)（神奈川県津久井郡）を越えて退却する（72ページ参照）。

その間、幸隆は上野・吾妻郡に居住して武田・西上野衆（吾妻郡の国人）の軍事統括の職務にあり、長男・信綱が本拠である信濃・小県郡（真田郷）を統治していたようだ。

当時の信玄からの指示文書にも「真田源太左衛門尉（信綱）のところへ飛脚をやって、輝虎（謙信）が退散したかを聞いてください。注進（報告）を待っています」と記されている。信玄にとって、依然として北の謙信は脅威である。

さて前述の「上杉・北条同盟」は、氏康（1571年死去）の遺言によって破棄され、後を継いだ氏政は再び信玄と同盟を結ぶ。また「武田・織田同盟」も、反信長戦線の構築、美濃・信濃国境間の紛争などに伴って、収束に向かう。

そこで信玄は、約2万5千人の大軍を率いて遠江へと侵入し、「三方ヶ原の戦い」（1572年）で徳川家康を破る。

この合戦は信玄が将軍・足利義昭などの要請を受けて、当時は敵対関係に陥っていた織田信長を攻撃するための前哨戦であり、信玄の最終的な意図は上洛[*5]にあった、といわれる。

Ⅱ 謀略の将

都より甲斐の国は程遠し　おいそぎあれや日は武田殿

　これはよく**信玄上洛説**で引用される『犬筑波集』の一首であり、通常は「京都では信玄を待ち望んでいるので、急いで上洛してほしい」と解釈されている。
　確かに前半のフレーズが、逆に「甲斐より都は程遠し（甲斐→京都）」と書かれていれば、その解釈どおりなのであろう。
　しかし、起点が都（京都→甲斐）である以上、武田殿は信玄ではなく、当時在京中だった信玄の父・信虎を指し、老齢の彼が帰国したがっている様子を詠んだ歌と考えた方が自然であろう。歴史を語る場合、あまり先入観に捉われ過ぎると、おかしな話になってしまう一例だ。
　しかも京都までの道筋には、家康や信長が待ち構えている。謀略家・信玄ならば、当然、彼らに味方する国人衆に対して「切り崩し工作」を行うはずだが、それを行った形跡もない。
　となると、信玄が天下統一まで視野に入れていたとする説には、いささか疑問を覚えざるを得ない。
　おそらく信玄の意図は領国の版図の拡大にあり、天台宗総本山である比叡山・延暦寺[*6]を焼き払った信長への報復も意識したのであろう。天台宗・権大僧正（ごんのだいそうじょう）の信玄にとって、「第六天魔王」と自称した信長は、まさしく仏敵である。
　現代から想像する以上に、信玄と信長との確執は宗教戦争の色合いが濃く、信玄には政治的に「天下に号令を下す」までの野望はなかった、と考えられる。さらにいえば、善光寺が「天台宗・浄土宗」であることを念頭に置けば、上記の記述や「信玄が石山本願寺と連携して信長に対抗した」話も、よりリアルに伝わってくるであろう。

Ⅱ　謀略の将

＊５　**上洛**：京都は中国の首都・洛陽にちなんで京洛ともいわれた。従って京都に上がることを上洛という。当時は京都が起点となるので、「東国→京都」は西上、「京都→東国」は東下となる。
＊６　**延暦寺**：大津市にある天台宗の総本山。1571年、織田信長に抵抗したために全山が焼き払われ、僧俗男女３千人の首が切られた。神仏習合の時代ながら、信長は織田神社の神官の末裔であり、一種の宗教戦争（神仏戦争）と考えるべきものであろう。

武田信玄そして真田幸隆の死

「三方ヶ原の戦い」のころの**武田軍**は表のとおりであり、「寄親（部将クラス）」[*7]として①御親類衆9人（武田信豊、武田勝頼、木曽義昌、穴山信君……）、②御譜代家老衆17人（馬場信房、山県昌景、高坂昌信、小山田信茂……）③足軽大将衆13人が名を連ね、続く「先方衆」は信玄の領国である「信濃、西上野、駿河、遠江、飛騨、越中」から動員された国人から構成されていた。

[武田軍団の構成]

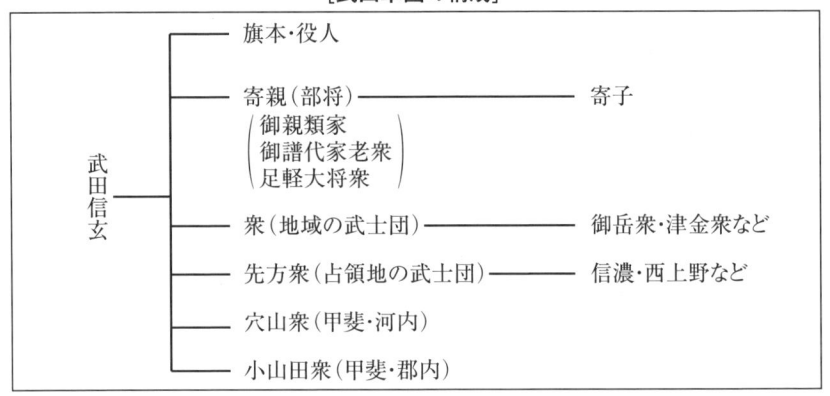

```
                ┌ 旗本・役人
                │
                ├ 寄親（部将）─────── 寄子
                │ （御親類家
                │  御譜代家老衆
                │  足軽大将衆）
武田信玄 ───────┤
                ├ 衆（地域の武士団）──── 御岳衆・津金衆など
                │
                ├ 先方衆（占領地の武士団）── 信濃・西上野など
                │
                ├ 穴山衆（甲斐・河内）
                │
                └ 小山田衆（甲斐・郡内）
```

その中には「武田二十四将」のひとりと謳われた真田幸隆の名は見られず、**信濃先方衆**として長男・信綱が「真田源太左衛門　2百騎」、次男・昌輝が「真田兵部　50騎」、そして3男・昌幸が**足軽大将衆**のひとりとして「武藤喜兵衛　騎馬15騎、足軽30人」と記されている。すでに真田一族も次世代に突入していた。

三方ヶ原の戦いの後、信玄は馬にも乗れないほどに衰弱したといわれ、信濃の戦陣（伊那郡駒場）において病没する。1573（天正1）年のことで、信

＊7　**寄親**：戦国大名は有力な部将を寄親、在地の国人を寄子として部隊を編成した。軍隊でいえば、寄親が師団長となる。たとえば織田軍団の明智光秀部隊は、寄親＝光秀、寄子＝細川藤孝・筒井順慶などで構成された。だが山崎の戦いのとき、寄子たちは羽柴秀吉に従ってしまう。このケースからも判るとおり、寄親と寄子には主従関係はない。

玄の享年は53歳。

　死に臨んだ信玄は、みずからの領国が侵食されることを恐れ、嫡子・勝頼に「3年間は喪を秘せ」と遺言したといわれる。この話が映画『影武者』などで知られる信玄影武者説につながっていく。

　そのころ上野・白井城は再び上杉謙信に奪回されていたが、幸隆は病気のために、かつて謀略で落城させた信濃・戸石城に戻り、療養生活を送っていた。

　そして信玄の後継者となった勝頼は、彼のもとに医師を派遣したり、見舞状を送ったりしている。この出来事からは武田家内での幸隆のステータスが偲ばれ、かつ勝頼の気配りとしても印象深い話である。

「一徳斎煩い少々験気を得るの由、大慶候。（幸隆の病気が少し元気になったそうで、何よりとお喜び申し上げます）」

　しかし、この見舞状の到着を待たずして、幸隆は世を去る。信玄の死の1年後、1574（天正2）年5月のことである。享年、62歳。幸隆が初めて信玄に属して以来、実に約30年の歳月が流れていた。

　さて、この章の最後に幸隆の家族について触れておこう。

　幸隆の妻は羽尾幸全の娘ともいわれるが、海野氏の家臣・河原隆正の妹との間に子供数名をもうけたようだ。幸隆（1513〜74）は、前にも述べたとおり実名を源太左衛門幸綱といい、以下の部分だけは理解しやすいように「幸綱」と表記したい。

　その長男が源太左衛門尉信綱（1537〜75）、次男が徳次郎昌輝（後に通称を兵部）（1543〜75）、3男が源五郎昌幸（1546〜1611）であり、ほかに4男の源次郎信尹（1547〜1632）などがいた。

　このように真田一族の名前は、通称はほぼ「源」が用いられ、諱は次の字から構成されている。

・「幸」→海野一族代々の通字
・「綱」→海野棟綱（幸綱の祖父）
・「昌」→真田頼昌（幸綱の父）or武田信昌（信玄の曽祖父）
・「信」→武田氏代々の通字

　以上の点は、これから述べる昌幸の長男が源三郎信幸（後に信之）、次男が源次郎幸村（正しくは信繁）であることからも、よくお分かりいただける

II　謀略の将

かと思う。

　また真田氏の家督を継いだ信綱は、母方の叔父に「綱」の字を与え、河原綱家と名乗らせたりもしている。このような有力な家臣への所領や偏諱などの付与によって、真田一族は次第に信濃から西上野にかけて強固な地盤を築き始めていく。

[真田氏系図]

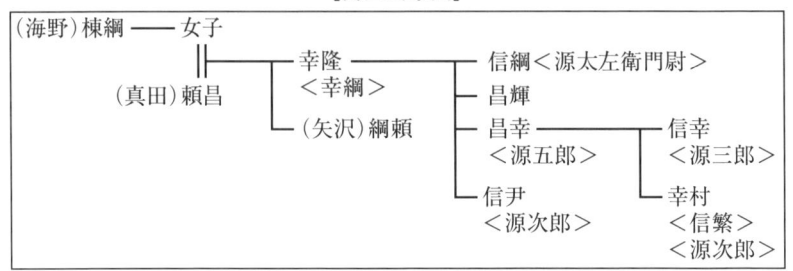

```
(海野)棟綱 ── 女子
           ‖　　　┌─ 幸隆 ───┬─ 信綱＜源太左衛門尉＞
(真田)頼昌 ─┘　　 ＜幸綱＞   ├─ 昌輝
                  │          ├─ 昌幸 ────┬─ 信幸
                  └─(矢沢)綱頼│ ＜源五郎＞ │ ＜源三郎＞
                              │            └─ 幸村
                              └─ 信尹          ＜信繁＞
                                 ＜源次郎＞   ＜源次郎＞
```

Ⅱ　謀略の将

真田幸隆のレリーフ像（真田記念公園：長野県小県郡真田町）

III 奇謀の将

真田昌幸──独立大名への道

西暦	和暦	真田一族（昌幸関連）の主な出来事（☆＝主要一般事項）
1547	天文16	昌幸、誕生
1553	天文22	昌幸、人質として甲府居住
1561	永禄4	第4次川中島の戦い
1566	永禄9	昌幸、長男・信幸誕生
1567	永禄10	昌幸、次男・幸村誕生
1569	永禄12	昌幸、小田原城攻撃に従軍（武田信玄vs.北条氏政）
1571	元亀2	☆信長、延暦寺焼き討ち
1572	元亀3	三方ヶ原の戦い（武田信玄vs.徳川家康）
1573	天正1	信玄、病没（53歳）
1574	天正2	昌幸、父・幸隆病没（62歳）
1575	天正3	長篠の戦い（武田勝頼vs.織田・徳川連合軍）。真田信綱・昌輝、戦死。昌幸、家督相続
1578	天正6	謙信、病没（49歳）。御館の乱、景勝が上杉氏相続
1580	天正8	昌幸、沼田城攻略
1581	天正9	勝頼、新府城築城
1582	天正10	武田滅亡、勝頼自刃（37歳）。本能寺の変、信長自刃（49歳）。☆山崎の戦い（羽柴秀吉vs.明智光秀）。昌幸、家康に帰属
1583	天正11	☆賤ヶ岳の戦い（羽柴秀吉vs.柴田勝家）
1584	天正12	☆小牧・長久手の戦い（羽柴秀吉vs.織田信雄・徳川家康）
1585	天正13	昌幸、上杉景勝に帰属（幸村、人質）。第1次上田合戦（真田昌幸vs.徳川軍）。昌幸、秀吉に帰属。石川数正出奔事件。秀吉、関白就任
1586	天正14	家康、秀吉に臣従。昌幸、秀吉に臣従。☆豊臣姓、秀吉へ賜姓

１ 甲府勤務の時代

エリートコースを歩んだ真田昌幸

　真田源五郎昌幸は1553（天文22）年に、幼くして弟の源次郎信尹と一緒に武田氏への人質として出され、昌幸は信玄の近習になったといわれる。

　近習には武芸や才知に優れた者が選抜され、主君の警護などを務めた。『甲陽軍鑑』によれば、牢人を新規に召抱えるときの面接や人物評価なども、近習のミッションだったとされる。また近習は日ごろ、信玄からレクチャーを受ける機会も多く、ほかの家臣から羨望の眼差しで見られたという。

　いわば若手の側近であり、昌幸のほかに曾根昌世、三枝守友、土屋昌恒などが信玄の近習を務めていた。

　よく小姓と思われがちだが、小姓は主君の身辺の雑事というべき食事や衣服の世話などに奉仕するものであり、いささか異なる職制である。

　エリートコースを歩み始めた昌幸の初陣は、第４次川中島の戦いといわれるが、確かなことは分からない。その後、昌幸は信玄の意向によって大井氏*1（信玄の母の実家）の分流である武藤氏を継ぎ、**武藤喜兵衛尉**を名乗る。広い意味で彼が武田一族に列したのは、おそらく10代後半のころであろう。

　後継者不在の理由による旧家の断絶を惜しみ、若手優秀人材を抜擢して相続させる。もしくはその人材をもって、かつて断絶した名門を新たに復活させる。

　こういった手法を信玄は好んだようで、昌幸の弟・信尹もまた旧家・加津野氏の養子に入り、加津野市右衛門尉を名乗っている。ちなみに彼は、武田滅亡後には徳川家康に仕えて旗本となる。

　また有力な譜代家老衆・山県昌景も、主命で名門・山県氏を継いだ人物だ。今ならば、若手へのモチベーション対策といっていい。

　そして武藤喜兵衛となったころに、昌幸は妻（後の山之手殿）を娶ったようだ。昌幸が20歳のとき、1566（永禄９）年には長男・源三郎信幸が誕生し

Ⅲ　奇謀の将

---

*1　**大井氏**：甲斐・大井庄を所領とした武田一族。後に武田信虎と合戦を繰り広げるほどの勢力を有したが、和睦して大井氏の娘（大井夫人）が信虎と結婚した。ちなみに、画人としても有名な４男・信廉の描いた父母の肖像画が今も残っている。

ている。

　翌1567（永禄10）年、父・幸隆が上野（こうずけ）・白井城を攻略し、また昌幸にとっては次男・源次郎幸村が誕生した年に、昌幸は重臣の山県昌景や馬場信房などとともに、信玄の命で信濃・高遠（たかとう）城の武田勝頼のもとへ出張している。勝頼の嫡男誕生（信勝）の祝いのためである。ちなみに勝頼は、昌幸より1歳年上である。

　この記録から窺えるのは、まず昌幸が「武藤喜兵衛」として**譜代**の処遇を受けていることだ。彼の実家・真田氏は、武田家臣団の中にあってはつねに外様の「信濃先方衆」であり、父・幸隆や兄・信綱も外様として、その生涯を閉じている。たとえ実の兄弟といっても、その処遇は相続した家の出自によって異なるわけだ。

　次に昌幸が、重臣に従う形で使者としての役割・使番（つかいばん）を果たしている点に注目したい。信玄の周囲の直属将校は〈少年時代・近習→青年時代・使番→壮年時代・侍大将〉のコースを辿る者が多く、昌幸もそのステップを踏みだそうとしている。

武田家での真田昌幸の役割

　使番とは戦時での職制であり、味方の頭（部隊長）に信玄の命令を伝達する役目（伝令役）を果した。「采配を振るう」という言葉があるが、無言で信玄が振るう采（さいはい）を見て、使番は連絡に走るのだ。

　また使番には、各部隊の戦功状況を監察するミッション（検使・目付）があった。

　いくら武士が『功名が辻』（司馬遼太郎）に登場する山内一豊[*2]のように、馬を買って戦場で敵の首級を取り恩賞（所領）を獲得しようとしても、そのチェック機能が働かないかぎりは手柄として認知されない。

　この手柄のチェックについて、戦国大名は相当神経を使ったようで、『甲陽軍鑑』にも「**国持大将**（くにもち）（領国を有する戦国大名）は以下のことが肝要だ」と記している。

Ⅲ　奇謀の将

[*2]　**山内一豊（1546〜1605）**：妻の千代が鏡の裏から持参金を出して、一豊が馬を購入する資金とした話は、「妻の鑑」として有名。一豊はその馬で功名を上げ、土佐24万石の大名へと出世する。ただし「千代」とは、徳川家の「竹千代」に代表されるように男性の名。そのために、有名な女性の俳人・「加賀の千代女」は、あえて女を付けている。

①武士の手柄を適切に判断すること。
②人物を見極め、それぞれに適した役を命じること。
③忠勤忠孝の武士を吟味して、3段階に分けて功賞すること。

　このバランスを失すると、家臣間に不平不満や妬みが生まれ、戦闘での士気の衰えといった悪影響が懸念されるからだ。繰り返せば、当時の主君・家臣は「ギブ＆テイク」の関係であり、家臣に一方的な忠誠を求めるものではない。

　使番の識別表示として、武田氏では「百足」を描いた指物が用いられた。その百足には「足を乱さずに進む、後戻りしない、身体が千切れても回復する」の意味が込められている。ちなみに豊臣秀吉、徳川家康の使番はそれぞれ「母衣」*3、「五の字の指物」を用い、それぞれ大変な名誉とされた。

　1569（永禄12）年に、北条氏や今川氏との三国同盟を破棄した信玄は、北条氏政の居城・小田原城を攻める。しかし攻撃は失敗に終わり、退却を始めた武田軍は三増峠（神奈川県津久井郡）で、北条軍の猛烈な逆襲を浴びる。

　そのときの武田軍は〈先頭・馬場隊、殿・浅利隊、小荷駄（物資運搬）・内藤隊〉という編成で、使番として昌幸が馬場隊へ、曾根昌世が浅利隊へ派遣され、敵陣の強行突破を図ったという。

　『甲陽軍鑑』には「馬場美濃備えの御検使真田喜兵衛、馬場美濃備えの一番槍」と、一番槍を振るった昌幸の活躍も記されている。

　一方、平時には、昌幸は信玄の奉者（政務窓口、取次スタッフ）として機能していた。現在でたとえれば、総理府の行政官僚にあたる。

　いうまでもなく信玄の領国（甲斐、信濃、西上野など）は独立帝国であり、信玄が独自の分国法・『甲州法度次第』を制定し、それに沿って行政・司法が実施されていた。

　たとえば軍備を増強するにしても、それは税負担で賄われるものであり、民政へは細かい配慮が必要となる。あまりに過酷な税負担では、耐え切れない民・百姓が逃散（他国への逃亡）してしまう。

　また領国内では、国人同士の土地所有権や境界線紛争も頻発している。この問題解決にあたって私闘は厳禁で「喧嘩両成敗」とされ、公的な訴訟に持ち込まれた。裁定は最終的には信玄が下すが、それらの情報連絡窓口は奉者

Ⅲ　奇謀の将

---

*3　母衣：鎧の背に付けた布。西部劇に登場する幌馬車の「幌」をイメージすれば、分かりやすい。布が膨らむと弾力が生じて、背後からの矢を防ぐ効果もあったという。

のミッションとなり、公的な伝達文書を「奉書」という。

　昌幸の場合、1572（元亀3）年に信濃・佐久郡の国人衆に「寺院屋根の葺き替え用の茅を提供するように申し付ける」と記した奉書が残っている。いわば物納の指示文書であり、近習仲間だった曾根昌世との連名となっている。このとき、昌幸は26歳。なお、その年の暮に信玄は遠江に出陣し、「三方ヶ原の戦い」（浜松市）が起こる。

三方ヶ原の戦い
〈武田信玄 ❖ vs. ● 徳川家康〉

　このころの史料では、昌幸の立場を「御旗本組」、「奉行人」、「足軽大将」とさまざまに表現している。

　それぞれの用語を簡単に説明すると、まず**旗本**とは文字通り「戦陣で大将（主君）の旗が立っている場所にいる者」、すなわち大将直属の武士を指す。なにも江戸時代の旗本（徳川家直属の家臣、石高1万石未満）に限らず、戦国大名のもとには必ず旗本が存在した。

　次の**奉行**とは「主君からの命令を受けて行い奉る」、つまり政務の執行者を意味する言葉だ。

　ここで前述の昌幸の役職を整理すれば、以下のとおりとなる。

①戦時：旗本、使番（検使、目付）
②平時：奉者、奉行人

　要するに昌幸は「大統領＆軍事司令官＆最高裁判所所長」である信玄の直属下にあり、その役割は「戦時or平時」のシチュエーションに応じて、機能的に棲み分けが図られことになる。武田滅亡後に昌幸は、この経験をみずからの所領内で十分に活かすことになる。

　そして『甲陽軍鑑』によれば、三方ヶ原の戦いのころに、昌幸は**足軽大将衆**13人のひとりに任命される。

　「曾根内匠助（昌世）騎馬15騎　足軽30人。武藤喜兵衛尉（昌幸）騎馬15騎　足軽30人……」

　足軽の名称は「進退に際して、足軽やかに疾走して働く」ことに由来し、徒歩で戦う「三足軽衆＝弓、槍、鉄砲足軽」の総称である。

III 奇謀の将

しかしながら、足軽大将・昌幸が具体的にどこに所領を貰い、この軍役を果したのか、などは分かっていない。

さて三方ヶ原の戦いは、武田軍２万５千人を率いる信玄の圧勝に終わり、大敗を喫した徳川家康は戦場から馬で浜松城に逃れた。このときの家康の総兵力は織田信長の応援３千人を含めて１万１千人だったといわれる。

宣教師・フロイスが本国に連絡した手紙には「甲斐の信玄が６万人の兵を率いて、遠江・三河に侵入した。彼は戦術をもって坂東７〜８か国を征服した人物だ。戦争ではほとんど兵を損なわずに、数日中に２か国を占領したほどだ」と記されている。謀略こそが「兵を損なわない」メソッドであることは、前に述べたとおりだ。

この合戦は、後に「家康一代の難戦」と語られるが、出陣した昌幸が実際にどのような活躍をしたのかは定かではない。

武田軍団の虚像と実力

三方ヶ原の戦いの前と推定される武田軍の陣容表（『甲陽軍鑑』）には、真田一族は上記の昌幸や信尹のほかに、信濃先方衆として「真田源太左衛門（信綱）２百騎」、「真田兵部（昌輝）50騎」と記載されている。

騎というと通常は騎馬武者を指し、弓・鉄砲・槍などの武器、食糧、馬具を持って従う歩兵[*4]は含まれていないことになる。

実は武田軍の構成割合が〈騎馬１：徒歩８〉だった、と読み取れる史料が存在し、その場合の騎馬占率は11％となる。この数値は上杉軍のデータ10％（総兵力＝約５千５百人、40ページ参照）ともほぼ一致し、まずは信用していい。

ただし、騎馬武者の職務はあくまで歩兵の指揮にあり、なにも信玄は武田騎馬武者をグルーピングして**武田騎馬軍団**を結成したわけではない。それでは90％を占める歩兵は「宙ぶらりん状態」で混乱の挙句、戦場から逃げ出してしまうのが関の山だ。

そして何よりも、騎馬武者だけをグルーピングする必然性がどこにも見当たらない。映画『ロード・オブ・ザ・リング』のように西洋の騎士(ナイト)の全面戦

＊４　**歩兵**：馬に乗らない徒歩の兵で、徒士ともいう。東京の御徒町は、江戸幕府の徒士が住んだところ。

闘ならばいざ知らず、日本はあくまでも歩兵が主体である。

現代でたとえば、銀行の支店長だけをピックアップして渉外業務を担当させるようなもので、それでは肝心の支店業務がストップしてしまう。要するに組織的な機能が、麻痺するだけだ。

これまでも述べてきたように、馬はポニーサイズの貴重品であり、戦場の武士にとっては「家康の三方ヶ原脱出」のとおり、逃走のための道具だった。

しかも「合戦は遠距離戦が基本」からすれば、騎馬軍団とは幻想の世界の産物にほかならない。後に触れる「長篠の戦い」で、よく武田騎馬軍団が壊滅したといわれるのも、見てきたような講談の延長線上の話である。

ところで、実際の武田軍の**総兵力数**はどれほどの規模だったのか？

『甲陽軍鑑』が記す騎馬武者のトータルは約４千２百騎。それを上記の騎馬占率から計算すれば、総兵力は約３万８千人となり、真田信綱の軍勢だけでも１千８百人におよぶ。

はたして当時の信綱が、これほどの軍役を賄うほどの所領を獲得していたかは分からないが、武田軍・総兵力数３万８千人は、上杉軍・総兵力数５千５百人と比較すれば、明らかに過大といわざるをえない。

ということは、ここは信綱の動員数が歩兵ベースで２百人の話を、飾って「騎」としたのかもしれない。いささか乱暴な話なのだが、仮に「武田二十四将」がそれぞれ２百人を動員すれば、総兵力は約５千人となり、上杉軍とほぼ拮抗するからだ。

この時代の兵力数は一種の謀略的要素があり、大軍という風評を流して相手を戦意喪失、降伏させる効果を狙う。「ひと桁違うのも当たり前」の世界であり、史料もかなり過大な表示となっている。ただし史料的な制約から実数は分からないので、今後の記述は『甲陽軍鑑』などに記載された数値を、そのまま採っていきたい。

Ⅲ 奇謀の将

② 真田氏の家督相続

長篠(ながしの)の戦い
〈武田勝頼 ❖ vs. ◉ ❀ 織田・徳川連合軍〉

　三方ヶ原の戦いの翌年、1573（天正1）年の1月、武田信玄は信濃・伊那郡の陣中で病死し、勝頼がその跡を継いだ。
　勝頼は勇猛である反面、独断専行型で信玄以来の重臣の意見に耳を傾けなかった、といわれる。『甲陽軍鑑』の表現を借りれば、国（武田氏領国）を滅ぼしたのは、勝頼が「強すぎたる大将」だったからだ、という。
　確かに結果論からいえば、武田氏を滅亡させた張本人・勝頼にはマイナスのイメージが付きまとうのだが、実際の勝頼は信玄の侵攻作戦を忠実に踏襲し、11月には再び遠江への侵略を企てた。
　勝頼について織田信長は、上杉謙信に宛てた書状で、次のように記している。意外かもしれないが、信長は彼の実力をかなり評価している。

「四郎（勝頼）は若輩ながら、信玄の掟を守り表裏（謀略）を用いるでしょうから油断はできません」

　今川氏を滅ぼして駿河を領国化していた武田氏は、西進戦略を採っており、そのターゲットは信濃と国境を接する織田信長の領国・美濃と、その同盟者・徳川家康の領国である遠江・三河にあった。すでに信長は、信玄との同盟を三方ヶ原の戦いの前に破棄し、上杉謙信にアプローチして武田氏の牽制を依頼している。
　ここで現時点の同盟関係を改めて整理すると「織田・徳川同盟」、「武田・北条同盟」がそれぞれ結ばれており、謙信は「武田・北条氏」とは敵対関係にあって、「織田・徳川氏」を支援するスタンスを採っていた。
　そして1575（天正3）年、勝頼は家康によって攻め取られた三河・長篠城(ながしのじょう)（愛知県南設楽郡）奪回作戦に着手し、1万5千人を率いて出陣する。これが有名な**長篠の戦い**であり、迎え撃ったのは織田・徳川連合軍3万8千人。
　通説によれば織田・徳川連合軍は、**武田騎馬軍団**の突撃に備えて、まず戦

Ⅲ　奇謀の将

場に防御柵を設ける。次に塹壕(ざんごう)を掘って鉄砲隊を配備し、3交代制で3千挺の鉄砲を撃ちまくり、襲い掛かる武田騎馬軍団を壊滅状態に陥れた、とされる。

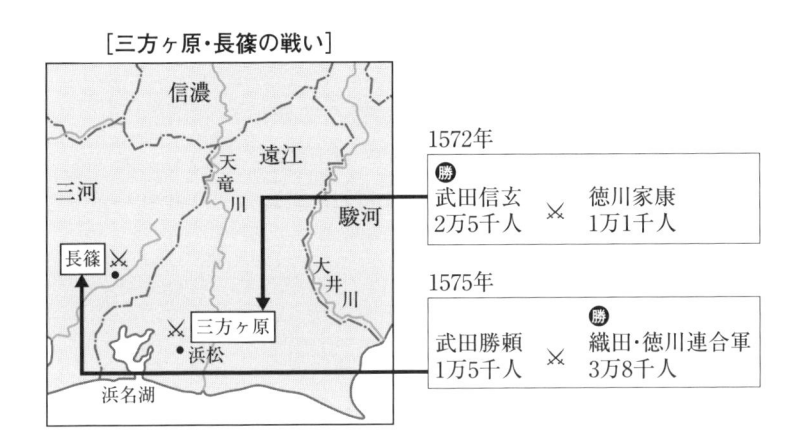

[三方ヶ原・長篠の戦い]

1572年
勝 武田信玄 2万5千人 × 徳川家康 1万1千人

1575年
武田勝頼 1万5千人 × **勝** 織田・徳川連合軍 3万8千人

そして長篠の戦いは、**鉄砲**による「武器・戦術革命」をもたらし、合戦史上最大のターニングポイントとなったという評価が定着している。

「長篠の戦は、我が戦術史上に於(おい)て、一新紀元を劃(かく)せるものというべし」
(『織田時代史』田中義成)

だが、前でも触れたとおり、数多くの疑問点がある。改めて、主要なものを列挙しよう。

①**戦闘時の習慣**:外人宣教師・フロイスが不思議がっているとおり、西洋の馬上戦とは異なり、日本の武士は戦う前に必ず下馬した。
②**騎馬軍団の存在**:前述のとおり、武田騎馬軍団自体が架空の産物である可能性が高い。そうなると連合軍の防御手段自体にも疑問が生じてくる。
③**連合軍の鉄砲**:当時の火縄銃[*1]の射程距離は約100m前後で、完全に鎧を貫通するほどの威力はない。しかも当時の合戦は遠距離戦が主体である。さら

---

*1 **火縄銃**:発射までの流れは、「銃身に発射火薬と弾を込める→点火薬を入れた火皿の蓋を開く(切る)→引鉄を引く→火縄が火皿に落ちる→引火する→銃身内の発射火薬を爆発させる→弾が発射する」となる。雨が降ると使えず、火縄が点火せずに不発となることも多かった。

にいえば、連合軍の鉄砲足軽がローテーションを組んで射撃するには、相当程度の訓練が必要となる。

第一、この合戦に限って百戦錬磨の武田軍が接近戦を選択し、鉄砲が待ち構える防御柵に向かって、無謀な突撃を繰り返したとは到底思えない。ナンセンス、というよりほかにない行為である。

はっきりしている事実は、**武田軍の敗退**だけであり、『甲陽軍鑑』は「甲斐に戻った武田軍は約3千人に過ぎなかった」と記している。

この敗戦の原因をストレートにいえば兵力の差、つまり織田・徳川連合軍が総兵数で武田軍を圧倒していたためであろう。

負けた武田軍では、馬場信房、山県昌景を始めとする有力部将が数多く戦死を遂げ、首級を取られた。

この合戦に「信濃先方衆」として従軍していた真田信綱・昌輝兄弟も「柵を破って突進中に討死した」と伝えられる。弟の昌幸もおそらく勝頼の旗本として従軍したと思われるが、詳しいことは分かっていない。

ちなみに信綱の娘は、後に昌幸の長男・信幸(信之)に嫁ぎ、後に沼田藩主となる信吉を産んでいる。

昌幸の家督相続時の政治情勢

真田氏の長兄・次兄の戦死によって、昌幸は再び人生の大きな転機を迎える。昌幸が真田氏の**家督**を相続することになったのだ。

以後の昌幸は「真田喜兵衛」を名乗り、惣領として真田氏の所領(信濃・小県郡、上野・吾妻郡の一部)を受け継ぐ。それと同時に武田氏の奉行人も務めていたようだ。

この前後の昌幸の動向はよく分かっていないが、彼の代となった真田氏は在地の信濃国人衆でありながら、甲府にも詰めて武田領国の行政も担う特異な存在となった。

ところで長篠の戦いの後の武田勝頼は、かならずしも敗戦のショックで汲々としていたわけではない。彼は織田・徳川・上杉氏の「武田包囲網」構築に対抗して、北条氏政の妹を娶り「武田・北条同盟」の強化を図ろうとしていた。

しかしこの同盟も、1578(天正6)年の上杉謙信(49歳)の死をきっかけ

として微妙に変化していく。前述のとおり謙信の死後に、養子同士（景勝vs.景虎）の相続争いが勃発し、越後国内は内乱状態に陥った。

この御館の乱は、謙信の遺言によって甥の景勝が後継者に指名されたが、一方の景虎（北条氏政の実弟）が先に養子になっていた経緯があり、強く相続権を主張したことに端を発する。どうやら遺言自体も曖昧だったらしい。

納得しない景虎には、実家・北条氏はもとより復権を画策する上杉憲政などが味方に付き、春日山城の景勝を攻撃する。

当初、武田勝頼は北条氏との同盟や縁戚の関係から、景虎を支援するためにみずから越後に出陣する。

ところが景勝は、勝頼に対して「講和条件：①領国・東上野を譲渡する、②勝頼の妹*2を娶る、③和解金を支払う」を提示し、それを受けた勝頼は越後から撤退してしまう。そのことが最終的には景勝の勝利につながり、敗れた景虎は自刃を遂げる。

つまり勝頼は上杉氏の内紛に関与したことから、新たに景勝との縁戚関係を結び、「武田・上杉同盟」を成立させる。かつて宿敵の間柄だった両家が、なんと次世代では手を結んだのだ。

それでも北条氏との縁戚関係は続いたものの、「武田・北条同盟」は再び崩壊してしまう。「長篠の戦い」の敗戦もさることながら、この勝頼の同盟変更策が武田氏滅亡の大きな要因となる。

上記の同盟変更は、昌幸の身にも非常に大きな影響を与えた。真田氏が基盤とする西上野での対立構造が、従来の「武田・北条vs.上杉」から「武田・上杉vs.北条」にスライドしたからだ。その突然の変化を、昌幸は目の当たりにしたのである。

沼田城攻略
〈真田昌幸 vs. 北条軍〉

沼田（沼田市）は上野北部（利根郡）の盆地に位置し、関東に至る交通の要地だった。長年、この地を所領とした国人が沼田氏である。

かつて上杉謙信が関東一円支配を目論んだときには、越後から三国峠越え

---

*2　**勝頼の妹**（1558〜1604）：菊姫、甲斐御前という。22歳で景勝に嫁ぎ、後に人質として伏見城に行き、京都で死去した。

の中継基地は沼田城に置かれ、この城を巡って上杉謙信と北条氏康との争奪戦が繰り広げられた。

また西上野を攻略した武田信玄や先鋒を務める真田幸隆のターゲットも、また沼田城だった。以上が10数年前の状況なのだが、これからの沼田は、真田氏にとってまさに因縁の地と化していく。

さて1578（天正6）年、上杉氏の混乱の最中、実弟・上杉景虎からの応援要請を受けた北条氏政は、上野へ出兵して上杉方の支配下にあった沼田城を攻め落とす。

その後の上杉景勝と武田勝頼との講和締結に伴い、氏政は越後への進出を断念するが、沼田城には配下の部将・猪股邦憲(いのまたくにのり)を置き、その脇を藤田信吉(のぶよし)などの部将で固めた。ついでながら、藤田信吉[*3]は〈北条氏政→武田勝頼→上杉景勝→徳川家康〉と著名な戦国大名に仕え、江戸初期には大名となる。

その一方で、1579（天正7）年に勝頼は、景勝から譲渡された東上野（利根川の東側）への進出を決める。ただし譲渡だからといって、整然と所領の明け渡しがあったわけではない。東上野の実情は、北条氏の勢力圏でもある。

従って勝頼は東上野へ進出する権利、出兵の大義名分を得た、ということで、それ以後は領土の「切り取り自由」の世界である。

そこで勝頼は沼田城を攻めようとしたが、駿河戦線で家康との戦闘が起こったためにみずからは駿河に転戦し、沼田城攻略は真田昌幸に託すことになった。

武田氏にとって戦線は拡大傾向にあるにもかかわらず、人材は合戦のために不足気味という事情を背景として、この時点で昌幸が上野戦線の実質的責任者＝「前線司令官＆政務担当」に任命された可能性が高い。

昌幸が通称を安房守(あわのかみ)と改めたのも、その後まもなくのことと思われる。つまり昌幸のステータスも、自然と上がったのである。ただし安房守は正式の任官ではなく、無位無官の身分に変わりはない。

昌幸は、叔父・矢沢綱頼に沼田城攻撃を命じる。それと同時に北条方の名胡桃城(なぐるみ)の内部切崩しに取り組み、謀略で落城させてしまう。前述のとおり、この城は沼田城と利根川をはさんだ対岸に位置し、昌幸はここに移って沼田城攻撃の拠点とした。

Ⅲ 奇謀の将

[*3] 藤田信吉（1559〜1616）：最後は徳川家康に仕え、下野で1万5千石の大名となるが、「大坂夏の陣」のときに不手際があり、改易された。

翌1580(天正8)年には矢沢綱頼が沼田城再攻撃を行い、吾妻衆も攻撃に参加した結果、北条方の藤田信吉以下は投降し、城を昌幸に明け渡した。昌幸軍の総勢は吾妻衆などを含めて6千人余り、という記録もあるが、にわかには信じがたい。

　かくして沼田城攻略に成功した昌幸は、岩櫃城の城代を務める海野幸光*4、旧領主・沼田一族の金子泰清などに在番衆を命じた。

真田独立への道

　武田勝頼は藤田信吉に対し、加恩(降伏の代償)として沼田付近の地で所領1千貫を与えた。領国内での所領付与権は勝頼にあり、昌幸はその奉者(政務窓口、取次)を務めている。

　ここで勝頼の領国支配を分かりやすく、少し大胆に説明しておきたい。

[武田勝頼の立場]
　まず日本の中に、「武田帝国＝武田領国」という巨大独立国が存在する。この帝国を、当時の言葉で「御分国」といった。その皇帝が甲斐を本国とする勝頼で、彼は軍事・行政司法面で従属国(信濃、西上野など)を支配下に置いている。

　そして帝国内は、憲法というべき『甲州法度次第』に即して運営され、税負担などが詳細に決められている。なお、勝頼自身の直轄地は比較的少なく、直轄軍も大きな単位ではない。

[家臣の立場]
　一方、本国の譜代衆や従属国の国人衆は、土地(所領)の所有権を持つ。彼らは勝頼から所領などを安堵され、その軍事的な保護下に入っている。

　さらに合戦で「武田帝国」の版図が拡大すれば、手柄に応じて加恩(新規所領)の給付を受けることができる。その代わりに税を徴収し、軍役・労役を課せられた場合には兵・人夫などを提供する義務を負う。

　さて上記の加恩のフロー〈決定者：勝頼→取次者：昌幸→受給者：藤田信

Ⅲ 奇謀の将

＊4　**海野幸光**（？～1581）：真田昌幸の縁戚で、羽尾幸全の弟。だが当時は、幸光が岩櫃城城代、弟の輝幸が沼田城代と、昌幸の家臣となっていた。昌幸の立場からいえば、これも下剋上となる。後年の確執の萌芽は、おそらくそこにあるのだろう。

吉〉は従来どおりなのだが、沼田城攻略後に昌幸が新規占領地域（利根郡）の国人に対して、ダイレクトに所領を安堵し、それを勝頼が追認するケースが登場してきたのだ。

　フローで示せば、〈決定者：昌幸→受給者：国人〉＆〈報告者：昌幸→追認者：勝頼〉となる。いずれにしても、実態は同じではないか、と思うかもしれないが、当時は出状時の書式や宛名などのすべてが、家柄や家格によって厳しく制限されていた。まして所領付与の話である。

　この事実は武田帝国の中で、取りも直さず実力を備えた昌幸が、勝頼から一部地域での**領主権**を認められたことにほかならない。

　ここで昌幸の「立場」を整理すれば、次のとおりになる。

①**国人**：信濃・小県郡の一部を本領安堵されている（本拠は戸石城）。
②**地方司令官**：上野・吾妻郡での軍事動員権を有している。
③**ミニ領主**：上野・利根郡の一部での所領付与権を獲得している。
④**奉者**：管轄する所領の全域（小県郡、吾妻郡、利根郡）で、政務窓口として機能している。

　以上の機能を時系列でいえば、①と②は外様だった父・幸隆の代、③と④は譜代となった昌幸の代で獲得したものとなる。

　そして『加沢記』（江戸時代の沼田藩士の記録）によれば、当時の昌幸の兵力は「上田衆、吾妻衆、沼田衆」の合計で約3千人。

　いくぶん過大な印象を受けるが、部隊は〈先陣：吾妻衆7百人、前備（まえぞなえ）：3衆混成5百人、脇備：3衆混成5百人、旗本・馬廻り：上田衆650人、後備：吾妻衆5百人、殿（しんがり）：沼田衆7百人、小荷駄部隊など〉から構成された。

　大雑把に仕分けすれば、上田衆が直属部隊、吾妻衆・沼田衆が動員部隊となるが、吾妻衆はすでに直属に近い立場になってきている。

　ここに戦国・真田一族の活躍の場が出揃い、昌幸は独立領主としての第一歩を踏み出し始める。

Ⅲ　奇謀の将

3 独立大名へのステップ

沼田城を巡る紛争

　武田信玄が「人は城、人は石垣」と語り、甲斐に城を築かなかったのは有名な話だが、領国の周囲が敵だらけとなってきた勝頼は、防衛のために**新府城**（韮崎市）の築城を決意する。

　築城工事（労役）は有力譜代や国人衆に課せられ、真田昌幸も作事奉行（建築担当）として、この突貫工事を担ったという。

　1581（天正9）年1月、昌幸は傘下の国人あてに「上意（勝頼の命令）があったのでご連絡します。新しい御館に移られますので、御分国内（領国内）の人夫がその普請を行うことになりました」と始まり、労働者とその食糧の提供を要請した書状を出している。築城もまた、軍役負担と同様の取り扱いとなる。

　このころの昌幸は、甲斐と上野とを往復していたようだ。妻や子供たち（信幸・幸村兄弟）は、いわば人質として甲府に在住している。

　ところが、2月になって沼田城に危機が訪れる。かつての領主・沼田景義は会津に亡命していたが、領地奪回を目指して旧配下とともに挙兵したのである。城の**在番衆**にもその親戚・金子泰清がいた。

　この動きに対して、岩櫃城に入った昌幸は金子泰清に所領1千貫の成功報酬を約束して、「その方（泰清）、計策をもって……」（『加沢記』）と指示し、沼田景義を謀殺させてしまう。

　だがそれでも沼田の地は収まらず、11月には北条氏に内通した在番衆・海野幸光が叛乱を起こす。彼は海野棟綱の子供とも、前に真田幸隆に滅ぼされた羽尾幸全の弟ともいわれる人物だ。特定はできないものの、真田氏とはかなり密接な間柄だったのであろう。

　この叛逆に対して昌幸は、叔父・矢沢綱頼と協力して海野幸光を自刃に追い込み、同族間の内紛にピリオドを打つ。

Ⅲ 奇謀の将

武田氏の滅亡—巨大帝国の落日
〈武田勝頼 ❖ vs. ◉ 織田信長〉

　明けて1582（天正10）年1月。武田勝頼が新府城に移り住み、真田昌幸が沼田にいたころ、木曽谷を領する木曽義昌（信玄の娘婿、御親類衆）が勝頼に叛く、という事件が発生する。

　実は新府城建造時に、木曽義昌は勝頼から木材負担を命じられたが、急な話なので断った経緯がある。それを怒った勝頼が義昌を攻めようとしたので、義昌は以前から接触していた織田信長に救援を求めたのだ。

　すでに領国内での勝頼の威光に衰えが見え始め、この内応をきっかけとして、**織田信忠**（信長の長男）が率いる軍勢が、2月には木曽・伊那方面（武田領国の西方）から信濃へ一気に侵入を開始する。

　それと連動して、駿河方面（南方）からは徳川家康が、関東（東方）からは北条氏政が武田領国へと攻め入った。ただし多少の温度差はある。というのも氏政は、同盟は破棄したものの、勝頼とは縁戚関係は切れておらず、積極的な行動は示していない。

　唯一の勝頼の同盟者である上杉景勝は、越後国境（北方）が雪に覆われて動けない。まさに勝頼は、武田包囲網によって四面楚歌に追い込まれた。

　信濃では勝頼の弟・仁科盛信（高遠城主）が反抗した程度で、信濃の国人衆は戦うことなく次々に降伏した。

　駿河方面でも、甲斐南部の河内地方を基盤とした重臣・穴山梅雪*1（信玄の娘婿、御親類衆）が、徳川家康に降伏する。彼の寝返りは、勝頼が「娘を梅雪の息子に嫁がせる」という約束を履行しなかったため、と伝えられる。

　この時点で大勢はほぼ決し、諏訪出陣中だった勝頼は、やむなく新府城に戻る。そこで甲斐東部の郡内地方を基盤とする重臣・小山田信茂の勧めに従い、新府城を捨てて岩殿山城（大月市）での再挙を期そうとした。最終的には妻の実家・北条氏を頼ろう、という思惑があったのかもしれない。

　しかし小山田信茂もまた勝頼を見限り、逆に一行の行く手を遮る。そのため進退に窮した勝頼は進路を変え、天目山を目指すが、織田信長の家臣・滝川一益の兵に囲まれてしまい、3月11日に勝頼は自刃を遂げる。

---

*1　**穴山梅雪信君**（？〜1582）：武田一族で、信玄・勝頼の重臣。母は信玄の姉、妻は信玄の娘と最も関係が深く、武田領国内では、駿河の統治を任された。武田滅亡後まもなく、「本能寺の変」の余波を受け、徳川家康とともに堺を脱出するが、単独行動を取ったために殺された。

Ⅲ　奇謀の将

織田軍の侵入後、わずか1か月。あっけない武田氏の滅亡である。

勝頼の享年は37歳。最後まで彼と行動をともにしたのは妻、長男・信勝を含め40名に過ぎなかった、と伝えられる。

ちなみに勝頼の兄・海野竜芳はその死を聞いて自殺し、弟の信清は上杉景勝を頼って越後に落ち延び、その家臣となった。

真田昌幸のバランス感覚

1582（天正10）年3月、武田勝頼の首級を検分した織田信長は、「日本に隠れなき弓取(ゆみとり)（武将）でしたが、運が尽きてしまわれ、このようになられたのでしょう」（『三河物語』）と述懐したという。

勝頼は軍事能力では、父以上の資質を備えていた。その「強すぎた大将」への信長なりの哀悼である。

しかし、武田譜代や国人衆からすれば、勝頼は国情を顧みずに過大な軍役や労役を強制し、しかも肝心の外交政策・同盟には失敗している。それと、上杉景勝から和解金を受け取ったことも悪評を招いた。

とても勝頼では、将来の所領安堵の履行は覚束(おぼつか)ない、と映ったのであろう。言い換えれば、国人衆は勝頼に**危機意識**を抱いていた。その意識が、国人衆の相次ぐ離反の背景にはあったのである。

それでは武田氏が滅亡したときに、昌幸はどういう行動を取ったのであろうか？

江戸時代に書かれた史料をまとめれば、以下のとおり「昌幸は最後まで勝頼に**忠節**を尽くそうとした」とされている。

2月に勝頼が諏訪に出陣したとき、昌幸も従軍した。新府城に戻ったときに、昌幸は勝頼に上野・吾妻郡の岩櫃城(いわびつ)への退避を進言し、迎え入れ準備のために彼は一足先に岩櫃城に向かう。

ところが、3月の軍議の席上で小山田信茂が甲斐・郡内地方での再挙を提案する。そのとき「真田は譜代ではない」という意見が強く、勝頼は岩殿山城へ行くことを決定する。

その後の勝頼の動きは前述のとおりで、岩櫃城で勝頼の死を聞いた昌幸はその最期を歎き、小山田信茂との決戦まで考えたが、家臣の忠告もあり思い留まる。また、昌幸の妻子は勝頼が新府城を去るときに帰国を許され、無事に戻っていた。

確かに昌幸には、武田氏の衰退を歎く気持はあったと思われるが、以上の話には疑問が多い。

実は勝頼自刃の翌日にあたる3月12日付けで、北条氏邦[*2]が昌幸に宛てた書状が残っている。文脈からすると、以前から昌幸は北条方の白井城・長尾憲景と連絡を取っていたようで、その返書というスタイルになっている。

「私（氏邦）は、貴所（昌幸）から長尾入道（憲景）宛ての2回の書状を拝見しました。書面の内容はまことにそのとおりだと思います。このたびの甲府（武田氏）の御仕合（一部始終）は致し方ないと存じます。……貴所にも箕輪からの連絡があるはずです」

北条氏邦も、かつての同盟国・武田氏の没落に同情の念を抱いていたようだが、実際に昌幸がどのような打診をしていたかは把握しづらい。

しかし原文のラストには、「氏直へ御忠信、この時に相極まり候」と書かれている。「北条氏直（氏政の長男）への忠信を尽くすのは、今をおいて他にない」という意味で、ニュアンスとして「今こそが、北条氏に味方する絶好のチャンス」と言い切っているのである。すでに近隣の箕輪城を守る武田方も、北条氏へ帰順していた。

この状況証拠からすれば、昌幸自身もまた勝頼に危機意識を抱き、支配地域内で形勢を窺いながら、**サバイバルの第一の選択肢として北条氏への帰属**を打診していた、と考えて間違いないだろう。

信玄の在世中には想像さえしなかった事態が現実化した以上、彼が支配地を守るには、バランス感覚を働かせるよりほかになかった。

織田信長への帰属と「本能寺の変」

しかし昌幸が選択したのは北条氏ではなく、新たな支配者として君臨した織田信長への接近、そして帰属だった。

ここからが、昌幸のパフォーマンスの真骨頂といっていい。以来、彼はめまぐるしいほどの動きを繰り広げる。

信長は、3月末に旧武田領国の分配を決めた。すなわち合戦の論功行賞で

---

*2　**北条氏邦**（1541〜97）：氏康の3男。北条軍団の上野方面軍・指揮官を務めた。

あり、**上野**を**滝川左近一益**＊3、**駿河**を徳川家康に与え、甲斐・信濃両国は信長配下の将に分割した（†は旧武田家臣）。

甲斐4郡①巨摩郡・八代郡(旧領)→穴山梅雪†、②山梨・都留郡→河尻秀隆＊4
信濃11郡①高井・水内・更科・埴科郡→森長可＊5、②小県・佐久郡→滝川一益、③諏訪郡→河尻秀隆、④伊那郡→毛利秀頼、⑤木曽（旧領）・安曇・筑摩郡→木曽義昌†

ただし所領というよりも支配権・軍事動員権を付与した、というニュアンスに近い。織田軍に味方もしくは降伏した諸国の国人衆は、当然のごとくその所領を維持し続けている。

従って分割支配の甲斐・信濃に関しては、信長は掟として「国諸侍（国人）は懇ろ（丁重）に扱うものの、油断しないように気遣いすること」といった指示を配下の将に出している。

中でも滝川一益の管轄エリアが、昌幸の支配領域（信濃・小県郡、上野・吾妻郡、利根郡）を完全にカバーしている点は、注目に値する。

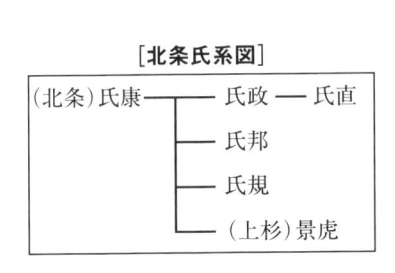

[北条氏系図]

(北条)氏康 ── 氏政 ── 氏直
　　　　　└── 氏邦
　　　　　└── 氏規
　　　　　└── (上杉)景虎

[武田領国の処分]

Ⅲ 奇謀の将

＊3　滝川一益（1525〜86）：織田信長に仕え、伊勢攻略で手柄を立て伊勢長島の城主となる。関東から伊勢に戻った後は、柴田勝家と結んで羽柴秀吉に敵対したが、秀吉によって滅ぼされた。ちなみに「天下の牢人」前田慶次郎はこの一益の縁者で、前田利家の兄の養子になったといわれる。
＊4　河尻秀隆（？〜1582）：甲府城主となるが、「本能寺の変」の余波を受けて、武田遺臣の一揆によって殺された。
＊5　森武蔵守長可（1558〜84）：織田信長の家臣で、勇猛なことから「鬼武蔵」といわれた。後に羽柴秀吉に属して、「小牧・長久手の戦い」で戦死する。その弟が信長の小姓として有名な森蘭丸。蘭丸は弟の坊丸、力丸とともに、本能寺で戦死を遂げた。

さて4月早々、信長が甲府に到着したころ、昌幸は「自領で織田氏のために馳走(奔走)したく存じます」と書状に記し、信濃の「牧」で育てた馬を信長に献上した。

それに対する信長の御礼状が現存している。宛名は「佐那田(真田)弾正殿」。表音文字の時代であり、このころの昌幸は父・幸隆と同じ通称を名乗っていたようだ。

当時、どれほど駿馬が珍重されたのかは「届いた黒葦毛の馬は、馬の形、乗り心地など比べるものがありません」と信長が絶賛していることからも明らかであろう。平安時代以来、貴人にとって馬は最高の贈り物、その状況に変りはない。

そして信長は最後に「馬の件と申し出については、滝川左近に申しておきましょう」と記す。滝川一益は、対北条氏・折衝窓口としての功績を評価され、上野などの支配者のみならず、信長からは「東国の取次」のミッションを与えられた。史料によっては関東管領、東国奉行と記すほどの重要ポストである。

それを裏付けるように、上野・厩橋城(前橋市)に入城した一益のもとへ、上野、下野、武蔵などの国人衆がただちに挨拶に参上している。その中には真田昌幸の姿もあった。さらに彼は長女(後の村松殿)を、信長の居城・安土城に人質として送っている。

ついでながら昌幸の別の娘は、後に滝川一積という人物と再婚した。この一積は一益の孫にあたり、大坂夏の陣の後、真田幸村の遺族の面倒を見たといわれている。どうやら昌幸と一益の間には、何らかの交流があったようだ。

が、それも束の間。わずか2か月後の6月に、天下の形勢は急変を遂げる。

京都の本能寺、二条城にそれぞれ宿泊中の織田信長・信忠父子が、突如、明智光秀の軍勢に襲われ、両者が自刃を遂げる一大事件が勃発する。有名な**本能寺の変**である。

この事件を巡る謎は数多い。信長が自刃したタイミングでは、まだ光秀は入京していなかった事実。だれの襲撃とも分からない段階で、信長の第一声が「秋田城介(信忠の官職)の仕業か?」だったこと。謀反の張本人といわれる斎藤利三(光秀の家老)の娘・お福が、後に徳川家光の乳母「春日局」になったこと……。

挙げればキリがないのだが、それはさておいて、信長の招きを受けて堺(堺市)を見物中だった徳川家康と穴山梅雪の一行は事件の急報を受け、難

を避けるために故国への帰還を急ぐ。

これが家康の生涯で最大の難事といわれた「神君伊賀越え」であるが、家康一行に遅れた梅雪は、途中で土民の襲撃を受けて殺されてしまう。その事実からすれば、「最大の難事」という表現もあながち誇張ではない。

衝撃的な信長の死が、日本中をパニック状態に陥れてしまったのだ。

4 昌幸、その大名への道

「本能寺の変」の余波

本能寺の変の直後、織田信長傘下の羽柴秀吉は中国戦線（対毛利氏）を撤収して、一気に明智光秀討伐に向かう。有名な「中国大返し」だが、関東でも大きな動きが勃発する。

一言でいえば、わずか2か月前に分配されたばかりの旧武田領国が、戦国大名たちの**草刈り場**となったのだ。

無事に帰国を遂げた徳川家康（駿河）は甲斐へ、上杉景勝（越後）は信濃・北信地方へ、そして北条氏直（相模）は上野への侵略に乗り出す。いずれもが、本能寺の変の約2週間後の行動である。当時の情報スピードや出陣準備期間を考えれば、リアルタイムのアクションといっていい。

まず北条氏直は上野の滝川一益を攻める。敗れた一益は本領地・伊勢（三重県）を目指して逃げ落ちる。このとき真田昌幸は、一益に味方したようだ。

だが、氏直が余勢を駆って碓氷峠を越えて信濃3郡（小県・佐久・諏訪郡）への侵略を開始するに至り、昌幸は10数名の信濃国人衆と語らって北条氏への帰属を願い出て、その「信濃先方衆」として地理案内などを務めた。

ところが、それもわずかな期間であり、昌幸は自領の基盤を固めるために、8月には北条方の沼田城を長男・信幸、叔父・矢沢綱頼に攻め落とさせる。〈反・北条〉姿勢の意思表示である。

当時の昌幸は信濃・戸石城を本拠として、上野・岩櫃城に信幸、沼田城に矢沢綱頼を配置し、信濃の小県郡から上野の吾妻郡・利根郡に連なる所領の防御を固めていた。

一方、川中島一帯を占拠した上杉景勝は信濃南下作戦を進め、北条軍と対

陣する。そのタイミングで一時期、昌幸は景勝に服したようだ。

　また甲斐を支配下に置いた徳川家康は、続いて信濃侵攻を目指す。家康は信濃先方衆に依田信蕃（佐久郡の国人）を任命し、人縁などを通じて国人衆に徳川方への帰属を働きかけさせる。そして徳川軍も、甲斐・信濃で北条軍と対陣するに至る。

　昌幸のもとにも依田信蕃からの工作があった。別途、武田滅亡後に家康に仕えた弟・加津野信尹からのアプローチもあり、それらの仲介の結果、9月になって昌幸は徳川方に付くことになる。家康は、加津野隠岐守（信尹）宛ての書状に、次のように記している。

　「このたび房州（安房守昌幸）から当方へ一味して忠信を尽くすとの書状を貰いました。すべてがその方（信尹）のおとりなしによるもので、このような結果になったことを、大変喜ばしく思います。……これから氏直は、真田の手切れを怒って攻めてくるでしょうから、そのときは依田などと相談されて、然るべき手を打ってください」

　実際に北条方の諸将は「**真田逆心**」として沼田城や吾妻郡を攻め、真田方が必死に防戦している。

旧武田領での徳川家康のスタンス

　徳川家康は、味方に付いた昌幸に対して「上州長野一跡、甲州において2千貫文、諏訪郡、並びに当知行の事」という書面を与えた。つまりラスト記載の本領の安堵に加えて、新たに3か所（上野・箕輪、甲斐の土地、信濃・諏訪郡）の所領を与えるという**約束状**である。

　その中で箕輪城や諏訪郡は北条氏が占拠中で、しかも家康は諏訪郡については依田信蕃にも約束している。

　あくまでも家康が「本意の上は」という条件付きであり、よく空手形の乱発にたとえられるが、一方で土地問題は将来の禍根を招く可能性もあり、ある程度のバランスは取られている。

　逆にいえば家康は、依田信蕃・真田昌幸という信濃の実力者2人が国人衆に与える影響力を買った。今でいえば、人的な「先行投資」に似た思いがあったのであろう。家康の思いも、心掛けるべきは謀略活動（敵陣からの寝返

Ⅲ　奇謀の将

り工作)であり、兵の損傷・消耗を最大限抑制することにある。

また家康の甲信2か国統治の基本スタンスは、旧武田行政の踏襲、旧武田家臣の保護にあり、できるだけ民意に沿う方針を打ち出していた。その意味を込めて家康は、勝頼の菩提も弔っている。

いわば旧武田のよき理解者としてのパフォーマンスであり、それが昌幸にも影響を与えたことは間違いなかろう。

ここで昌幸の動向を一旦整理すれば、数か月の間に〈2月：武田勝頼→3月：織田信長（滝川一益）→7月：北条氏直→8月：上杉景勝→9月：徳川家康〉と風見鶏のように帰属先を変更し、最終的に帰属の代償として、家康から所領安堵と新規所領の約束を取り付けたことになる。

そのころ畿内では、羽柴秀吉が「山崎の戦い」*1で明智光秀を破り、急速に織田家臣団の中で地位を高め始めていた。

徳川・北条の和睦と上田城築城

その年（1582年）の10月になって、織田信雄（信長の次男）の斡旋により、戦闘状態にあった徳川家康と北条氏直は和睦を結んだ。**和睦条件**は、以下のとおり。
①上野・沼田領を甲斐・都留郡および信濃・佐久郡と替える。
②その結果、上野一国は氏直、甲斐・信濃両国は家康の支配地とする。
③家康の娘が氏直に嫁ぐ。

この約束はただちに履行されたわけではないが、注目すべきは①で沼田領が交換対象地（替地の甲信2郡は氏直が占拠）に指定された点だ。

いうまでもなく沼田領は真田昌幸が死守してきた地域で、彼は家康に属している。その理屈でいえば、家康にとって沼田は支配地となる。

いわば2人の戦国大名は、領国の「入り繰り・ねじれ現象」の解消を最大の目的とした。さらにいえば、沼田は関東支配を目論む北条氏にとって、上野での最重要ポイントである。

しかし家康の支配権に対して、3年後に昌幸は領主としての既得権、占有権を強く主張することになり、この**沼田問題**は紛争の大きな火種となってい

Ⅲ 奇謀の将

---

*1　**山崎の戦い（1582年）**：いわゆる「天王山」の決戦。要地・天王山を制した秀吉軍が勝ったといわれるが、その動員兵力は光秀軍1万7千人に対して秀吉軍4万人。当初から圧倒的に秀吉優位の合戦だった。

く。言い換えれば、領国形成を目指す戦国大名と一所懸命の国人との相克(そうこく)が、後に一気に表面化することになる。

　昌幸が徳川・北条の和睦条件を知らないころ、彼は信濃・戸石城にあって、海津城を拠点とする上杉軍に備えていたが、千曲川のほとりに新たな城の築城を開始する。これが**上田城**（上田市）である。この城は、従来の山を利用した砦ではなく、平地に建てられたもので、現在の「城」のイメージに近い。

　ただし、あくまでも「防御用の要害」としての機能が重視され、都市建設を目的としたものではない。城下町が形成され出すのはもう少し歳月を経てからであり、河川の氾濫(はんらん)を防ぐ土木工事技術の発展を待たなければならない。

　後に上田城は、昌幸が徳川軍を相手として2度の合戦を行ったことで知られ、江戸初期には長男・信幸（信之）が上田藩主となった（後述）。

　ちなみに現在の上田市の町名には、真田ゆかりの地名が散見される。たとえば原町は真田郷の「原」、海野町は滋野一族発祥の地「海野」、鎌原町は上野・吾妻郡の「鎌原」からの移住者が、住みついた場所だ。

　ほかにも武器製造の鍛冶(かじ)町、瓦作りの瓦町、さらに禰津氏に由来する鷹匠町などもでき、次第に城下町としての体裁を整えていく。なお、築城年については諸説あるものの、おおよそ1582〜84（天正10〜12）年のゾーンと思われる。

Ⅲ　奇謀の将

上田城東虎口櫓門（正門）

小牧・長久手の戦い—沼田領問題の表面化
〈羽柴秀吉 vs. 織田・徳川連合〉

　翌1583（天正11）年、信濃の情勢は大雑把にいって北信地方（川中島以北）の上杉軍と、南方の徳川軍との睨み合い状態が続いていた。なお和睦の結果、すでに北条氏は信濃から撤退している。

　その間、昌幸は対上杉軍の最前線に位置しながら、信濃・小県郡の掌握、上野・吾妻郡や沼田領の防衛に躍起となっている。

　ここで天下の形勢を展望すれば、羽柴秀吉は同年の「賤ヶ岳の戦い」[*2]で織田家臣団のライバルだった柴田勝家[*3]を滅ぼす。その急速な台頭に反発する織田信雄（領国：尾張・伊勢）は、徳川家康（領国：三河・遠江・駿河・甲斐・信濃）に応援を求め、秀吉とパワー対決を図ろうとする。

　この合戦が、1584（天正12）年に尾張で起きた**小牧・長久手の戦い**（羽柴軍10万人vs.織田・徳川連合軍3万人）である。

　出陣に際して家康は、北条氏直が背後から領国内を侵犯することを懸念して、和議を申し出る。それを受けた氏直は、改めて2年前の和睦条件である**所領交換**の履行を強く求めた。

　「小牧・長久手の戦い」で、家康は局地戦では勝利したものの、天下の趨勢は圧倒的な武力を誇る秀吉に帰し、家康と信雄は次第に秀吉体制の中に繰り込まれていく。

　合戦の翌年、1585（天正13）年6月、『三河物語』によれば家康は昌幸のもとに家臣を派遣して、「氏直は約束（土地譲渡）を実行したので、沼田領を氏直に譲渡してください」と命じる。この要請に対して昌幸は、次のように拒絶する。

　「沼田は上（家康）から頂いたものではありません。われらが手柄で取った土地です。しかも味方したら恩賞（新規の所領）を与えるという約束なのに、その沙汰（命令）もありません。その上、沼田を差し出せとは、思いも

Ⅲ　奇謀の将

[*2]　**賤ヶ岳の戦い（1583年）**：織田信長の後継者問題を巡って、3男・信孝を推す柴田勝家と孫・秀信（信忠の子）を推す羽柴秀吉が対立し、琵琶湖の北部で合戦に至る。勝家軍2万人強vs秀吉軍7万人の戦いであり、秀吉が圧勝する。

[*3]　**柴田勝家（？〜1583）**：「鬼柴田」といわれた織田信長の有力部将。敗戦後、越前・北ノ庄（福井市）で自殺を遂げる。ちなみに信長の妹・お市の方は娘の茶々（後の淀殿）たちを連れて、勝家と再婚していた。お市の方は夫とともに死ぬが、娘3人は救出される。

よらない話です」

　まさに昌幸からすれば、理不尽の一言。しかし手切れ（交渉決裂）は、「徳川・北条同盟」を敵に回すことに等しい。
　そこで昌幸が選択した**サバイバル戦略**が、一方の雄である上杉景勝への帰属申し出だった。水面下で彼は、海津城の守将・須田満親経由で、上杉接近をすでに画策していたのだ。

上杉景勝への帰属と昌幸の実力

　翌7月、上杉景勝は帰属した昌幸に対して**「約束状」**を与える。かなり具体的な内容であり、昌幸の勢力圏が窺えることから、ポイントを列挙しておきたい。
①**帰属時のスタンス**：「このたび、再び忠信を誓った以上は、心へだてなく扱います」
②**援軍派遣の約束**：「敵（徳川・北条軍）が攻めてきたときは、上田のみならず沼田や吾妻へも必ず後詰め（バックアップ）します」
③**指示ラインの明確化**：「信濃での知行宛行い（所領付与）は、須田相模守（満親）に指示します」
④**本領の安堵**：「沼田、吾妻、小県は安堵します。坂本庄内（埴科郡）の地も同様です」
⑤**新規所領の約束**：「佐久郡もしくは甲斐の１郡、および上州・長野氏の旧領（箕輪）、信州・屋代氏の旧領（埴科郡）を新規に宛行います」
　家康の約束状と比較すれば、過分な内容となっていることは一目瞭然であろう。
　このころの景勝は、北陸戦線（越中）で交戦していた柴田勝家が滅亡したことから、越中に続いて信濃侵略に意欲を燃やしていた。つまり彼にとって昌幸の臣従は、領国拡大のチャンスにつながる。
　そして、これをきっかけとして、景勝と昌幸との間に深い絆が結ばれることになる（後述）。
　さて今後の叙述の関係もあり、ここで簡単に**大名**という言葉を整理しておきたい。徳川幕藩体制が確立した後、「大名＝１万石以上の知行を領有する者」とされたこと、「大名が親藩、譜代、外様」に分類されたことはよく知

られている。

　その一方で、所領範囲に応じて「国持大名、準国持大名、城主……」という分類も存在した。むしろ、江戸時代ではこちらの方がメインだった、といっていい。

　たとえば「加賀百万石」と謳われた前田氏は北陸３か国（加賀、能登、越中）を領有する外様国持大名、『忠直卿行状記』（菊池寛）で知られる松平忠直は越前１か国の譜代国持大名となり、それ以下の知行の大名は「城主」と呼んだ。

　本書でこれまで記してきた「戦国大名」とは、上記のように１か国以上を領国とする「国持大名」の意味である。上杉景勝ならば、越後・越中・信濃の一部などを支配している堂々の戦国（国持）大名となる。

　それと比較すれば、昌幸は信濃・上野の３郡に勢力を有する国人であり、規模的にかなりの格差があることは否めない。しかし昌幸の所領は数万石の規模に達しており、江戸時代ならば「城主」クラスとして遇されることも事実だ。少し話を戻せば、景勝が昌幸に対して丁重なのも、その所領に裏打ちされた実力を高く評価したためである。

　従ってこれからの昌幸については、一定の所領を有していることから、「大名」と表現していきたい。

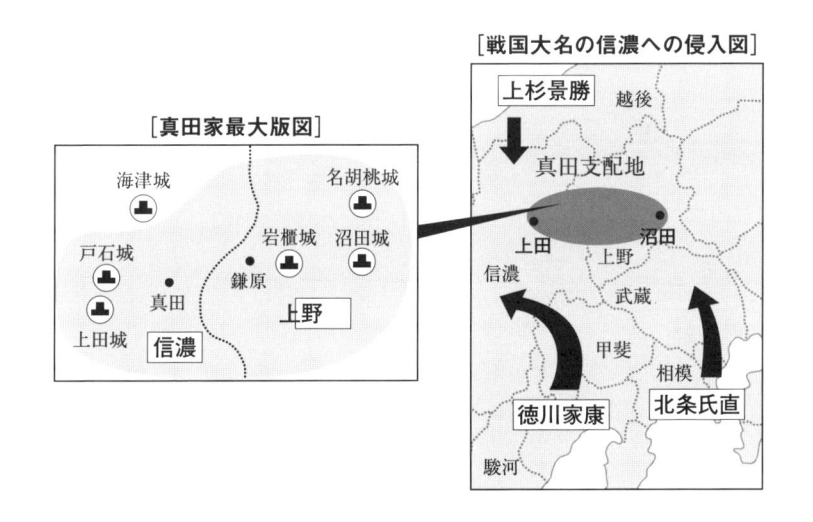

Ⅲ　奇謀の将

［真田家最大版図］

［戦国大名の信濃への侵入図］

5 第1次上田合戦

上田合戦
〈真田昌幸 vs. 徳川軍〉

1585（天正13年）8月、真田昌幸の離反を知った徳川家康は、直ちに譜代、信濃国人衆、甲斐国人衆の約7千人を動員して、昌幸の居城・上田城を攻撃させる。

このときの家康は珍しく感情的だったようで、指示文書のラストには下記のフレーズが踊っている。

「根切り肝要候、一刻も差し急がれ出陣尤もに候。油断有るべからず候。（皆殺しが最重要事項です。一刻も早く出陣してください。油断しないように）」

沼田領の譲渡を謝絶され、娘婿・北条氏直への面子は潰され、しかも多くの信濃国人衆が徳川方に靡いた矢先の出来事だっただけに、昌幸の行動は逆心と映ったようだ。

もう謀略などは必要のない、憎悪の皆殺し指令「**真田成敗**」である。その将には鳥居元忠、大久保忠世、平岩親吉といった徳川譜代衆が就いた。このとき、時代劇では「天下のご意見番」として知られる大久保彦左衛門忠教[*1]（忠世の弟）も出陣していた。後に彼が書いた著が『三河物語』であり、この合戦に関して、詳細な記録を残している。

一方、迎え撃つ真田軍は約2千人弱（騎馬2百騎、兵1千5百人）だった、と『加沢記』には記されている。真田軍は上田城に昌幸が、戸石城に長男・信幸が、中間の砦に重臣・矢沢綱頼が、それぞれ籠城して待ち構える。

それと同時に昌幸は海津城の須田満親経由で上杉景勝に援軍を要請し、そ

III 奇謀の将

[*1] **大久保彦左衛門**（1560〜1639）：兄・忠世に従って数多くの合戦に従軍したが、立身出世に恵まれず、80歳で生涯を閉じるまで旗本の身分のままであった。『三河物語』は失脚した大久保氏の名誉回復の著であると同時に、時流に乗れないで自分が大名になれなかった恨みが込められている。ちなみに「徳川家光のご意見番」や「一心太助」の話は、講談の世界。

の証として17歳の次男・弁丸（後の幸村）を人質として海津城に送る。同行者は矢沢綱頼の子・頼康で、その警護として十数名の武士、足軽も付き添った。

連絡を受けた景勝は、早速北信地方の国人衆に書状を送り、「15～60歳までの徴兵を実施し、至急援軍を出すように」と指示し、援軍（後詰め）は小県郡・曲尾（真田町）まで来たようだ。傭兵という概念のないころであり、領土内に徴兵令を出す以外には軍事動員の手段がない。

景勝自身も、上田付近まで詰めたといわれる。そのために、後に越後で有力国人が景勝に叛乱を起こしたとき、上田城の後継者・真田幸村の代理として、矢沢頼康が上田衆を率いて参戦している。

昌幸のみならず、幸村もまた**景勝への忠節**に励んでいるのである。この事実は記憶に留めていただきたい。後の「上杉征伐」、「関ヶ原の戦い」のときの真田一族の行動に大きく影響するからだ（後述）。

翌月に至り、徳川軍は上田城を囲んで一気に攻めようとした。これに対して真田軍は狭い場所に敵を引き寄せて、タイミング良く鉄砲を撃ちまくり、徳川軍を撃退する。

混乱の極みに陥った徳川軍は死傷者が続出した。そこに戸石城の信幸勢が押し寄せ、徳川軍では近くの神川で溺死する者も多かった。これを「国分寺の戦い」ともいう。この模様を、真田信幸は沼田城・在番衆に宛てた書状で、次のように記されている。

「国分寺にて一戦を遂げ、１千３百余人を討ち取り、万全の備えをしました。この結果、南衆（北条氏）が沼田を攻めるのは必至ですから、堅固な備えをお願いします」

その後、信幸の予想どおり北条氏は沼田城に押し寄せたが、在番衆の防戦のために城を抜くことはできなかった。

III 奇謀の将

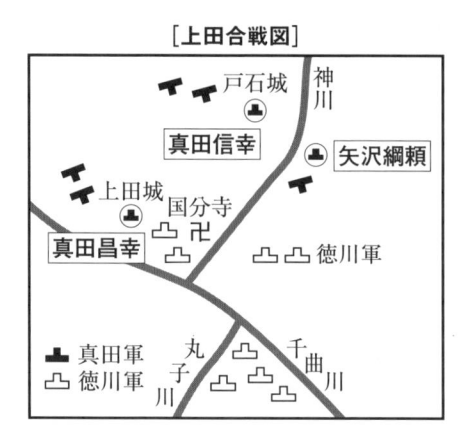

[上田合戦図]

上田合戦での徳川軍の被害―『三河物語』は彦左衛門の恨み節

　上田合戦での徳川軍の戦死者割合は、約20％弱。驚異的な惨敗である。

　『三河物語』によれば、あまりの負け戦に徳川軍は逃げるばかり。そこでなんとか反撃しようと、大久保忠世は同僚の平岩親吉や鳥居元忠などの陣を訪れ、攻撃の協力や後詰めを依頼する。ところが「彼らは震えるばかりで返事もしなかった」と伝えている。

　国分寺の戦いの翌日、徳川軍は反撃を期して上田城の属城・丸子城（丸子町）に押し寄せる。ここで徳川軍は多少の戦果は挙げたものの、城を攻め落とすことはできなかった。

　大久保忠世は、真田昌幸・信幸父子が足軽に混じって戦っていたので、討ち取りのチャンスと思って再び同僚に連絡を取ったが、梨の礫。やむなく「日ごろから臆病と知っていたが、これほどとは思わなかった」（『三河物語』）とあきらめた、と伝えられる。

　余談ながら彦左衛門が『三河物語』の後書で、「私ども（大久保氏）の辛苦を伝えるために書いたものだ」と記すとおり、執筆の動機は江戸初期に失脚した大久保一族の名誉回復にある。

　本家にあたる大久保忠隣（忠世の嫡男、彦左衛門の甥）は徳川家康・秀忠に重く用いられたが、重臣・本多正信と対立したために、1613（慶長18）年に改易処分に遭う。タイミングとしては「大坂冬の陣」の前年。対立原因の

Ⅲ　奇謀の将

ひとつは幕府の豊臣秀頼対策にあり、忠隣は〈親・豊臣〉の代表だったといわれる。

旗本だった彦左衛門も事件に連座し、減封処分を受ける。だから味方とはいえども、「上田合戦では臆病だった者が、今も大名のままで……」という思いが強く、手厳しい表現となっている。『三河物語』とは、彼の「恨み節」と思った方がいい。

秀吉と昌幸との接点

その後、合戦は小康状態に陥ったが、11月になって上田城を包囲していた徳川軍が撤退し始める。

真田昌幸も、なぜ敵軍が撤退するのかが分からないまま、困惑気味に事態を上杉景勝の重臣・直江兼続*2へ報告している。

「今回、甲斐や信濃の国人衆を指図した平岩七之助（親吉）、大久保七郎右衛門尉（忠世）などが、すべて遠州（遠江）に召し寄せられたそうです。どのような相談をしているのかは存じません」

当時の徳川家康は、秀吉と敵対はしていないものの、完全に臣従しているわけでもない。そのように非常に微妙な関係にあった。

実はそこに大きな波紋を呼ぶ事件が、11月に起きた。秀吉の調略活動によって、家康の重臣・石川数正*3が突如、三河・岡崎城を立ち退き、秀吉に従ってしまったのだ。

見限られた家康に衝撃が走る。かつて家康が駿府（静岡市）で今川義元の人質だったときにも、数正は随行したほどの側近である。現代風にいえば彼

＊2　**直江兼続**（1560〜1619）：上杉景勝の家老で、景勝が会津120万石に転封されたときは、米沢30万石を分知されたほどの実力者。関ヶ原前夜の石田三成と兼続との密約、「東西からの家康挟撃作戦」は有名な話だが、具体的な事実はない。また上杉征伐のとき、上杉氏の潔白を記した「直江状」も有名だが、後年の偽作といわれる。上杉征伐の結果、景勝は米沢30万石へと大幅な減封処分を受けたが、兼続には6万石を与えたという。ちなみに彼の娘婿が本多正信の次男・政重である。

＊3　**石川数正**（？〜1592）：三河出身の武将。徳川家康の譜代で、数正が西三河衆を、酒井忠次が東三河衆を統率したといわれる。しかし家康の出身地は駿河の可能性が高く、逝去地も駿府である。ならば不可解な「数正事件」は、大久保彦左衛門のように冷遇された三河衆の抵抗だったとも考えられる。なお数正の次男・康勝は江戸初期に大名を改易された。その後、大坂城に入って「大坂夏の陣」で戦死する。

の「寝返り」は、徳川領国の機密事項（軍制、行政）が、すべてライバルに筒抜けになることを意味する。だが、それ以上に重要なのは、秀吉に家康征伐の大義名分を与えかねないからだ。

このような緊急事態の発生、それが徳川軍・上田撤退の背景にはある。

一方の当事者である昌幸は、数正事件を秀吉ルートで知らされる。その秀吉の書状は、おおよそ以下のような内容が記されていた。

「天下（秀吉）に対して家康は表裏（不誠実）なので、人質の変更を家康の使者・数正に対して要求し宿老（重臣）の人質を求めました。しかし、宿老どもは家康の表裏を知っているので、人質を出そうとしません。そこで先日、数正は家族を連れて尾州（尾張）に立ち退きました。この上は軍勢を出して、家康を成敗せざるをえません。……信州・甲州のことは小笠原氏・木曽氏（ともに秀吉に帰属）と相談し、なにごとも失敗がないように才覚を働かせてください。その方（昌幸）からの申し出があり次第、兵を派遣します」

III 奇謀の将

数正はときの最高権力者・秀吉と主君・家康との「板ばさみ」に陥ったこと、それと昌幸が信濃のみならず甲斐での活躍も期待されていることがミソである。

さらに後半部分を大胆にリライトすれば「武田の旧臣を糾合して、家康の領国となった信州・甲州をかき回せ」となろう。

そのくらい秀吉は**家康対策**を意識している。いや、死ぬまで意識し続けた、といった方が適切かもしれない。

だが、秀吉が昌幸に対して一方的に尖兵（せんぺい）の役割を課したわけではない。実際にアプローチしたのは昌幸の方であり、数正事件の1か月前にみずからの進退、身の処置を秀吉に相談していたのだ。

この事実をして、「所領を守るために昌幸は、上杉景勝から豊臣秀吉に乗り換えた」と説明されるケースが多いが、ときの最高権力者への接触は容易なことではない。それまで、両者間には接点すらないのだ。

従って一連の動きの背景には景勝が存在し、彼が両者の仲介役を果した、と考えるべきであろう。

意外と知られていないが、プライドの高い戦国大名（国持大名（くにもちだいみょう））の中にあって「成り上がり」・秀吉に最も早く人質[*4]を出したのは、関東管領・謙信の後継者を自他ともに任じた景勝なのである。この彼の行動が、豊臣政権樹立

後の「五大老」就任につながっていく（119ページ参照）。

このとき秀吉は50歳、家康は44歳、景勝は31歳、そして昌幸は39歳だった。

ちなみに、このころ次男・幸村は、人質として秀吉のもとに赴いていたといわれる。

上田城東虎口櫓門南櫓

真田問題に見る秀吉の政治力

翌1586（天正14）年に入り、秀吉と景勝をバックとした昌幸は反撃に転じ、信濃・佐久郡へ侵攻する。事態を重く見た徳川家康は3月に同盟者・北条氏直と直接相談する場を持ち、〈北条軍→沼田城攻撃〉＆〈徳川軍→上田城攻撃〉の両面作戦を決める。

しかし、5月の北条軍による沼田城攻撃は失敗に終わり、領国内に「真田成敗」の動員令を出した家康も7月には一旦ストップを掛ける。

というのも、大きな政治的な駆け引きがあったためだ。秀吉の思惑によって、舞台はめまぐるしく廻る。

＊4　**人質**：景勝の義弟にあたる上条政繁（畠山義春）の子。政繁は能登守護だった畠山氏に生まれて、謙信の養子となった。その後、景勝の許を離れ、秀吉の家臣となったが、大坂冬の陣を前に大坂城を退城して、徳川家康に仕えた。頭脳明晰で、家康が特に好んだ人物といわれる。

Ⅲ　奇謀の将

まず秀吉は5月に妹・旭姫*5を家康に嫁がせ、家康と縁戚関係を結ぶ。つまり、攻略結婚による融和路線のスタートである。秀吉は身分の低い家に生まれたために、有力な一門衆が存在しなかった。そのために、縁戚づくりには非常に熱心だった。

次いで6月に秀吉は、景勝を上洛させる。当時の戦国大名は、合戦以外に領国を空けることはない。言い換えれば、上洛とは臣従の証明である。そして景勝は翌年にも再上洛し、秀吉の斡旋によって従三位・参議に任ぜられる。

秀吉みずからは関白*6に就任し、このような「官位制度」*7と、「縁戚関係」を巧みに権力基盤の確立に活かした。その意味で、秀吉は天才といっていい。ちなみに秀吉の出世物語『太閤記』の「太閤」とは、前関白の意味である。

その秀吉・景勝会談のメインテーマが、家康対策だったことは間違いない。天下取りを目指す秀吉にとって、家康の臣従が最優先課題であり、当然のように直面する真田問題が論議された。

おそらく秀吉は家康の歓心を買うために「真田成敗論」を主張し、一方の景勝は「真田擁護論」を展開したのであろう。そして最終的な収束案までもが、会談で練られたようだ。

ここにきて真田問題は単なる局地紛争を脱し、秀吉の天下統一に向けた大きな政治問題化していた。その対応如何では、臣従したばかりの景勝の離反にもなりかねない。秀吉は、家康と景勝というふたりの戦国大名の面子を考えなければならなかった。

収束案は後述することとして、8月の秀吉から景勝に宛てた書状には、上洛に対する謝辞が記され、秀吉側近の石田三成が書いた文書が添えられていた。昌幸を庇い続ける景勝に、釘を差した感が強い。

「真田のことは先日も申し上げたとおり、表裏比興の者なので成敗が加えられることになりました。家康の軍勢がその担当となるでしょうが、その方（景勝）からの真田支援は一切厳禁とします」

---

*5　旭姫（1543〜90）：朝日姫とも書き、秀吉の異父妹。一旦結婚したが、家康に嫁ぐために、秀吉によって離婚させられた。なお家康との間には、子供はなかった。
*6　関白：天皇を補佐する朝廷の最高官。天皇が幼少のときは摂政、成人後は関白といい、殿下と呼ばれた。藤原一族以外で関白になったのは、豊臣秀吉と秀次だけである。
*7　官位（位階）制度：古代律令制で定められた正一位から始まる30等級の身分制度。一定の位階になれば、官位に就くことができる。たとえば正三位ならば大納言といった具合である。

III 奇謀の将

「**表裏比興の者に候**」。単純に書くと表裏は「謀略」、比興は「卑怯」となるが、その意味は「謀略に長(た)けた者」、「誠実さに欠けた不都合極まりない者」。

ニュアンスで表現すれば「油断できない人物」に近く、決して好意的な表現ではない。

その数日後、秀吉は家康の重臣宛てに「真田を討ち取ることに専念ください。……真田の首を刎(は)ねるように」と記した書状を送る。

つまり秀吉は、そのスタンスを1年の内に180度転換し、「真田成敗」に変える。景勝への根回しを済ませ、表面上は家康の面子を立てたのだ。

さらに秀吉は家康の上洛を促し続け、生母・大政所(おおまんどころ)*8までも家康に対して人質として差し入れる。その結果、家康は10月に上洛を決意する。

その模様を秀吉は、景勝宛ての書状で「家康は何事も関白殿（秀吉）次第と申しました」と伝えた。ここに完全に家康は、秀吉に臣従したのである。

Ⅲ 奇謀の将

＊8　大政所（1513〜92）：最初の夫との子供が、瑞竜院日秀（秀次の母）と秀吉。再婚して生まれた子供が、秀長と旭姫。秀吉が関白になったとき、その生母として従一位に叙せられた。女性としての最高位である。

Ⅳ 奇略の将

真田昌幸―「関東乱入」の夢

西暦	和暦	真田一族（昌幸関連）の主な出来事（☆＝主要一般事項）
1586	天正14	昌幸、秀吉臣従後に徳川与力大名へ
1587	天正15	☆秀吉、九州征伐（豊臣公儀軍vs.島津義久）
1589	天正17	信幸、家康の人質へ。秀吉、沼田領裁定。北条方、名胡桃城攻撃
1590	天正18	北条征伐（豊臣公儀軍vs.北条氏直）。家康、関東へ転封。昌幸、上田領安堵（豊臣与力大名）。信幸、沼田領付与（徳川与力大名）
1592	文禄1	朝鮮出兵（～98）
1593	文禄2	豊臣秀頼、誕生
1594	文禄3	秀吉、京都・伏見城築城
1595	文禄4	豊臣秀次、切腹（28歳）
1598	慶長3	秀吉、病没（63歳）。諸将、朝鮮から召還。上杉景勝、会津転封
1599	慶長4	前田利家、病没（62歳）
1600	慶長5	上杉征伐（豊臣公儀軍vs.上杉景勝）。真田一族、分離行動（犬伏の別れ）。第2次上田合戦（徳川秀忠vs.真田昌幸）。関ヶ原の戦い（徳川家康vs.石田三成）。昌幸・幸村、高野山へ配流
1601	慶長6	景勝、米沢転封
1611	慶長16	昌幸、病没（65歳）

1 沼田領問題の再燃

昌幸の秀吉への臣従

　1586(天正14)年11月、徳川家康が臣従した翌月、羽柴秀吉は上杉景勝に会談時の事態収束方針を再確認している。家康の領国・信濃において、〈反・徳川〉を標榜(ひょうぼう)した秀吉系大名(真田、小笠原、木曽氏)を家康の参下に戻す。それが基本方針である。

　続いて秀吉は、景勝が気を揉む「真田反抗の原因は沼田領の譲渡」の点については、「遺恨を断念するように」と景勝から昌幸を説得して欲しい、と要請している。これと同時期に秀吉は昌幸へ上洛命令を出す。

　「その方(昌幸)は家康に存分(遺恨)を構えましたが、今回の件は免じますので早々に上洛するように」

　分かりやすくいえば、秀吉の描いた「事態収束」は次のフローとなる。
　〈①上杉景勝に従う真田昌幸を、一旦は豊臣政権下の**独立大名**として認知する→②そのステップを踏んだ上で、政権を支える立場となった徳川家康の**与力大名**(よりき)(有力大名の付属大名)とする〉
　その理由として信濃は家康の領国であり、昌幸自身も家康に仕えた経緯が挙げられる。

　翌1587(天正15)年3月、昌幸は駿府にいた家康に挨拶し、その足で上洛の途についた。大坂城での「取次」(窓口スタッフ)は大谷吉継(よしつぐ)[*1]が務めたともいわれる。後に吉継の娘が昌幸の次男・幸村へ嫁ぐように、秀吉家臣団との友好関係はこの昌幸出仕のタイミングからスタートする。ただし、再び家康に属したからといって、沼田領は昌幸が相変わらず占有したままの状態である。

Ⅳ 奇略の将

---

*1　**大谷吉継(1559~1600)**：豊臣秀吉譜代の家臣。母は北政所に仕えた女官で、彼の出身地は諸説あるが、おそらく近江であろう。賤ヶ岳の戦いで戦功を挙げて以来、九州征伐、北条征伐、朝鮮出兵などに従軍し、敦賀5万石の大名となった。後に石田三成とともに、関ヶ原で戦う。

豊臣秀吉の天下統一アイテム

　さて、ここで最高権力者である**豊臣秀吉**について記しておきたい。
　まず秀吉は、前年の12月に「豊臣」の新姓を朝廷より賜っている。通説では、この機会に羽柴秀吉が豊臣秀吉と名乗りを改めた、とされる。しかし羽柴は苗字で、「豊臣」は新たに創られた本姓である。本姓とは徳川家康の「源」氏、真田昌幸の「滋野」氏に相当するものだ。
　この事実は、初期・豊臣政権を支えた6名が差し入れた誓詞、「関白殿（秀吉）の仰せには一切背かない」からも確認できる。
　6名は連名で「豊臣利家、豊臣秀家、豊臣秀次、豊臣秀長、源家康、平信雄」と記されている。順に前田利家（秀吉の親友）、宇喜多秀家（妻は秀吉の養女）、羽柴秀次（秀吉の甥、後に関白）、羽柴秀長（秀吉の弟）、徳川家康、織田信雄（信長の次男）であり、官位の低い者から順番に記載されている。つまり、初期豊臣政権の序列は〈秀吉→信雄→家康〉の順であり、利家の身分が最も低い。
　しかも信雄と家康が豊臣姓でないのは、それぞれが旧主筋、同盟者という理由からで、秀吉にも遠慮がある。彼らを史料どおり正確に記せば、「内大臣　平信雄」、「大納言　源家康」となる。これはあくまでも正式文書なので諱が記載されているが、通常、彼らは「内府」、「駿河大納言」と呼ばれた。
　新姓・豊臣の創出。それは「先祖は源氏、平氏」と家柄を誇る戦国大名の上に君臨し、天下に号令を掛けるために、誇るべき家柄がない秀吉にとっては必須のアイテムだったのだ。これぞ、天下の奇策である。
　次に秀吉の天下統一の過程で重要なのは、1586年に発令された「**奥羽・関東惣無事令**」である。一言でいえば「私戦禁止令」であり、秀吉からすれば「真田・徳川紛争の矢留め（停戦）」もその一環、という考えに立っている。
　当時、いまだ秀吉に服属しない戦国大名は、関東の北条氏、東北の伊達氏、九州の島津氏だった。「惣無事令」の狙いは、たとえ秀吉の支配下ではない東国でも「紛争が発生すれば介入する」ことの宣言であり、その裁定に従わないときは、**公儀軍**（政府軍）[*2]が鎮圧する。
　この考え方は政権が確立するプロセスで最も重要なものであり、これから

Ⅳ　奇略の将

[*2]　**公儀**：時代劇では「公儀隠密」として登場する言葉だが、政府のこと。豊臣政権もその後の徳川幕府も、公儀であることに変わりはない。

述べる秀吉の「北条征伐」もさることながら、家康の「大坂冬の陣、夏の陣」でもこの考え方が踏襲される。

「沼田領」を巡る秀吉の裁判

豊臣秀吉は、北条氏との折衝窓口を「同盟者＆縁戚」である家康として、氏直の上洛をしきりに働きかけさせる。

翌1588（天正16）年8月、家康の尽力によって北条氏規（氏政の弟、氏直の叔父）が、使者として上洛する。家康の駿府人質時代に、氏規もまた「今川・北条同盟」の人質として駿府に来ていた経緯があり、両者は親しい間柄にある。

そして氏規は聚楽第で秀吉に謁見したとき、次のように主張したと伝えられる。

「上野・沼田は以前より徳川氏から北条氏に渡す約束がありました。それにもかかわらず、いまだ真田昌幸は明け渡そうとしません。もし殿下（秀吉）が、昌幸に明け渡し命令を出していただけるならば、早々に氏政・氏直父子のいずれかを上洛させます」

これに対して秀吉は「領土の境界線問題は知らなかったので、ただちに調査させて、その上で裁定する」ことを約束する。

現代でいえば原告・北条氏直が被告・真田昌幸を**債務不履行**で訴えた裁判であり、裁定は秀吉が下す。前にも記したが、最高権力者は大統領であり、最高裁判所所長も兼務している。

戦国大名の領国内は「分国法」（旧武田領国では『甲州法度次第』）が制定されていたが、秀吉は分国を超越した法律の施行、日本全国で適用される法律を目指している。それこそが「天下統一」の証である。

中でも所領問題は、支配者としての統一税務体系・税金徴収体制に直結する最重要事項であり、後の**太閤検地**によって東国の貫高制は廃れ、全国が石高制で統一される。

これまで述べてきた帰属、臣従とは、その法律を遵守することを意味している。合戦とはあくまでも問題解決に向けた軍事力の行使であり、戦うこと自体が目的ではない。

さて具体的な沼田訴訟に伴い、秀吉は「関東の領土境界問題は、近日中に上使を派遣する」ことを諸大名に布告するとともに、北条氏の行政担当者を上洛させて詳細なヒアリングを行った。
　その北条担当者は、従来の取り決め＝「上野は北条氏、甲斐・信濃は徳川氏」の経緯を説明し、さらに「沼田は自力では奪回できませんでした。家康も約束を曖昧にして、まるで違約のようにいっており、担当者としても困惑しています」と実情を付け加えた。
　つまりこの話からは、沼田城（守将・矢沢綱頼）の守備が堅かったこと、家康は昌幸に対して譲渡命令を出していないことが分かる。
　このときの家康は、秀吉と氏直との完全な板ばさみ状態にある。
　というのも天下人・秀吉は「北条氏は公儀（政府）を侮り、上洛してこない。関東では勝手な行動ばかりをしており、本来は罰するところだが、縁者・家康がとりなすので北条氏を免じている」というスタンス。強大な軍事力を背景として、秀吉は北条氏への外交圧力をまずは「縁戚・家康」に掛け続けている。恫喝といってもいい。
　それに対して北条氏は、早雲以来五代・百年の関東支配という名門意識が濃厚で、プライドが高く秀吉に屈しようとはしない。
　その間に入った律儀な家康は、氏規上洛に際しても「娘（督姫、氏直の妻）の離縁」カードまで持ち出して、ようやく実現させた経緯がある。
　だが家康自身は、ある程度北条氏に見切りをつけていたようだ。側近・本多正信に対して「北条も末だ。やがて滅びる」と洩らした、という話も残っている。その理由として家康は、北条家臣団の官僚化、特に重臣の専横（わがままな振舞い）と人材不足を挙げている。

秀吉の裁定―北条征伐のきっかけは沼田領問題

　1589（天正17）年の2月に、昌幸は長男・信幸（24歳）を人質として家康に差し出す。臣従の証である。そして7月になって、秀吉の裁定が下された。
　以下が、いまでいう**判決文**の概要である。判決のバックにある考え方は「喧嘩両成敗」、鎌倉幕府以来の武士の規範となった『貞永式目』に基づくものだ。
①事情確認の結果、沼田領は北条氏に与える。
②ただし、上野での真田氏の所領の〈3分の2〉を沼田城に付けて、北条氏

Ⅳ 奇略の将

に与えることとする。残りの〈3分の1〉は真田氏のものとして、その領域内の城も真田氏に与える。
③なお、真田氏が北条氏に譲渡する〈3分の2〉の替地は、家康が真田氏に渡すこととする。
④以上の結果、約束どおり北条氏政（氏直の父）は12月に上洛して、出仕するように。

　この判決前に一方の当事者・昌幸が「被告人として事情聴取を受けたのか」は定かではない。だが上記②の具体的な線引きは、彼がアピールしたとしか考えられない内容になっている。
　おそらく昌幸は京都に滞在していて、沼田城対岸の名胡桃城一帯を、「真田家墳墓の地（先祖の墓がある所）」として譲渡対象から除外することを主張したのであろう。確かに名胡桃は昌幸の父・幸隆にとって所縁の土地だが、先祖の墓までは存在しないので、これは秀吉の計策（入れ知恵）とする史料もある。
　判決後、秀吉は**境界線**を確認する上使の派遣を決め、昌幸の不在対応者として信幸に、案内者としての同行、人足・馬や宿泊手配を指示する。また家康は③の替地として信濃・伊那郡の一部を準備し、重臣・榊原康政[*3]を「沼田城明け渡し」の立会人と決める。康政が、昌幸説得の使者を務めたという記録もある。
　いずれにせよ実務対応や根回しは次々と実行されて、事態は一件落着するか、と思われた。
　ところが11月に至り、沼田城を預かった北条家臣・猪股邦憲が、真田方の名胡桃城を攻め落としてしまう。全面勝訴を信じていた北条氏は、秀吉の判決に不満を抱いて実力行使に出たのだ。
　この事件は直ちに、真田信幸から家康や秀吉の上使を経て、秀吉にもたらされた。

　「その方（昌幸）の相抱える名胡桃城に北条方が押し寄せて、城主を討ち果たし、要害を乗っ取ったことを聞きました。……その者どもを成敗しないかぎり、北条氏の赦免はありえません。来春までに境界地の諸城に軍勢を入

[*3] 榊原康政（1548〜1606）：徳川四天王のひとりで、家康の「神君伊賀越え」にも従った。後に上野・館林10万石を与えられた。

れて、守備を固めるように」

　上記は秀吉から昌幸宛ての書状の内容である。秀吉からすれば、北条氏は彼が定めた「惣無事令」や判決を踏みにじる行為を仕出かしたのだ。
　明らかな**法令違反**であり、豊臣政権への挑戦である。そこで秀吉は公儀軍を組成して、武力的解決を図るために「宣戦布告状」を全国の主要大名に送る。ただし、同時並行的に氏政・氏直の上洛もしきりに督促している。
　あわてた氏直は秀吉のもとに使者を送り、「家康の上洛のときは縁戚関係まで結ばれたのに、私の場合は懲罰的な国替えも噂されており、大変遺憾に思います。また名胡桃城の件は、知りませんでした。……一方、沼田へは先祖以来の敵・上杉景勝も真田に加勢しています」などと弁明に努めた。
　北条にとっても上杉が天敵であることは、この文書からも窺える。さらに氏直は、義父・家康にも調停を、「宣戦布告の文書に驚いています。ご勘弁いただきたいと、おとりなしをお願いします」と依頼している。
　そこで家康も12月に上洛するが、秀吉は北条方の弁明を一切拒否する。
「氏政・氏直父子がいまだ上洛しないのは、戦闘準備の時間稼ぎをしているに過ぎない。これ以上の交渉を続けるつもりはなく、合戦以外に解決の道はない」
　これが秀吉の出した結論だった。
　一方、北条氏内部では氏直が和解論、父・氏政が主戦論だった。氏政は宣戦布告状を見たとき、秀吉を次のように嘲った、と伝えられる。

「秀吉は主君・信長の遺児を欺いて関白に成り上がった者だ。しかも朝廷を利用して権勢を振るい、われわれを討とうとしている。多分秀吉は大軍で攻めてくるだろう。その場合は食糧が続かないはずだ。従って持久策で対処すれば、秀吉は戦わずして敗走するだろう。昔、平氏が富士川*⁴の水鳥の音に驚いて壊滅したように」
　　　　　　　　　　　　　　　　　　　　　　　　　　（『小田原日記』）

Ⅳ　奇略の将

＊4　**富士川の戦い（1180年）**：東国での源頼朝の挙兵を追討するために、平清盛の孫・維盛が軍勢を率いて、京都から富士川河口（駿河）まで出陣する。そのとき平家軍は、水鳥の羽ばたく音を源氏軍の襲来と勘違いして、戦わずして敗走したといわれる。要するに氏政は、この「西国→東国出陣」というロケーションを念頭に置いて、こちらは鎌倉幕府の執権・北条氏の子孫なので負けるはずがない、と豪語しているのである。

このように秀吉の「北条征伐（小田原城攻め）」のきっかけは、昌幸の所領問題にあった。

② 豊臣政権の樹立

史上空前の規模となった北条征伐
〈豊臣軍 vs. 北条軍〉

　豊臣秀吉は、1589（天正17）年の暮に全国の諸大名に対して**軍事動員令**＝「来春関東軍役の事」を発令する。

　地方別に「所領百石当たりの動員数」が示され、関東に近いほど割り当て数が多くなる傾斜配分が敷かれた。家康の領国内（三河・遠江・駿河・甲斐・信濃）は、「7人役」（百石当たり7人の割り当て）と決められた。

　5万石の大名を例に挙げれば、3千5百人の軍勢を動員しなければならないことになる。信濃の大名・真田昌幸にも、この割り当てが適用される。ちなみに中国地方の毛利氏は「4人役」、これは関東出陣までの距離、負担を考慮したものだ。

　秀吉の総動員数は約22万人。史上空前の規模である。各方面軍に分かれるとはいえ、これほどの大軍の動員は初めての出来事であり、街道も軍用道路として整備された。

　たとえば京都・三条大橋を石橋としたのも道路整備計画の一環であり、東海道を流れる富士川などにも舟橋（舟を川に並べた橋）が架けられた。逆にいえば当時の大河は軍事上、自然の防御施設といってよく、ほとんどの川に橋は架けられていない。

　また秀吉は、全軍に乱暴狼藉（ろうぜき）を禁止する軍令を出し、個別指令として昌幸に「東国の習慣で女・子供を捕らえ売買する者は後日判明分も含め、成敗を加えるように」と記した書状を送付している。かつての武田軍にも見られた人身売買の禁止である。

　これらの秀吉の事前準備（軍事動員・環境整備・軍律）は、**近代軍制**の始まりといって過言ではない。

　昌幸・信幸父子は、北部方面軍（前田利家・上杉景勝部隊、3万5千人）

Ⅳ　奇略の将

に編入され、翌1590（天正18）年3月には信濃・上野間の碓氷峠を越えて、北条方の上野・松井田城、箕輪城、厩橋城などを攻め落としていく。これは以前、武田信玄が上野へ侵攻したときと同じルートであり、ここから北部方面軍は南下に転じて北条方の武蔵・忍城（行田市）を囲む。

秀吉が率いる公儀軍・本隊は東海道を進み、4月に小田原城を包囲する。秀吉に従ったのは、織田信雄、徳川家康、豊臣秀次、堀秀政などの有力大名であり、海陸を封鎖し城への糧道を完全に絶った。秀吉の言葉を借りれば、「干し殺し」作戦である。兵の損傷を抑えること、それが当時の常道なのだ。

ちなみに徳川家康の先鋒は、徳川四天王（酒井家次、榊原康政、本多忠勝、井伊直政）に加えて、かつて上田城を攻撃した3人（鳥居元忠、平岩親吉、大久保忠世）だった。

一方の北条氏も「遠征軍は兵糧が続かない」、と考えた。兵馬は膨大な食糧を消費し、長期戦ともなれば敵の士気も緩む。その判断の結果が**籠城策**である。

小田原城内には食糧が用意され、町民を含めて6万人近くが籠もった。北条氏の領国内は税負担が比較的軽く、民衆の支持を集めていたのだ。

また前にも触れたが、小田原城の城郭は周囲10kmにおよぶ。天下の巨城であり、十分な収容能力がある。しかも彼らには、上杉謙信の大包囲網を籠城策で凌いだ「成功体験」があった。ただ前回と状況が異なるのは、外部からの援軍の有無にある。謙信が包囲したときは、同盟者・信玄が小田原城の危機を救った。

[小田原城籠城]

豊臣秀吉 22万人 → 小田原城（北条氏政・氏直 6万人） ×← 1561年 上杉謙信 / ×← 1569年 武田信玄

今回の北条氏は、織田信雄と縁戚・徳川家康の「秀吉離反」に期待を寄せたようだ。過去に信雄と家康は同盟を結んで「小牧・長久手の戦い」で秀吉と対陣した経緯があり、徳川・北条の和睦の斡旋人が信雄だった。

Ⅳ 奇略の将

特に信雄は、織田氏の実権を奪った秀吉を快く思っておらず、この遠征を好機と考えて北条氏との「秀吉挟み討ち作戦」を家康に提案した。だが、家康は動かなかった、と伝えられる。またその企みは、秀吉の耳にも届いていた、という話も残っている。

北条征伐の戦後処理─家康の関東入国

6月には北条方の最後の拠点・忍城も落ちる。小田原城からは重臣・松田憲秀[*1]といった内通者も出始め、豊臣方は北条一族に降伏を勧告する。

その結果、7月に小田原城は開城する。約100日間の籠城であり、主戦論者・氏政は切腹処分、当主・氏直は死罪を免れて高野山に送られた。

関東に覇を唱えた北条氏のあっけない滅亡である。ちなみに北条氏の領国は関東の7か国、伊豆・相模・武蔵・上総それに下総・下野・上野の大部分だった。俗に「関八州」というが、残る1州・常陸（茨城県）は、北条氏と長年敵対関係にあった佐竹氏の領国である。

さて小田原城に入った秀吉は、傘下の諸大名に転封（領地替え）を命じる。今でいえば、旧・北条領国という戦利品の処分、それに伴う玉突き人事の発表である。

主要なものだけピックアップすれば、関東一円（旧・北条領国）は徳川家康へ、旧・徳川領国の中から3か国（三河・遠江・駿河）は織田信雄へ、旧織田領国（尾張・伊勢）は豊臣秀次へ、とそれぞれ与えられた。

この異動は、通説では家康の実力を恐れる秀吉が、その富裕な領国を召し上げて敬遠措置を採ったといわれる。

だが、これは「日本全国の**所領裁量権**は最高権力者・秀吉に帰属する」ことの明示である。確かに家康にすれば、一所懸命で獲得してきた領国への愛着は相当あったろうが、領国の拡大（5→7か国）、平坦な土地の付与（甲斐・信濃は山国）と、実態ベースでは「北条問題」で汗をかいた家康への加恩といってよかろう。

このとき織田信雄は転封を拒否したために、秀吉の逆鱗に触れて秋田へ流

[*1] **松田憲秀**（？～1590）：松田氏は北条早雲以来の譜代。豊臣方は、恩賞として相模・伊豆を餌に憲秀を内応させるが、北条方に発覚してしまう。合戦終了後に、憲秀は豊臣方によって殺される。余談ながら落語「真田小僧」では、真田昌幸がこの松田尾張守憲秀の軍勢を壊滅させて以来、松田氏の家紋「六文銭」を真田の定紋にしたという話が紹介されている。

IV 奇略の将

罪となり、出家して常真*2を名乗る。有名な話ながら、この処分は「信雄は暗愚だった」の一言で済まされてしまう。

　個人的な資質があったにせよ、内大臣・信雄は秀吉にとっては旧主筋で、かつ政権のナンバー2。事はそれほど簡単ではない。

　というのも、秀吉は旧・織田家臣団を吸収して政権の基礎を固めたのだ。しかも信雄は家康と親しく、有力大名・前田利家や蒲生氏郷*3とも縁戚関係を結んでいた。

　要するに信雄には、トラブルに伴う和解斡旋人には事欠かないはずなのだが、結局は誰も動こうとはしなかった。「秀吉の実力を恐れた、信雄に人望がなかった」といえばそれまでだが、実に不思議な事件である。

　もしかしたら信雄処分は、釈明の余地がない本当の「北条共謀容疑」だったのかもしれない。

独立大名・真田信幸の誕生

　徳川家康の転封に伴い、信濃の徳川与力大名も関東へ移り、そこで改めて新領を与えられた。その中で昌幸だけは、従来どおり上田領を安堵される。このことは昌幸が、徳川与力大名から再び**豊臣与力大名**へスライドしたことを意味する。

　その一方で関東入国後、家康は昌幸の長男・信幸に「上野・沼田領」を与えて、徳川与力大名とする。真田氏への沼田領返還は、おそらく秀吉にとっては既定路線であり、家康への指示事項だったのであろう。

　以上の措置を分かりやすくいえば、秀吉の指示によって真田氏は「出仕先、所領地」別に、ふたつの**大名家**に分かれたのである。混乱を避けるために繰り返しになるが、再整理しておこう。

①沼田領の所有権の推移を時系列で示せば、〈秀吉の裁定：北条領→北条征

Ⅳ　奇略の将

---

*2　織田常真（1558〜1630）：その後、彼は家康のとりなしによって許され、秀吉の相伴衆、御伽衆となり、秀頼にも仕えた。が、「大坂冬の陣」を前に大坂城を出て京都に隠棲し、「夏の陣」終了後に大和5万石の大名に復帰した。ちなみに織田氏の法号の通字は「常」で、先祖には常松、常竹などがいる。

*3　蒲生氏郷（1556〜95）：元々は近江の国人。信長に仕えて、その娘を妻とした。その後、秀吉に従って北条征伐の殊勲で、会津42万石に封ぜられ、加増後は92万石の国持大名となった。その死去によって、上杉景勝が越後から会津に転封される。

伐後：徳川領→徳川転封後：真田信幸領〉となる。これが豊臣公儀の決定であり、きちんと論理的なステップを踏んだ措置である。沼田領は「秀吉→昌幸」ではなく、「家康→信幸」の形で与えられたものである。
②その結果、信濃・上田領を有する豊臣与力大名・昌幸に加えて、上野・沼田領を与えられた信幸も徳川与力大名として「大名」に取り立てられたのである。上田城主と沼田城主のふたつの真田家の成立であり、江戸時代の言葉でいえば「上田藩」と「沼田藩」の並立である。
③なお、よく「昌幸が沼田領を信幸に与え、独立させた」といわれるが、秀吉の時代はすでに法治国家であり、父子だからといってプライベートな話は通用しない。

　従って真田一族で最も知られる**伝説**、「1600年、関ヶ原の戦い前夜、昌幸は合戦後の真田氏存続を図るために、自分と次男・幸村は西軍（石田三成方）に属することを決め、長男・信幸を東軍（徳川家康方）に属させた」も、不思議な様相を帯び始める。
　この伝説に大きな誤解があるのは、もう明らかであろう。それは「関ヶ原時点の真田氏は**単独の大名**であり、当主は昌幸。その昌幸が一族の行動を決めた」という後世の人々の「思い込み」に起因する。だが、信幸もまた一方の当主であり、関ヶ原の10年前からすでに真田氏は独立した形で豊臣、徳川家に仕えていたのである。
　いわば「真田伝説」の前提が崩れてしまうふたつの大名家。それは従来の幸村像をも一新する。詳しくは後章に譲るが、ここでは一例を挙げておこう。関ヶ原の戦いの後、九度山で父・昌幸の死を見取った幸村は大坂城に入り、そこで「旧・城主」として待遇を受ける。
　この事実は、長男・信幸が独立して沼田城主になったために、上田城主・昌幸の後継者に次男・幸村が位置づけられたことを、意味している。だからこそ、幸村は昌幸と終始行動をともにしたのである。

秀吉の天下統一と真田一族

　北条征伐の後、昌幸は豊臣与力大名として東奔西走を始める。
　秀吉は軍勢をさらに奥羽へと進める。ここに至って伊達政宗は秀吉へ臣従し、各地の反乱は鎮圧される。これが「奥羽遠征」であり、秀吉は蒲生氏郷

Ⅳ 奇略の将

を会津に封じた。この措置は、北方の伊達政宗（仙台）、南方の徳川家康（江戸）への備えである。昌幸はこのとき従軍した、と伝えられる。

　余談ながら、この遠征の途中で、源義経の忠臣・佐藤忠信*4の兜と頰当を、秀吉に献上する者があった。秀吉はただちに「家康に過ぎたる者」と謳われた本多忠勝を呼び、その勇猛を褒め「この兜を用いるのは汝をほかにない」と与えたという。この忠勝の娘（後の小松殿）を、昌幸の長男・信幸は妻に迎えている。

　翌1591（天正19）年、今度は**朝鮮出兵**が発令され、諸大名に再び軍役（トータル約7万人強）が課せられた。昌幸に関しては「7百人真田安房守昌幸父子」と記された史料が残っているが、「子」とは幸村を指しているのであろう。

　朝鮮出兵、または「文禄・慶長の役」（1592～98）。2度におよぶ朝鮮侵略戦争であり、現在ではほぼ以下のように総括されている。

　「秀吉は九州・名護屋（佐賀県）に前線基地を設け、領土拡張を目指してアジア大陸進出を開始。緒戦は大勝したが、朝鮮水軍が制海権を奪取してからは苦戦の連続。秀吉の死に伴い停戦協定が結ばれ、日本軍は帰還。その戦後処理をめぐって豊臣政権内では武断派（加藤清正など）と文治派（石田三成など）との対立が激化」

　秀吉は関白職を秀次に譲り、太閤として名護屋に布陣する。秀吉は朝鮮だけに留まらず、明（中国）やインドまでを侵略対象と考えていた。そしてみずからはアジアの支配者・皇帝に就いて北京に移り、天皇一族を日本王や中国王に任ずる、といった具体的な「統治構想」まで準備したようだ。秀吉とは、日本のスケールでは考えられないような人物だった。

　ともあれ、1592（文禄1）年に昌幸は名護屋まで赴き、ここで1年半ほど待機し、結局は朝鮮には渡らずじまいだった。要するに彼は、海を渡って朝鮮半島で戦った大名たちに比べれば、軍事・経済負担が軽微で済んだ「東国衆」（家康をはじめとする大名衆）のひとりだった。

　そのため昌幸には築城の普請役が改めて課せられる。1594（文禄3）年の京都・伏見城の築城工事であり、「安房守（昌幸）、伊豆守（信幸）、左衛門尉

Ⅳ　奇略の将

---

*4　**佐藤忠信**（1161～86）：源義経の家臣。義経が兄・頼朝から追討されたとき、吉野山に入って義経の身代わりとして戦った。歌舞伎「義経千本桜」に登場する「狐忠信」として知られる。

（左衛門佐・幸村）」の３名は約１千７百人の人夫提供、さらに木曽の材木運搬を命じられた。かつて武田勝頼が築城した新府城と同様のケースである。

そのころ３名は、秀吉の斡旋で朝廷からそれぞれに官位を与えられた。通称として安房守を名乗っていた昌幸は、正式に安房守に任ぜられたわけだ。といっても、実際に安房（千葉県）を統治するわけではない。この受領国名と領国が一致するのは、有力な戦国大名（たとえば国持大名の島津薩摩守）に限られ、それ以外は不一致のケースが多い。

また国そのものにも格があり、小大名・真田一族ならば安房や伊豆といった小国が「身分相応」という暗黙のニュアンスも存在する。

ここで注目すべきは幸村が、兄・信幸が「従五位下・伊豆守」になったのと同タイミングで、「従五位下・左衛門尉（左衛門佐）」に任官していることだ。

幸村は上田城主の後継者として、沼田城主の兄と同格に扱われ、兄弟はともに「豊臣」の本姓を与えられたといわれる。だから、「大坂の陣」における彼のステータスも高いのである。

さて、このころから、豊臣政権を揺るがすような事件が続出する。

まず1593（文禄２）年に、晩年の秀吉に待望の実子・お拾様（後の**秀頼**）が誕生する。母は淀殿。織田信長の妹・お市の方の娘である。

その２年後、1595（文禄４）年に今度は陰惨な事件が起こる。秀吉が将来の秀頼の立場を憂いて、一旦は後継者とした甥の関白・秀次を謀反の罪で自殺させてしまう（享年28歳）。

さらに翌1597（慶長２）年、秀吉は第２次朝鮮出兵（慶長の役）を命じる。このとき秀吉は62歳、その死の１年前のことである。もはや彼が一代で築き上げた政権も、末期症状の様相を呈し始めていた。

３ 上杉征伐──関ヶ原決戦前夜

秀吉独裁から豊臣共和体制へのスライド

1595（文禄４）年８月、後継者・豊臣秀次を切腹させた直後に、秀吉は有力大名に嫡子・秀頼への忠誠を誓わせる。ナンバー２の失脚に伴う動揺を防

ぎ、政権内部を固めるための非常手段であり、実態は秀吉独裁体制から豊臣共和体制へとスライドし始めている。

誓詞には有力者6名（小早川隆景、毛利輝元、前田利家、上杉景勝、宇喜多秀家、徳川家康）が署名した。後の**五大老**の原型である。

婚姻政策が、秀吉の有力大名統制のポイント。そのことは前にも述べたが、秀吉と6名との縁戚関係を整理しておきたい。

①小早川隆景（筑前など52万石）：秀吉の甥・秀秋を養子に迎えている。後の関ヶ原の戦いで、一旦は西軍に属した秀秋は、東軍に内通したことで知られる。

②毛利輝元（安芸など9か国120万石）：養子・秀元（後継者）の妻に秀吉の養女を迎えている。なお小早川隆景は、輝元の叔父にあたる。

③前田利家（加賀、能登など百万石）：織田信長の家臣だったころからの親友。娘を秀吉の側室（加賀殿）に出し、後に秀頼の傅人（お守役）となる。

④上杉景勝（越後、佐渡など90万石）：メンバーの中で唯一、縁戚関係はないが、戦国大名の中で最初に秀吉に臣従した。

⑤宇喜多秀家（備前、美作など57万石）：妻に秀吉の養女・豪姫（実父・前田利家）を迎えている。

⑥徳川家康（関東7か国250万石）：妻に秀吉の妹・旭姫を迎えた。後に秀吉の遺言に従って、孫・千姫（秀忠の長女）を秀頼に嫁がせる。

もちろん徳川家康は次男・秀康、前田利家は次男・利政……と、人質も差し入れている。また以前から秀吉は、有力大名に「豊臣」の本姓、「羽柴」の苗字、そして豊臣氏の通字「秀」を与えている。家康の子・秀康や秀忠、宇喜多秀家などが、通字の代表例である。これも「名付け親」というべき擬制の縁戚づくり、といっていい。

当初、秀吉は豊臣政権維持に向けて、家康に坂東（東国）、隆景・輝元に坂西（西国）を統括させることを意図した。つまり毛利一族を、家康の対抗馬に位置づけようとしたが、分割統治計画は隆景の死によって挫折する。そこでやむなく秀吉は、家康牽制の役目を前田利家に与えることになる。

豊臣秀吉の死とその後の政権運営

1598（慶長3）年3月、最後の豪遊といわれる醍醐の花見の後、秀吉は伏

見城で病に臥す。病床の秀吉は、「家康、筑前（利家）、輝元、景勝、秀家」宛ての遺言状を認（したた）める。

「返す返す、秀頼の事、頼み申し候。五人の衆、頼み申し上げ候。一切五人の者に申し渡し候。名残惜しく候。以上。
　秀頼の事、成り立ち候ように、この書付の衆として、頼み申し候。何事もこのほかには、思い残す事はなく候。かしく」

　秀吉の脳裏をよぎるのは、ただひたすら幼い秀頼（6歳）の行く末だった。その切なる思いを「五人の衆」＝五大老に託し、詳細は口頭で「五人の者」＝五奉行に伝えた。
　口頭による遺言とは、**五大老・五奉行**制度による今後の政権運営である。職務分掌は五大老が合議制による政務全般、五奉行が実務行政（朝廷・寺社管理、財務、一般行政、訴訟）とされたが、江戸幕府の組織体制〈大老―老中―若年寄〉のように明確なものではない。名称自体も本当は「五奉行・五年寄」だった、という説も根強く存在する。
　さらにいえば口頭の遺言の順番は〈江戸内大臣（徳川家康）→加賀大納言（前田利家）→江戸中納言（徳川秀忠）→羽柴肥前守（前田利長）→備前大納言（宇喜多秀家）→上杉景勝＆毛利輝元〉となっている。
　このように家康と利家の後継者（秀忠、利長）も、ほぼ五大老と同様に位置づけられ、実質上は**徳川・前田体制**に近い。
　機能としては、家康が豊臣政権の行政面の代理人、利家が豊臣家の家政面の後見人という棲み分けである。ついでながら前田利長も秀頼の傅（めのと）人を命じられた。少し先の話になるが利長は、「秀頼」と徳川氏の人質となる「母・芳春院（おまつ）」、つまり義理と人情のしがらみに悩み続けるのである。
　また**五奉行**には豊臣譜代大名である前田玄以（げんい）、浅野長政[*1]、増田長盛（ました）、石田三成、長束（なつか）正家が任じられた。秀吉側近の官僚グループ（政務補佐官）といっていい。
　そして8月に秀吉は63歳で逝去し、死後は「神」・豊国大明神（ほうこくだいみょうじん）として豊国

Ⅳ　奇略の将

---

*1　浅野長政（1544〜1611）：叔父である長勝（信長の足軽衆）の養子。秀吉の正室・北政所は、その長勝の養女として秀吉に嫁いでいる。また長政の妻は北政所の異母妹である。つまり、秀吉とは二重の縁で結ばれた義兄弟であり、早くから秀吉に仕えた。後に家康暗殺計画に連座するが、石田三成とは仲が悪く、終始家康方に付いた。長政の長男が幸長、次男が長晟。

神社*2に祀られた。

🐞 真田昌幸と石田三成

　五大老筆頭として、京都・伏見城で政務を担当した徳川家康は、プライベートに豊臣系の有力大名と縁戚関係を結び始める。

　また前田利家は大坂城に入って秀頼の後見人を務めたが、秀吉の死の7か月後、1599（慶長4）年閏3月に、跡を追うようにこの世を去ってしまう（享年62歳）。ここで、五大老間のバランスが崩れ出す。

　当時の噂で家康は秀吉の遺命として、淀殿を妻に迎えようとしていたという。淀殿の拒否で実現しなかったといわれるが、家康は結婚によって、秀頼が成人するまでの期間、行政代理人からリリーフ後継者へのスライドを志向したようだ。合戦で血を流すことなく、天下人になるための知略である。

　一方、秀吉の恩顧を受けた譜代大名の中でも、秀吉の死をきっかけとして武断派（軍人系）と文治派（官僚系）との対立が表面化し、武断派の加藤清正、黒田長政たちが文治派のリーダー・**石田三成**を襲撃する事件までが起こる。その不始末のために、三成は五奉行からのリタイアを余儀なくされ、居城・佐和山城（彦根市）へと戻る。

　対立の原因は、なんといっても朝鮮出兵が失敗に終わったことが大きい。武断派からすれば海を渡り、命懸けで働いても恩賞がなく、しかも戦費のために経済的にもダメージを受けている。ただ働きに終わった、その恨みが朝鮮出兵の責任者だった三成に注がれたのだ。やがてこの武断派は〈反・三成勢力〉として、家康の味方になっていく。

　ちなみに三成は、秀吉の幕僚兼政務補佐官という立場であり、純粋の官僚ではない。

　そのころ、家康は伏見城から大坂城に移っていたが、在京中だった真田昌幸も移動したようだ。史料に乏しいが、昌幸は伏見城の在番衆を務めていた可能性がある。おそらくは「東国衆」として、家康の指揮下にあったのであろう。

Ⅳ　奇略の将

＊2　**豊国神社**：秀吉の死の1年後に建てられた京都の神社。豊国廟が秀吉の墓である。しかし大坂夏の陣の後に、徳川秀忠によって神社は徹底的に破壊され、明治時代になって再興された。従って江戸時代には秀吉の墓は存在しなかったことになる。

昌幸と三成。この2人は縁戚関係にある（縁戚図参照）。昌幸の娘が、三成の義弟・宇田頼次の妻となっていたのである。秀吉譜代の小大名・宇田氏は三成とは親密な関係にあり、三成が秀吉の取次衆を務めたことが昌幸との接点である。

また次男・幸村も前述のとおり、三成と親しい大谷吉継の娘を妻に迎えていた。つまり上田城主・真田氏は二重の意味で、三成に近い立場にあった。

［石田・真田縁戚図］

```
                      ┌ 頼次
          (石田)正継 ─┤
                      └ 三成
                         ‖
          ┌ (宇田)頼忠 ─ 女子
          │
          ○ ─ 頼次
                ‖
          (真田)昌幸 ─ 女子
```

Ⅳ 奇略の将

🕷 上杉景勝の謀反

唐突だが、かつて日本アルプスを横断した有力大名がいる。

話はさかのぼるが、「小牧・長久手の戦い」のとき、織田信雄・徳川家康連合軍に味方した佐々成政*3だ。秀吉と信雄・家康が和睦に向かう中で、戦闘継続を訴えるために、彼はみずから越中（富山県）から冬の雪山を越えて遠江・浜松の家康を訪れる。だが、彼の説得は実らずじまいで、翌1585（天正13）年には逆に秀吉の攻撃を受けて、成政は降伏する。

実は秀吉と上杉景勝の接点がこの越中にある。成政を滅ぼした秀吉と越後から侵攻中の景勝とはここで出会い、越中は景勝の領国となる。

その会談に同席したのが、秀吉の家臣・石田三成と景勝の重臣・直江兼続であり、三成と兼続もまた親交を結ぶことになる。

三成と景勝・兼続主従の**共同謀議**、「家康挟み撃ち作戦」といわれる**上杉征伐**も、この話が前提にないと分かりにくい。

＊3 佐々成政（1539〜88）：信長の家臣で、戦功により越中を与えられた。後に秀吉に降伏し、九州征伐後には肥後の国持大名となるが、失政から一揆の反抗に遭い、秀吉から切腹を命じられた。

一方、景勝は1584（天正12）年に佐渡の領国化に成功していた。その侵略で活躍したのが、かつて昌幸に降伏した藤田信吉（80ページ参照）であり、そのころは景勝の家臣になっていた。

　佐渡の金山。秀吉は金発掘の技術面で、景勝を支援したという。また景勝の本拠地・越後は、謙信の時代から直江津を中心に北方貿易が盛んだった。最大の輸入品は、中国からの木綿。当時の人々の日常着は麻であり、寒さを防ぐ木綿は貴重品として扱われた。

　余談ながら戦国時代は、冬の合戦でも足軽は麻の着物をまとい、震えながら戦う。騎乗の武士にしても、背にするのは紙の旗だった。また雨が降ると、火薬が湿って鉄砲は使えない。物資がない時代なのである。

　ともあれ金山と貿易のおかげで、景勝は秀吉に次ぐ富裕な戦国大名だった。しかし秀吉は蒲生氏郷の死去にともない、1598（慶長3）年に景勝を会津120万石への転封を命じて、越後には譜代の堀秀治（秀政の子）を封じる。

　秀吉の意図は家康の背後牽制もさることながら、朝鮮出兵の戦費捻出に向けた佐渡金山の独占にある。

　そして秀吉の逝去後、五大老のひとりである景勝は「転封後、日も浅く領国経営に専念したい」という理由を述べて、会津へと帰国する。

　そこで景勝は新たな城の築城に着手し、領国内の道路整備を開始した。その動きを直江兼続と反目していた重臣・藤田信吉と、隣国・越後の堀秀治が相次いで「会津中納言（景勝）、謀反！」と家康に訴えたのである。

🛡「上杉征伐」と石田三成の暗躍

　1600（慶長5）年3月、徳川家康は五大老筆頭として、毛利輝元、宇喜多秀家、増田長盛、大谷吉継などと協議した結果、上杉景勝に上洛を促すことになった。

　今でいえば首相が政府閣議に諮（はか）り、閣僚のひとりに召還命令を出したことになる。誤解されがちだが、景勝の容疑は豊臣政権の**「惣無事令違反」**（私戦準備の禁止）であり、家康個人に対するものではない。

　だが、景勝は「逆心ではありません。謙信の追悼供養と領国仕置（くおき）（領国内の行政整備）のために、上洛時期を先に延ばしてほしいことは五奉行にも伝えています。それでも上洛せよ、というのであれば、私を訴えた者を糾明することが条件です」と、上洛を文書で拒絶する。

実は景勝の戦闘準備は、旧領・越後の奪回を目指した独自のベクトルであり、三成との事前共同謀議が図られた形跡は存在しない。

　６月に至って家康は政権代理人として、「お袋様（淀殿）と在職中の奉行からの要請」という形式要件を整えて「上杉討伐」を実行に移し、豊臣政権下の全国諸大名に軍役（百石につき３人）を課す。

　どこまで家康が景勝の真意を知っていたかは分からないが、大義名分は「惣無事令違反」であり、いくら家康が実力者といっても勝手に兵を動かすことはできない。

　６月に家康は、豊臣譜代大名軍５万５千人（福島正則・黒田長政など）と、家康直轄軍３千人を率いて東海道を下り会津遠征へと向かう。このとき、真田昌幸、信幸も家康に従っている。

　ただし家康の一団は先発グループであり、西国大名の出陣までにはタイムラグが発生する。また動員令に従って、西国大名軍は公然と上方（京都・大坂）、諸街道を通行することができる。

　政治の空白化と、軍勢の流動化。その情勢に着目したのが、失脚中の石田三成である。まず彼は、会津遠征参加のため越前・敦賀（敦賀市）を出発した大谷吉継を途中の美濃で誘い込み、家康打倒の挙兵を働きかける。

IV 奇略の将

　「このままでは、天下は内府（家康）の物になるでしょう。故太閤（秀吉）の政治に背くだけでなく、秀頼公を軽んじています。われわれは太閤の恩顧を受けた者です。家康が敵（景勝）に向かっているこの機会に、追討しましょう」
　　　　　　　　　　　　　　　　　　　　　　　　（『慶長見聞集』）

　吉継は〈親・家康派〉と目されていた人物だったが、一転してなぜ三成に協力したのかは、分からない。また上記の内容も本当は密談だから、どこまで正確なのかも分からない。一応、通説では「２人は同じ近江出身で秀吉の側近だった」というが、この「友情説」は動機としては弱い。そのために「三成・吉継男色説」までもある。

　ここで精力的に動き出した三成は五奉行メンバーとも語らって、毛利輝元を大坂城に盟主として迎え、家康の行動を批判した弾劾状・「内府公（内大臣・家康）御違いの条々」（毛利輝元、宇喜多秀家連名）を７月17日に全国に出し、公然と〈反・家康勢力〉を結集するために、所領を餌として多数派工作に乗り出す。当然、上杉征伐に向かった諸大名の人質も押さえ込む。

弾劾状の趣旨は「家康は秀吉の決定事項に背き、秀頼を見捨てて上杉征伐に出陣した。秀吉の恩顧を忘れずに秀頼に忠節を尽くしてほしい」というものだった。豊臣政権の内部分裂である。
　その呼びかけに応じたのが、後に西軍に属する宇喜多秀家（備前）、小早川秀秋（筑前）、小西行長（肥後）、長宗我部盛親（土佐）、島津義弘（薩摩、大隅）などの有力大名である。
　もちろん中には〈親・三成〉のメンバーもいるが、三成がどれほど智謀に優れていても、官位、家格、禄高からして家康の対抗馬にはなりえない。家康に次ぐ実力者・毛利輝元を担ぐよりほかに手段はない。

④ 真田昌幸の上田城籠城

小山評定──遠征軍の軍議

　大坂を出発した徳川家康が２週間強の行程を経て、江戸に着いたのは７月２日。そこで遠征軍の編成を行い、前軍（約３万８千人）を徳川秀忠が、後軍（約３万２千人）を家康が指揮することに決める。この７万人にもおよぶ軍勢は、豊臣譜代大名軍と徳川直轄軍（関東の徳川譜代大名軍）から構成されている。
　遠征軍の基地は下野・小山（小山市）とされ、家康が到着したのは７月24日。その間、彼のもとには上方から「石治少・大刑少、別心。（石田治部少輔三成・大谷刑部少輔吉継が謀反）」の情報が寄せられていた。家康の侍医の日記によれば、このころの家康は終始不機嫌だったようだ。
　現在では結果論として「誰が西軍に参加したか」を知っているが、渦中の家康には上記の情報だけで、謀反の規模や同調する諸大名がいるのか、は掴めていない。まして彼に同行した豊臣譜代大名は、**上方謀反**の情報を知るよしもない。
　同月17日付けの「弾劾状」の写しが、いつ〈親・家康派〉の大名から家康のもとに転送されたか、も特定が難しい。その10日後に記された徳川四天王・榊原康政の書状では「別心した両人成敗」とあり、まだ反・家康勢力結集の事実をまだ掴んでいない。あくまでも２人だけの叛乱という認識である。

IV 奇略の将

小山で開かれた軍議で家康は情報をすべてオープンにして、両面の事態対応策（上杉征伐＆上方謀反）を豊臣譜代大名と協議する。
　これが有名な「小山評定」であり、実態は家康への忠誠心のチェックといっていい。席上、まっさきに福島正則が家康への味方を表明する。それをきっかけとして、上方の人質を心配していた諸大名は、空気を読んで一斉に家康への忠誠を誓う。
　ここで大雑把に家康の採った戦略を整理しておこう。家康も、上杉征伐と上方謀反とは別個のものというスタンスである。
①家康自身は上方対応を図るために、江戸で諸大名への多数派工作を展開する。加恩（新規所領付与）を約束したレター作戦（約150通）である。
②上方へは８月早々に豊臣系大名を反転、西上させる。
③上杉征伐は宇都宮を前線基地として、秀忠が責任者となる。
　この時点で上杉征伐はまだ始まっておらず、ようやく奥州の伊達政宗や最上義光とともに「上杉包囲網」を構築したに過ぎない。
　この動きに対して景勝は、常陸の有力大名・佐竹義宣（55万石）と連携を図っていた。
　徹底した**北条嫌い**。長年の〈反・北条〉共闘戦線、それが両者を結ぶ糸である。佐竹義重は「家康は北条氏の縁者」という理由で、上杉征伐の動員にも非協力的だった。余談ながら景勝方には、天下の牢人・前田慶次郎利大なども加わっている。
　よく歴史書には「上杉征伐（会津遠征）は、三成に挙兵させるために家康が仕組んだ誘導作戦だった」とか、「三成と景勝との間には、東西から家康を挟撃する密約が結ばれていた」とか、「仕掛けたのは家康だ、いや三成が先だ」とか書かれるが、それらは結果からの推論に過ぎず、誰も事前に大掛かりな謀略などを仕組んだわけではない。
　当事者は疑心暗鬼の状態。諸大名の多くは様子見であり、家康、三成には誰が敵、味方に付くのかも分からない。だから必死の多数派工作に専念するのである。

「犬伏の別れ」の真実

　家康とともに東海道を下った昌幸・信幸父子は、それぞれ居城のある上田、沼田に戻る。そこで軍勢を整え、会津遠征軍に合流するために小山を目指し

Ⅳ　奇略の将

た、といわれる。

　昌幸が「家康弾劾状」を受け取ったのは7月21日。場所は小山に近い犬伏（佐野市）の地である。そのとき昌幸は怒ったようだ。事前に三成から情報連携がなかったことに対してである。そのことが、7月30日の三成の書状に触れられ、彼は機密漏洩を防ぐため、と釈明している。

「前もってお知らせしなかったことへのご立腹は、やむを得ません。しかし内府（家康）が大坂滞在中は、諸侍（諸大名）の心中が計り難かったので、連絡を控えました」

　事態に驚いた昌幸は信幸、幸村と去就対応を協議する。通説では、その内容を「昌幸は徳川氏に二心（ふたごころ）を持っていたので、引き返そうと主張する。一方の信幸は、智勇に優れた家康を討つのは容易ではない、と父を諫めるが、昌幸は聞き入れない」とする。

　そして「真田氏の家名存続のために、昌幸・幸村は西軍（石田三成方）、信幸は東軍（徳川家康方）に属することを決める。別行動の理由は、それぞれの縁戚関係（昌幸＝石田三成、幸村＝大谷吉継、信幸＝本多忠勝）のためで、父子に憎しみがあったわけではない。この真田一族の離散を**犬伏の別れ**という」と記されるケースが多い。なお、人質として昌幸・幸村はともに妻を上方に、信幸は次男・信政を江戸に差し入れている。

　また『滋野通記』（真田藩の記録）では、徳川氏への味方を表明する信幸に対して、昌幸は「信幸の話にも一理あるが、当家は家康や秀頼の恩を受けてはいない。このような機会に、家を興して大望を遂げたいと思う」と語った、と記されている。

　要するに父子間の**分離行動**の根拠を「人間関係・しがらみ」や「戦国の一匹狼としての自負」に求めていることになる。確かにその要素はあると思うが、本書では、出来るだけ先入観を排除して考えていきたい。というのも、まず「10年前に真田氏はふたつの独立大名に分かれていた」（115ページ参照）という事実がある。

　次に数多い三成の書状の中には、昌幸に対して東西決戦場に参戦を促すものはなく、また上田城への籠城を依頼したものも存在しない。

　つまり、①「**昌幸は西軍（三成方）に属したと本当に言い切れるのか**」、②「**昌幸の行動の真意はどこにあったのか**」という疑問が大きく残ってしま

Ⅳ　奇略の将

うのである。

　ただし、一族が分離行動を採ったのは紛れもない事実であり、信幸は小山滞陣中の家康に昌幸の行動を報告する。それに対して家康は、信幸が味方に残ったことを「奇特千万」と喜び、次の書状を書いている。

　「このたび安房守（昌幸）が別心（異心）したのに、その方（信幸）が忠節を尽くすのは、大変神妙（殊勝）に思います。小県（上田）は親（昌幸）の跡ですから、間違いなく付与します」

　このように小山付近まで来ていながら、突如家康に反旗を翻すような行動を示したのは、ただ昌幸・幸村父子だけといっていい。信濃ばかりでなく、広く東国でも唯一の存在に近い。

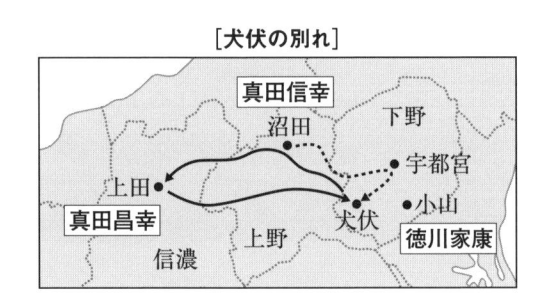

[犬伏の別れ]

真田信幸
沼田
下野
上田
宇都宮
真田昌幸
犬伏
小山
信濃
上野
徳川家康

Ⅳ　奇略の将

　その昌幸は、信幸の居城・沼田城経由で本拠・上田城に戻ろうとする。上田に直行するならば、碓氷峠越えルート（現在のＪＲ長野新幹線）を選択するのが普通だが、なぜ沼田ルート（現在のＪＲ吾妻線）を選んだのかは、明らかではない。沼田、吾妻郡はかつての昌幸の支配地であり、おそらくは会津・上杉景勝との連絡網整備を意図した行動であろう（後述）。

　沼田城には信幸の妻・小松殿（本多忠勝の娘）が在城していた。彼女は昌幸の訪問にもかかわらず、夫・信幸が一緒でなかったことから分離の事情を察し、城門を閉じて昌幸の入城を拒絶した、という話が残っている。

　とはいえ、リアルタイムに小松殿が「事情を察する」方法はどこにもなく、この部分は後年の創作であろう。だが、沼田城は上田城の属城ではない、独立した城だったことは窺える内容となっている。

　詳しい日時は分かっていないが、昌幸は７月下旬に上田城に到着し、籠城

策を採る。そして約1か月後、上田城に徳川秀忠軍が押し寄せる。

「関ヶ原の戦い」の直前の動き
〈東軍（徳川家康）vs. 西軍（石田三成）〉

　ここから9月15日の「関ヶ原の戦い」までの約1か月間は、事実関係が錯綜するので、真田一族に関係する事項を書状を中心に述べておきたい。（→表示は出状者を示す）

[真田昌幸]
●7月30日書状（三成→昌幸）：会津連絡ルート確保の依頼
　三成は事前連絡しなかった詫び（前述）、情勢分析に続いて「会津への使者を沼田越えで案内して下さい」と具体的な依頼をしている。徳川秀忠軍が主要ルートを制圧しているためだ。
●7月30日書状（大谷吉継→昌幸）：人質の無事を確認した連絡
　「人質となっていた御両所（昌幸・幸村）の御内儀（妻）を私の方で預かりました」
●8月5日書状（三成→昌幸）：新規知行の約束
　三成は具体的に「小諸、深志（松本）、川中島、諏訪」の所領を約束している。
●8月6日書状（三成→昌幸）：三成の情勢分析、決戦場の想定
　「内府（家康）は上杉、佐竹を敵としてわずか3万人の軍勢で、20日も要する東海道西上を果せるものではありません。会津に遠征した上方衆（豊臣系大名）も、家康に従っているといっても、太閤様（秀吉）の恩を考えれば、秀頼様を粗略にして人質の家族を見捨てることはないでしょう。……西上してきても尾張・三河間で討ち取るのは容易なことです。これこそ天の授けであり、早く上ってこないか、と思っています。そうなると、上杉、佐竹そして貴殿（昌幸）は袴をはいたままで、関東に乱入できるでしょう」
　三成は三河の矢作川をまず合戦場と想定し、かなりの確率で勝てると信じていたようだ。文中の**「袴をはいたままで」**とは「武装しないで、何事もなく」の意味であり、これが最も重要な内容である。
　そして8月10日の書状「信州のみならず甲州の仕置きもお願いしたい（甲信の知行を約束）」を最後に、三成からの連絡は途絶える。

[上杉景勝]

● 8月25日書状（景勝→毛利輝元など）：「関東乱入計画」の報告

　景勝は上杉包囲網の状況を述べ、「意外にも家康方の伊達政宗などが様子見に転じました。……家康の上洛が決まれば、佐竹と相談して、万事をなげうって関東に乱入する所存です。ご安心願います。……関東へは9月に侵攻したいと思います」と報告している。

[石田三成]

　8月9日に三成は美濃・大垣城（大垣市）に入城し、次第に西軍が集結し始める。

　一方、8月13日に尾張・清洲城（名古屋市、福島正則の居城）に入った東軍の先鋒部隊（福島正則、黒田長政など）が、8月21日に西軍方の美濃・岐阜城（岐阜市）を攻撃する。彼ら豊臣恩顧の大名の論理は、「この合戦は豊臣秀頼討伐ではない。あくまでも、秀頼の名を騙った三成・吉継退治である」となる。

　ここで「矢作川で東軍を迎え撃つ」という三成の構想は崩れ、合戦場を美濃の「関ヶ原」と定める。ただし、なにも三成は最初から関ヶ原を想定していたわけではない。三成は大垣城籠城策か、野外決戦かを模索し続け、大垣城に西軍の収容能力がないことから、野戦を選択したのである。そして9月15日の決戦を迎える。

[徳川家康]

　8月6日に江戸に戻って以来、家康は動かなかった。いや、景勝の動きを懸念して動けなかった、といった方が適切だろう。

　8月25日の宇都宮宛ての書状にも「上方への出馬は先延ばしにして、江戸にいることにします。景勝が攻めてきたらすぐに注進してください。私が乗り出して討ち果たします」と記しているほどだ。

　家康が、「先鋒部隊が岐阜城攻略に成功」という情報を入手したのは8月27日。そこで家康は「淀殿の要請で、謀反人を討伐する」という大義名分のもとに上方出陣を決断する。そして彼は9月1日に江戸を発って、東海道を上り、9月11日に清洲城に到着する。

　だが、そこで待ち受けていたのは、**徳川秀忠軍が未着**という衝撃的な事態だった。家康は8月29日に「至急、中仙道を上り清洲へ参集してください」

IV 奇略の将

という指示を持たせた使者を、秀忠のもとに派遣していた。考えられないような誤算が発生したのだ。

だが家康は、秀忠軍の到着を待たずに9月15日の「関ヶ原の戦い」に臨む。西軍8万4千人、東軍7万5千人、中仙道をひた走る秀忠軍3万8千人。まして三成は、秀忠の動きを知るよしもない。

そして午前8時から始まった激突は、午後3時の西軍の敗走で幕を閉じる。

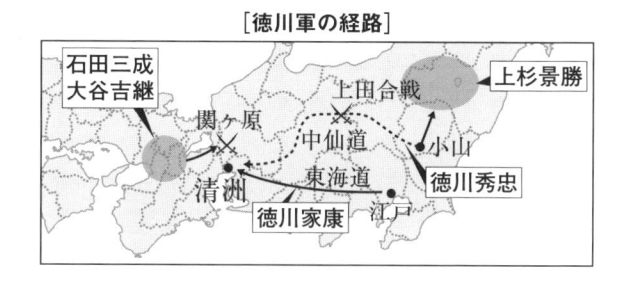

[徳川軍の経路]

5 第2次上田合戦

寄り道ではない徳川秀忠の上田城攻撃

通説では「徳川秀忠は中仙道を上る途中で、上田城攻撃に手間取り、関ヶ原の戦いに遅れた。そのために家康の怒りを買った」とされる。

「関ヶ原を目指せ！」とばかりに東海道を進む家康軍が本隊、中仙道を進む秀忠軍が別働隊。しかし別働隊は真田昌幸の抵抗に遭って、なんと肝心の決戦に遅参するという大失態を犯してしまう、という有名な物語である。

一応、上記の話を念頭に置いて、実際の秀忠の動向を追ってみよう。

前に上杉征伐の総責任者として、秀忠が宇都宮に布陣していたことは述べた。その秀忠が、兄・結城秀康[*1]を宇都宮の備えとして残し、移動を開始し

---

*1　結城秀康（1574〜1607）：家康の次男で、一時期秀吉の養子となった。家康の関東転封後に、「結城合戦」を起こした名門・結城氏を継ぐ。関ヶ原後に松平姓に戻って、越前75万石の国持大名となった。『忠直卿行状記』で知られる松平忠直は、秀康の子。ちなみに家康の5男・信吉は武田氏を継いだが、早くに世を去った。

Ⅳ　奇略の将

たのは8月24日のことである。

ただし、この時点で家康は景勝の動きを懸念して、上方出陣を決断していない。秀忠も「いずれは上洛せざるをえない」と考えていたが、その秀忠に対して家康は、まだ上方出陣を求めてはいないことになる。2大方面軍（上方謀反＆上杉征伐）のひとつに対して、任務を変更させるのは容易なことではない。秀忠軍には徳川譜代大名のみならず、動員された豊臣系大名も従軍しているのだ。

従って総大将・秀忠の移動は、**上杉征伐の一環**として考えるべき性格のものであろう。

事実、秀忠は移動前日の8月23日付けの書状で、「当面、宇都宮が手隙(てすき)になりましたので、信州・真田方面の仕置き（処分）のため、明日24日に出馬します」と記し、真田信幸に対しても「小県出陣(ちいさがた)（上田城攻撃）」を指示している。さらに家康が秀忠に上方ではなく、「信州方面攻略」を命じた史料も残っている。

要するに**信州・上田城攻撃**を直接の目的として、秀忠軍は中仙道を進んだのであり、この時点での清洲集結はまだ誰も考えていない。

「将軍様（秀忠の意味、この段階では未就任）は宇都宮を出発され、中仙道を通って攻め上られたが、通りがけに真田の城に攻撃を仕掛けられた。将軍様は22歳と若かったので、本多正信がお供に付いた」

『三河物語』では上記のように、まるで上田城攻撃をわざわざ**寄り道**のように描写するので混乱が生じるのだが、仮に通説や『三河物語』のとおり当初から秀忠軍が上方を目指したとすれば、中仙道をまっすぐ進めばいいはずだ。碓氷峠を越えて軽井沢、追分、そこから進路を南にとり、木曽谷を抜ければ合流地点・清洲へと着く（135ページ地図参照）。

だが、実際に秀忠軍が辿ったのは、追分から北上する北国街道ルート〈追分→小諸→上田〉だった。

家康が江戸を出発した翌日（9月2日）、秀忠は小諸に到着する。その前に秀忠は真田信幸を使者として上田城に派遣し、昌幸に降伏勧告を行っている。

「真田安房守（昌幸）は頭を剃って出てきて、伊豆守（信幸）に降参を詫

Ⅳ 奇略の将

びとともに申し出ました」（9月4日秀忠書状）

🕷第2次上田合戦
〈真田昌幸 ✦✦✦ vs. ⌘徳川秀忠〉

　しかし、昌幸の降伏申し出は時間稼ぎに過ぎず、秀忠軍は9月6日に上田城攻撃を開始する。真田氏と徳川氏の攻防戦は、1585（天正13）年以来実に15年振り2度目の合戦であり、これを「**第2次上田合戦**」という。
　押し寄せる秀忠軍は3万8千人、守る昌幸軍は3千人。ちなみに秀忠軍には本多正信、榊原康政、大久保忠隣、酒井家次などの有力な徳川譜代大名が参加している。この点について、以下の説[*2]が注目に値する。

　「実は従来別働隊といわれた秀忠軍こそが本隊というべきで、家康軍は旗本と豊臣系大名から構成されていた。従って家康は本隊（秀忠軍）不在のまま関ヶ原を戦うことを余儀なくされ、その結果、論功行賞では豊臣系大名に多くの知行が与えられた」

　まさしく「逆転の発想」というべき説であり、推し進めれば家康にとっての上杉征伐の重みを垣間見ることもできよう。上杉征伐は、ここでいう本隊・秀忠軍の担当だったのだ。
　さて真田勢は約10分の1の規模ながら、昌幸はゲリラ戦を用いて秀忠軍を翻弄（ほんろう）する。城への食糧の補給源を絶つために、秀忠軍は城外の稲を刈るが、そこに城兵が出撃してくる。それを討とうと秀忠軍が城壁に迫ると、城内からの一斉射撃が始まる。
　また秀忠軍の「上田七本槍」（小野次郎右衛門忠明（じろうえもんただあき）[*3]など）が猪突猛進（ちょとつもうしん）し、大久保忠隣が率いる軍勢が神川（かんがわ）を渡ったところを、伏兵の幸村軍が襲撃を掛ける。
　真田の奇謀縦横。秀忠軍からすれば、15年前の悪夢が再現される。
　しかも命令がないままに攻撃する部隊も出たことから、秀忠軍は撤退を決

Ⅳ 奇略の将

＊2　説：笠谷和比古氏が『関ヶ原合戦』で「徳川の主力軍は秀忠の軍勢だった」ことを論証した。
＊3　**小野次郎右衛門（1564〜1628）**：伊藤一刀斎の弟子で、一刀流の達人。徳川秀忠の剣術指南となり、二百石を与えられた。上田合戦では軍律違反を問われて蟄居、また大坂夏の陣では同僚を中傷したとして閉門を命じられた。なお、その剣流からは小野派一刀流、北辰一刀流などが輩出する。

め小諸まで退却し、軍監の**本多正信**は軍令違反を厳しく責めたてた、という。

　大久保彦左衛門によれば、関ヶ原に遅参の理由は「真田攻めで時間を浪費したのは、本多佐渡守（正信）のせいだ。彼の考えがおよぶのは隼の使い方くらいで、合戦の経験は一度もない」（『三河物語』）とし、鷹匠出身の正信を酷評している。

Ⅳ　奇略の将

上田城内から見た西虎口櫓門西櫓

　そして9月9日、小諸にいた秀忠のもとに家康の使者が到着する。江戸を8月29日に出発した使者は、途中で川の増水などのアクシデントに見舞われ、連絡に至るまで2週間近い日々を費やしてしまったのだ。

　それは家康の上方出陣の連絡と清洲での合流の命令、上杉征伐から上方謀反対応への任務変更命令だった。

　突然のことに驚愕した秀忠は、急遽真田信幸などを上田の押さえに残し、翌10日に小諸を出発して間道を諏訪に抜け、後は中仙道をひたすら急ぐ。

「我らは随分急ぎましたが、道中で難所が多く遅々として進まず難儀しております。……夜通し、進軍しています」

　関ヶ原の前日（9月14日）に書かれた秀忠の書状である。当時の中仙道は、4万人の大軍が通行できる軍用道路としては、まだ整備されていない。

　結局、秀忠は関ヶ原の戦いが始まったのも知らず、「合戦勝利」の報を聞

いたのは合戦の2日後（9月17日）のことで、場所は木曽の妻籠宿だった。ここから秀忠は近江の草津方面に抜け、家康に面会を請うが、「家康はすぐには会おうとしなかった」と伝えられる。

[徳川家康・秀忠の進路]

9/6 秀忠軍の上田城攻撃
北国街道
上田
9/2 秀忠
9/9 小諸 軽井沢
秀忠 追分
関ヶ原 9/17
9/15 × 妻籠 中仙道
東海道 9/1 家康
9/11 江戸
清洲（名古屋）

昌幸の行動の謎

これまで述べてきた事柄を、ジグソーパズルのように組み立てていくと、かなり従来のイメージとは異なる**昌幸像**が浮かび上がってくる。

結論から先にいえば昌幸の行動は、情報連携はあったにせよ、三成の「上方謀反」と直接の因果関係はない。

[問題点]
① 「なぜ昌幸は上田城籠城策を採ったのか？」
○**事実**：犬伏から7月末に上田に戻った昌幸は籠城準備を進め、9月上旬に秀忠軍を迎え撃つ。

秀忠軍は上杉征伐の一環として、上田城を攻撃したのであり、上方謀反対応への任務変更は「第2次上田合戦」後のことである。

○**推測**：上田帰国から秀忠来襲まで、約1か月の猶予期間があったにもかかわらず、昌幸はひたすら籠城策を採った。ということは、昌幸は秀忠軍の上田転戦を予知していたのである。

秀忠軍の転戦は決して偶然の産物ではなく、昌幸が意識的に誘導した可能性が高い。

Ⅳ 奇略の将

②「なぜ昌幸は上洛しなかったのか？」
○**事実**：三成は昌幸に対して、一度も合戦（東海道筋）への参加を要請していない。

依頼内容は、情報連絡ルート〈佐和山：三成→上田：昌幸→沼田→会津：景勝〉の確保である。正確に読めば、三成ルート〈佐和山―上田〉を既存ルート〈上田―沼田―会津〉にリンクさせて欲しい、という申し出であり、情報中継基地の役割を昌幸に依頼したに過ぎない。
○**推測**：従来から昌幸と景勝との間には、情報ルートが確保されていた。三成と景勝とは「上方謀反」後には互いに同盟勢力と認識していたが、両者が軍事行動面で歩調を合わせているわけではない。

そもそも「上杉謀反」と「上方謀反」とは軍事目的が異なる。さらに東西間の距離の壁が大きく、しかも徳川方が中間地域を制圧しているために、連絡は上記の真田ルートに依存しているほどで、物理的にも行動はパラレルにならざるをえない。

となれば、導き出されるのはただひとつ、「昌幸は三成の謀反にではなく、**景勝の謀反に加担していた**」という筋立てである。実際にそれを裏付けるキーワードが、三成と景勝の書状に登場している（129ページ参照）。

関東乱入という言葉であり、改めて三成の書状を掲げておきたい。

「（三成が家康を東海道筋で討ち取れば）上杉、佐竹そして貴殿（昌幸）は袴をはいたままで、関東に乱入できるでしょう」

上杉景勝に加担した真田昌幸

石田三成が明記しているように、**上杉・佐竹・真田**は「関東乱入」を目的とした同盟軍であり、真田昌幸は上杉景勝に従って動いたのである。以下、改めてポイントを整理したい。

[昌幸と景勝の関係]
①**関東の2大勢力**：長らく真田氏には、関東管領・上杉氏の郎党意識があった。その上杉氏の宿敵が北条氏だった。
②**武田・上杉同盟**（1578年）：武田勝頼は、景勝と縁戚となって同盟を結ぶ。

当時の昌幸は、勝頼に属していた。
③**第1次上田合戦**（1583年）：武田滅亡後、昌幸は帰属先を頻繁に変え、沼田領問題をきっかけに家康を離れて景勝に従う。そこで徳川軍が上田城を攻めるが、景勝は支援の約束を守った。
④**沼田領問題**：景勝はいち早く秀吉に味方し、苦境の昌幸を秀吉に紹介する。そして政治問題化した沼田領（北条氏との紛争）についても、終始昌幸をバックアップし続ける。昌幸が独立大名になれたのも、景勝の支援といっていい。
⑤**豊臣系大名**：ただし、大名の格として景勝は国持(くにもち)大名、昌幸は国人出身。いくら昌幸が豊臣与力大名になったといっても、彼の心中には当然、恩顧を受けた景勝への「臣従意識」があったに違いない。
⑥**敵対勢力**：景勝と昌幸の意識を結ぶ線は、徹底した〈北条嫌い〉と〈反・徳川〉。第1次上田合戦の前に、信濃では景勝は北条・徳川同盟と交戦している。景勝にとって、徳川は〈擬似・北条〉といっていい。
⑦**会津転封**（1598年）：反面、両者は〈親・豊臣〉意識を抱いていた。だが秀吉は戦費捻出のため、景勝に転封を命じた。その時点で秀吉と景勝との関係は、悪化したと考えていい。
⑧**上杉征伐**（1600年）：秀吉の死後に会津へ戻った景勝は、公然と軍備を始める。その行為は〈反・豊臣〉と見做(みな)され、「上杉征伐」が決議される。だが、彼の真意は旧領・越後の回復と謙信の宿願というべき「関東分国化」（関東一円支配）の実現にあったと思われる。

[関東乱入]
①**景勝の旗上げ**：おそらく景勝は帰国する前に、在京中の昌幸に「越後侵略」と「関東乱入」の謀議を明かし、連絡ルートの確保などを指示したのであろう。両者の中継地・沼田は上杉氏が占領していた時代もあり、ともに一帯の地理には詳しい。繰り返すが、景勝の行動は事前に三成と謀ったものではなく、単独の謀反である。
②**三成への反応**：犬伏の地で、昌幸が三成の書状を受け取ったときの怒りとは「挙兵の意思を事前に知っていれば、景勝との共同戦線が綿密に張れたのに……」との残念な思いからであろう。
③**一族としての行動**：『常山紀談』の1節・「真田昌幸父子三人始末の事」に犬伏での分離行動の理由として、興味深い話が載せられている。

Ⅳ 奇略の将

「一説として、昌幸は次のように語った。『会津から宇都宮までは7日かかるが、日の岡の小道（不詳）を通れば3日の行程だ。景勝と謀（はかりごと）を結び前後から攻めれば、徳川殿を討つのは容易なことだ』。しかし、信幸は内府の知略を褒め、俄かに昌幸を裏切って兵を引き揚げた」

つまり「一旦帰国した真田一族は会津遠征に参加するのではなく、逆に**景勝に味方する**つもりで揃って犬伏まで来たが、突然信幸が単独行動を取って抜けてしまった」という内容であり、かなり説得力がある。

なぜならば、以前にも真田勢（上田衆）が景勝に加勢したケースがあるからだ（97ページ参照）。

その後の昌幸・幸村の行動も、「景勝との密約が、信幸の口から家康・秀忠に洩れる」ことを懸念して、急遽居城へ引き返したとも考えられる。どこまで信幸が情報発信したのかは分からないが、秀忠軍の上田転戦には間違いなく情報の裏付けがあったはずだ。

④**軍事行動の目的**：三成は豊臣政権維持のために、反家康勢力を結集した。その一方で景勝は、最終的には独立国「関東分国」を目指したのであり、豊臣政権への謀反である。

そして昌幸の上田城籠城は越後侵入の基地、または景勝の関東乱入に向けての「陽道作戦」だった可能性もある。秀忠軍の注意をそらした隙に、上杉・佐竹同盟軍が関東侵攻作戦を開始する。

景勝の夢は旧領・越後を回復し、養父・謙信と同様に関東管領に就き、関東から徳川氏（＝親・北条氏）を駆逐することだった、と思われる。

余談ながら秀吉の前で、景勝と前田利家のどちらが上座（かみざ）に座るか、その席順で揉めたときに、景勝サイドが関東管領家を持ち出したというエピソードがある。いまの感覚では時代錯誤に映るかもしれないが、逆にいえばそのプライド・家柄が非常に重要な時代だったのだ。

⑤**真田昌幸の胸中**：実は景勝と一心同体だった昌幸の、犬伏での発言を再び引用してみたい。

「当家は家康や秀頼の恩を受けてはいない。このような機会に、家を興して大望を遂げたいと思う」

昌幸自身が恩顧を受けたのは武田信玄と上杉景勝であり、すでに信玄は死

して久しい。そして彼の大望とは、天下の風雲に乗じて「関東管領・上杉景勝の重臣として、信濃・甲斐・西上野の国持大名になる」ことだったのであろう。

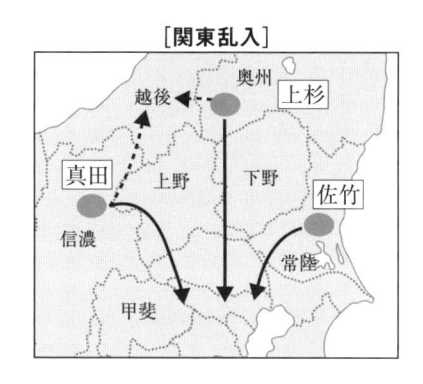

[関東乱入]

奥州
上杉
越後
真田　上野　下野　佐竹
信濃　　　　　常陸
　　　甲斐

6 九度山（くどやま）での日々

「関ヶ原の戦い」——戦後処分のタイムラグ

1600（慶長5）年9月15日、関ヶ原の戦いは東軍の大勝に終わった。そして、**西軍**に属した諸大名は——。

まず首謀者・石田三成は戦場から逃走するが、捕らえられて京都で処刑。大谷吉継は、東軍に寝返った小早川秀秋軍と戦って戦死。

五大老だった宇喜多秀家は一旦薩摩まで落ち延び、後に八丈島に流罪（るざい）。余談ではあるが、彼は妻（豪姫）の実家である前田氏から仕送りを受けて、在島生活50年を過ごし84歳で逝去した。おそらく関ヶ原を戦った大名の中で、最も長く生きた人物であろう。

西軍の総大将として大坂城に籠もった毛利輝元は、周防（すおう）・長門2か国への大幅な減封処分。幕末に至り、倒幕活動に従事した長州系の志士の合言葉は、「関ヶ原の恨みを忘れるな」だった。

薩摩の島津義弘は血路を開いて帰国し、最終的には本領安堵。土佐の長宗我部盛親は領地を没収された。

一方、**東国**では——。

　歴史書では「関ヶ原の戦いの後、上杉景勝は会津120万石を没収されて米沢30万石に減封になった」と、一連の西軍処分の流れの中で書かれるケースが多い。従って同時に処分されたような印象を受けるが、景勝の減封は翌年8月のこと。1年近いタイムラグがある。

　関ヶ原当日、景勝の重臣・直江兼続は山形の最上義光を猛攻中で、景勝からの退却命令が出たのは9月末日。そのころに、ようやく西軍敗北の報が会津に届いたためである。それでも景勝は頑として屈しなかったので、家康は再度の征伐を検討したともいわれる。

　しかし、四方を敵に包囲された景勝が、「関東乱入」をあきらめたのは3か月後の12月。

　そして秀忠の重臣・本多正信との和睦交渉を経て、仲介役の結城秀康に伴われた景勝が家康に降伏謝罪するのは、翌1601（慶長6）年7月の上洛時のことだ。そして8月に減封処分が下される。

　景勝に同盟した佐竹義宣の処分はさらに遅く、1602（慶長7）年5月。居城・水戸城の明け渡しは、本多正信と大久保忠隣が務めている。どう考えても西軍の三成たちの処分とは、別次元の動きである。

　ここで注目すべきは、「家康弾劾状」に署名した五大老・毛利輝元、宇喜多秀家が死罪を免れた点で、直接関ヶ原で戦った秀家にしても流罪処分である。やはり五大老だった上杉景勝も、減封処分で済んでいる。

　敵の処分は、論功行賞と並んでバランスが非常に重視される。東軍に属したメンバーの納得感も得なければならない。首謀者は別として、こうした緩やかな処分の背景には、五大老へのリスペクト（官位、家格）がかなり働いていたと思われる。

🐞真田信幸の助命活動

　第2次上田合戦から3か月後、12月中旬に真田昌幸・幸村が紀伊の**高野山**に向かったことは明らかだが、その間の動きは判然としない。

　昌幸の行動は本来関ヶ原とは別だから、当面は景勝と連携して籠城を続け、その後、情勢を判断して降伏に至ったのであろう。戦線を維持した上杉景勝や佐竹義宣は国持（くにもち）大名で、昌幸とはスケールが違う。

　関ヶ原の敗戦を聞いた昌幸は「この上は天下を敵に回して、華やかに討死

Ⅳ　奇略の将

しよう」と家臣にいった、という話も残っているが、「奇謀・奇略の人」がそこまで単純に玉砕(ぎょくさい)路線に転じるとも思えない。

　一応、通説では「関ヶ原の戦いの結果、上田領没収・死罪の令が下されたが、信幸の助命嘆願によって、昌幸・幸村父子は死を免れて高野山に蟄居(ちっきょ)することになった」とされる。

　さらに昌幸・幸村切腹の命令を受けたとき、信幸は上田領にかえて父や弟の助命を乞うたとも、義父・本多忠勝や井伊直政を通じて家康に懇願した、とも伝えられる。

　だが、そもそも死罪自体、上杉景勝などとのバランスを欠いた処分と思われ、やや疑ってかかる必要があるのかもしれない。

　仮に「徳川の天敵」という理由で死罪になったとしても、助命活動で名前が挙げられた本多忠勝・井伊直政は、家康軍先鋒として東海道を上り、関ヶ原では軍監（各大名の手柄、功名のチェック）を務めた人物だ。彼らは、第２次上田合戦のことは知らない。

　ならば、信幸が奔走した相手は**本多正信**、と考えるのが筋ではなかろうか？　景勝や佐竹義宣が降伏したときにも、秀忠軍に属した正信がその取次を果たしている。

　さて関ヶ原の論功行賞は、福島正則や黒田長政などの豊臣系大名に厚く傾斜配分された。彼らが東軍のメインを構成していたからで、そのバランスから徳川譜代大名への加増は薄かった。

　さらに関ヶ原に遅参した秀忠軍の諸大名に至っては、論功行賞はなく禄高据置がほとんどだった。

　その中にあって、途中残留組の信幸はレアケースに該当し、一挙に約３倍の**９万５千石**の大名にまで取り立てられた。内訳は①従来の沼田２万７千石に加えて②父の旧領・上田３万８千石、さらに③加増として３万石（沼田３千石、上田２万７千石）。

　この厚遇(こうぐう)振りは、信幸が父・昌幸と分離行動を取ってまで徳川氏に忠節を尽くしたこと、が高く評価された結果であろう。

　そしてこの前後から信幸は、諱(いみな)で信之を併用し始め、後には信之に統一する。従って本書でも今後は**信之**と表示する。なお変更理由は、「配流(はいる)となった父・昌幸の諱を遠慮して」といわれるが、この点は後述したい（220ページ参照）。

Ⅳ　奇略の将

配流地・九度山での生活

　昌幸は次男・幸村とその妻子、家臣16名とともに紀伊の高野山に向かった。1600（慶長5）年12月のことである。
　このとき昌幸は55歳、幸村は34歳だった。当時の紀伊を治める大名は、東軍に属した浅野幸長[*1]（37万石）である。
　かつて小田原城で降伏した北条氏直が、高野山へ追放されたことは前に述べたが、「沼田問題」のもう一方の当事者だった昌幸にも、同じ処分が与えられた可能性がある。家康が忘れるはずがない顛末であり、当時の武家の考え方は「喧嘩両成敗」なのだ。
　この措置は死一等を減じるかわりに、「頭を剃って仏門に入り、先祖の菩提を弔いながら隠遁生活を過ごしなさい」というものだ。
　海野一族や真田氏の菩提寺は、高野山内の蓮華定院。まず一行はここを頼ったが、高野山は女人禁制だったので、幸村の妻や娘たちは同居することができない。
　そこで蓮華定院の紹介を受けて、山麓の九度山へ移った。丹生川に近いこの地に昌幸父子は屋敷を構え、配流生活を送ることになる。
　昌幸は入道して一翁閑雪、幸村は伝心月叟を名乗った。
　配流後2年が過ぎた1603（慶長8）年3月、タイミングとしては徳川家康が征夷大将軍に就任した直後、昌幸は故郷・真田郷の寺に以下の書状を送っている。

　「内府様（家康）がこの夏には関東へ下向されるとの噂があります。そのときは、拙子（昌幸）のことを本佐州（本多佐渡守正信）が披露（報告）してくれるでしょう。高野山を下りたら、お目にかかりましょう」

　このころの昌幸は、「赦免の日は近い。故国に戻れる」という感触をかなり持っていたようだ。恩赦に期待をかけたのかもしれない。
　先の北条氏直のケースでも、追放後1年にして1万石とはいえ大名に復帰

＊1　浅野幸長（1576〜1613）：五奉行のひとり・長政の長男。北条征伐、朝鮮出兵などで活躍するが、石田三成の讒言によって一時期失脚したことがあり、関ヶ原では東軍に属した。戦後は和歌山37万石の大名になったが、38歳で死去したため、弟の長晟が跡を継いだ。「二条城の会見」のとき、加藤清正とともに豊臣秀頼の警護を務めたことで知られる。

している（その後、氏直は病死）。また上杉景勝の処分などを、噂で聞いたのかもしれない。

　赦免運動を行ったのは、信濃に残した妻・山之手殿や信之だったようだが、その取次役は本多正信と明記されている。要するに、上杉征伐の当事者のひとりである昌幸に関しては、処分からとりなしに至るまで一貫して正信が担当した、と考えられる。

　現存する書状によれば、正信も尽力したらしい。だが、昌幸の希望は実現しないままに終わった。

　正信は、昌幸を「公儀御憚りの仁（幕府に差し障りがあって敬遠すべき人）」と表現しており、２度も上田城で徳川氏に抵抗した過去がネックになった、と思われる。

　ついでにいうと「本佐州」とは当時流行した中国風の表記であり、将軍家指南役を務めた新陰流・柳生但馬守宗矩は、「柳但州」というように書かれた。

　また信之の義父で「無双の勇士」と謳われた本多忠勝と、家康の懐刀といわれた正信とは、同族といってもかなり遠い親戚で、かならずしも親しい間柄ではない。

　正信の長男が、父同様に家康の謀臣として知られる正純。次男を政重という。初め家康に仕えた政重は、その後転々と出仕先を変えて景勝の重臣・直江兼続の養子となり、さらに加賀・前田氏の家老に迎えられる。この兄弟が大坂冬の陣では、幸村と接点を持つことになる。

牢人生活を過ごした昌幸の最期

　配流地でも国許との連絡は始終なされていたようで、昌幸の書状の多くは仕送り金の督促だった。

　「蔵人（３男・昌親）からの合力（施しの金）40両のうち20両は、たしかに受け取りました。当方は借金が多く、やりくりがつきません。残り20両も１日も早くお願いします」

　昌幸、幸村父子には知行がない。一方で官位は剥奪されないから、「殿様」としての最低限の体面は維持せざるを得ず、勢い生活費は国許からの仕送り

Ⅳ　奇略の将

に頼ることになる。また当然、同行者である家族や家臣の面倒も見なくてはならない。

晩年の昌幸は、借金まみれの**牢人生活**である。しかも病気がちになった。幸村が代筆した国許宛ての書状には次のように記されている。

「年を重ね、最近では気根（気力、根気）がくたびれました。当方の不自由な様子をお察しください」

さらに手紙には幸村自身のモノローグ、「私も大くたびれ者の有様で、ご想像以上です」も添えられている。

その一方で、以下のような話も伝わっている。

死ぬ間際に、病床の昌幸は幸村を呼んで「まもなく関東と大坂との間に合戦が起こる。そのとき、われわれは大坂方から招かれるだろう」と語る。さらに戦術を幸村に授け、「自分（昌幸）ほどの知名度があれば、大将となって関東勢を翻弄できるだろう。ただし幸村の場合、ネームバリューがないので厳しいだろう」と続ける。

このように最後まで昌幸は謀将だった、という伝説なのだが、どう考えても、後の「幸村の大坂城入城」という結果論をベースとする創作であろう。もう、昌幸にはそれほどの気力はない。

実際の昌幸は希望感の喪失、金に苦しむ生活、病気がちの日々の中で死んだ。1611（慶長16）年6月のことである。享年65歳。

そして最後まで彼の胸中に去来したのは、「信之に会いたい」という思いだった。最晩年の信之宛の書状では「一度面談を遂ぐべく存じ候」を、2回ほど繰り返している。

「去年に引き続き、今年も病気といった状況です。難儀していることをお察しください。私がこの地で10余年も生き長らえているのも、もう一度お会いしたいからですが、いまはその望みは叶いそうもありません。けれども、養生をしてめでたく病気が平癒したら、もう一度お会いしたく存じます」

昌幸の家族——それぞれの人生

妻・山之手殿は武田勝頼の新府城、豊臣秀吉の大坂城で人質生活を送った

IV 奇略の将

ことがある。大坂城からは大谷吉継に保護されて抜け出し、後に上田に戻った。が、高野山へは同行せずに上田で死亡した。昌幸の死の２年後のことである。

前年に義父・本多忠勝を亡くした長男・**信之**は、昌幸の葬儀について本多正信に内々に相談している。それに対して、正信は「公儀御憚りの仁」なので「上意を得てからではいかがでしょうか。それが貴公（信之）のためになります」と返事している。最終的な葬儀は、真田の地で執行され、長国寺に埋葬された。その後の信之については、改めて述べたい（221ページ参照）。

次男・**幸村**は大坂城に招かれて、大坂の陣で活躍するのは有名な話であり、引き続き述べていきたい。

３男・昌親、４男・信勝の事績はあまり知られていないが、「犬伏の別れ」のときには信之に従い、徳川氏の旗本となった。

娘は６名を数え、長女は武田家臣・小山田昌辰の子・茂誠（信之の家老）に嫁ぎ、村松殿といわれた。

また三成の義弟・宇田頼次（三成の居城・佐和山城で切腹）に嫁いだ娘は、後に滝川一積と再婚する。

なお昌幸の弟・信尹は、徳川家康の使番として大坂の陣でも登場する。

真田昌幸のレリーフ像（真田記念公園：長野県小県郡真田町）

Ⅳ 奇略の将

Ⅴ 智謀の将

真田幸村―孤高の牢人　大坂城入城

西暦	和暦	真田一族（幸村関連）の主な出来事
1567	永禄10	幸村、誕生
1585	天正13	幸村、上杉氏人質へ
1586	天正14	幸村、秀吉人質へ
1590	天正18	幸村、北条征伐従軍
1593	文禄2	豊臣秀頼、誕生
1594	文禄3	幸村、従五位下左衛門佐に任官（昌幸の後継者）
1598	慶長3	豊臣秀吉、死去（63歳）
1600	慶長5	上杉征伐。犬伏の別れ。第2次上田合戦。関ヶ原の戦い。昌幸・幸村、高野山配流
1603	慶長8	家康、将軍就任（江戸幕府開設）。秀頼＆千姫、婚姻
1605	慶長10	秀忠、2代将軍就任。秀頼、内大臣就任
1608	慶長13	家康、駿府移住（大御所政治）
1611	慶長16	家康、上洛（二条城の会見）。昌幸、病没（65歳）
1612	慶長17	幕府、キリスト教禁制
1614	慶長19	方広寺鐘銘事件。片桐且元退去事件。幸村、大坂城入城。大坂冬の陣（徳川公儀軍vs.豊臣軍）。講和成立

1 江戸幕府の開設

牢人・真田幸村の「栄光への脱出」

　真田幸村の九度山配流生活は、14年間（1600～14年）におよんだ。その間に幸村は、34歳から48歳へと齢を重ねている。

　特にラストの2年間（1612～14年）の彼の身辺は、寂しさもひとしおだった。というのも父・昌幸の1周忌を終えると、付き添っていた家臣16名の大半が帰国してしまい、妻子以外に彼のもとに留まったのは高梨内記、青柳清庵を数えるぐらいだった。2人はそれぞれ幸村の側室の父（舅）、侍医という関係から残留したようだ。

　幸村の**家族状況**について、複雑ながらも触れておこう。彼には正妻（大谷吉継の娘）のほかに、側室が2人（家臣の堀田氏・高梨氏の娘）おり、3男7女の子供をもうけた。

　彼に同行した正妻は、九度山で長男・大助幸昌、次男・大八、それと娘2人を産んでいる。その一方で、やはり同行した次女・お市（側室・高梨氏との娘）はこの地で死去しており、悲喜交々の有様である。ほかにも、何人かの娘が一緒に暮らしたようだ。

　幸村にとって数少ない楽しみが、故郷から送られてくる焼酎と、退屈の慰みごととしての連歌（複数の人が和歌を詠み合うゲーム）だったようだ。前者では「この壺に詰めてください」、後者では「年をとってから始めた学問なので、私には難しいですね」という書状が残っている。

　だが幸村は、みずからの家族と残った家臣を養わねばならない。しかも依然として、生活の糧は国許からの仕送りだけ、という状況に変わりはない。

　ラスト2年の様子を幸村は、姉婿・小山田茂誠に次のように書き送っている。

　「私の方も無事に過ごしております。そのうらぶれた様子は使者がお話しするでしょう。もはやお目にかかることもないでしょう。とにかく年寄りになったのが、残念でなりません。私も去年から俄かに老け込み、病人になってしまいました。歯も抜けて、髭も黒い部分はほとんどない有様です」

Ⅴ　智謀の将

頭を丸めて謹慎生活を送る幸村は、諦観(ていかん)の境地を装いながらも、終始絶望感・病気・老(おい)(きざ)に苛まれ続ける。その結果、容貌も歯が欠け、髭は白くなってしまった。
　当時の幸村には年寄りの**牢人**、世捨て人という形容がふさわしい。配流地で朽ち果てるのを待つことだけが、彼の人生だった。
　そこに1614（慶長14）年10月、徳川家康との手切れ（外交断絶）を決意した豊臣秀頼方から、幸村へ**大坂城入城**の要請が届く。閉塞した状況から「栄光への脱出」への招待状である。
　幸村が入城を決意したことは、いうまでもない。ところが彼の蟄居期間中、関ヶ原の戦い（1600年）から大坂冬の陣（1614年）までの間に、時代は激変を遂げている。
　幸村のブランクを埋める意味からも、ここからは関ヶ原以降の政局の動きを追ってみたい。

「関ヶ原」後の政治情勢

　話は関ヶ原のころに戻る。
　関ヶ原の戦いに勝利した東軍の中には、「大坂の陣」の一方の主役を務める**大野修理亮治長**(しゅりのすけはるなが)の姿もあった。
　後に大坂城が落城した際には、最後まで秀頼・淀殿に付き添った豊臣氏の重臣である。また彼は淀殿の寵愛を受けた愛人で、秀頼はその子供だった、という説も根強く残っている。
　一見奇異に映るかもしれないが、治長が東軍の一員としての「関ヶ原の戦い」に参戦したのは事実である。簡単に経緯を記すと、関ヶ原の1年前、治長は五奉行のひとり・浅野長政とともに徳川家康暗殺の容疑を掛けられて、下総に追放処分となった。その後、許された彼は上杉征伐に一時期参加し、家康軍の西上とともに関ヶ原に赴いたのである。
　戦後、家康は治長を大坂城への使者に立てる。家康の意向は、西軍討伐の大義名分の再確認、合戦の正当化にあった。
　関ヶ原の首謀者（形式上は毛利輝元、実質上は石田三成）と、幼少の豊臣秀頼（8歳）および淀殿とは関係がない。三成らが勝手に謀反を企てたので、豊臣政権の首相として成敗を加えた、というのが家康の理屈となる。
　「まわりくどい」と思われるかもしれないが、あくまでも東軍のメインが

Ⅴ　智謀の将

豊臣恩顧の諸大名だった事実を忘れてはならない。彼らの論理も、判断力がない秀頼を埒外に置いて、「実質的な豊臣氏代表・淀殿からの要請を受けた家康に従って、三成討伐を行った」という立場を望んだ。

豊臣恩顧の諸大名の軍事力を考えれば、家康も一同の空気を読んだ対応を図る必要がある。

一方の淀殿は、どこまで三成との共同謀議に参画したのかは分からないが、毛利輝元を大坂城に入城させたのは事実であり、まして西軍敗北ともなれば後ろめたさがつきまとう。だから淀殿は使者・治長を大いに歓迎し、今度は彼を「戦勝祝い」の使者に仕立て、家康のもとへ派遣する。

要するに関ヶ原をはさみ、①**オフィシャル**＝豊臣政権は勝利者・家康が完全に牛耳り、②**プライベート**＝豊臣家は淀殿が実質的な支配者になっていた、という構図になる。

言い換えれば、秀吉の在世中は一元的だった機能が「徳川・前田体制」を経て、戦後は明確に「行政機能」が家康、「家政機能」が淀殿へと移行したことになる。

もちろん秀頼が成人したときに器量（能力）が備わっていれば、家康からの政権返上も選択肢としてありうるが、少なくとも幼い秀頼に行政手腕は期待できず、まして淀殿に望むべくもない。家康が秀頼の後見人になるしかない。それが当時の大名の抱いていた共通認識だった。

関ヶ原の翌年（1601年）の伊達政宗の書状にも、秀頼の**将来の処遇**に関する部分がある。

「秀頼様がご幼少の間は、江戸か伏見で内府様（家康）のお側にしっかりと置いておく必要があります。無事にご成人されたときにどうされるかは、内府様のご分別（判断）次第で、お取り立て（政権担当など）といわれるかもしれません。また内府様が、『あの太閤様（秀吉）のお子だからといって、日本の御置目（行政）ができない』と見届ければ、2〜3か国を秀頼様に差し上げるなどして、その処置を決めればよろしいのではないでしょうか。秀頼様をいまのまま大坂に置いておくと、頃合を見て秀頼様を主君と仰いで謀反を企てる者も出てくるかもしれません。そのような者のために、秀頼様が切腹ともなれば太閤様の亡魂にも後ろめたいことになります」

すでにこの時点で政宗は、家康をメインに置いて「今後の秀頼の処遇は後

Ⅴ　智謀の将

見人・家康の裁量次第。将来秀頼に行政能力がないと判明すれば、国持大名として処遇すればいい」と主張し、この書状の内容を「本多正信にも伝えてほしい」と依頼している。

　恐るべき、政宗の洞察力。そして事態は、これに近い形で推移していく。

豊臣の呪縛を脱した家康の将軍就任

　徳川家康に対する後世の評価は、大きくふたつ。

　「**腹黒い**」と「**律儀**」（義理堅い）という正反対の評価である。腹黒さは「謀略」と置き換えてもいいが、「秀吉から頼まれていたにもかかわらず、秀頼に難癖をつけて蜂起させる事態にまで追い込み、大坂城を攻め滅ぼした」という見方につながる。だが、謀略とは「合戦をしないで敵を倒すこと」を忘れてはならない。

　一方の律儀さでは、「小牧・長久手の戦い」での織田信雄との同盟、娘婿・北条氏直のカバーといった信義に厚い行動が、代表例であろう。

　実際の家康は、豊臣恩顧大名の存在を無視しては語れないものの、秀頼に対して終始律儀だった。分かりやすくいえば、家康は関ヶ原以降15年の長きにわたって、秀頼の名誉・体面を守り続けたのである。

　その家康が**征夷大将軍**に就任したのは、1603（慶長8）年2月。正確に記せば、内大臣から右大臣に昇格して、将軍や源氏長者[*1]などのポストを兼務したことになる。そして内大臣の後任には秀頼が就いた。

　家柄のない秀吉が、**官位制度**を巧みに活用したことは前に述べた。武家が公家[*2]の官位に就くことで、政権内の序列を決めたのだ。

　ちなみに官職名を高い順に挙げれば〈太政大臣（関白）→左・右・内大臣（左府・右府・内府）→大納言→中納言（黄門）→参議（宰相）……〉となり、従三位・参議以上を公卿といった。この処遇の背景には、天下統一のプロセスの中で、諸大名に与える知行が不足し始めた、という一面もある。

Ｖ　智謀の将

[*1] **源氏長者**：元々は貴族「源氏」の子弟の教育施設の運営者を指したが、武家社会になってからは、本姓を「源」とする同族・血族の惣領とされた。将軍とともに、武士が幕府を開設するときの必須要件。たとえば薩摩の大名・島津氏は豊臣政権では羽柴薩摩侍従、徳川幕府では松平薩摩守を名乗ったが、それぞれ本姓を豊臣氏、源（徳川氏）とする同族の位置づけである。

[*2] **公家**：天皇に仕える貴族。太政大臣・左右大臣を公、大納言・中納言・参議以上を卿、あわせて「公卿」という。要するに身分の高い公家が、公卿である。

いずれにしても「武家関白・秀吉」を頂点とする官位は、諸大名の大きなモチベーションとなっていった。その官位の申請権は秀吉にあり、彼が擁立した後陽成（ごようぜい）天皇が決定したのである。

ただし官位制では長年の慣習によって、ポストの定数が決まっている。その中で「武家の棟梁（とうりょう）」といわれる征夷大将軍は、その適用外とされた。一言でいえば臨時ポストで、しかも官位とはリンクしない職制だったのである。

なぜこのようなことを書くか、といえば、この将軍職就任によって家康は豊臣氏の**呪縛**を取り払うことができたからである。

淀殿は、いわば旧・秀吉体制（行政と家政の一致）の幻想の中で生きている。秀吉の死から、わずか5年後である。過去と現実との区別がつかない人々が数多くいても、決して不思議な話ではない。

端的にいえば、家康は「豊臣政権の代行者」（実態はそれ以上の実力者）なのだが、それを将来の天下人は秀吉の嫡子・秀頼だから、家康を「秀頼個人の代行者」とする考え方だ。いわば政権と個人とを同一視する。

その考え方の背景には官位制度があり、上記のことは「秀頼が関白ポストに就任すれば、右大臣・家康（当時）に命令を下す立場になる」と言い換えてもいい。当時でもすでに「秀頼様が関白に就任するそうだ」（毛利輝元書状）という噂が、しきりに流れていた。

「天下人＝関白」という武家関白の**固定観念**。それを覆したのが「関白に就任しなくても、将軍職に就けば幕府を開設して政治を行える」という論理であり、家康の側近が編み出した知恵といわれる。なお、過去の歴史的事実を知っている現在からすると、「将軍＝幕府開設」は当たり前のように映るかもしれないが、当時は鎌倉幕府のシステムなどはほとんど分かっていない。

将来のことはさておき、現実の行政を家康が執行する智謀が「将軍」だった。将軍が開く幕府こそが、官位制度に支えられた豊臣政権の新たな受け皿となる。ここで家康の肩書きから「豊臣政権・代行者」が外れ、政治の中心は関東（江戸・駿府）へと移っていく。

🕷 律義者・家康の狙い

もうひとつの大きな課題は、「秀吉→家康」の主従関係が「秀頼→家康」にも移行するか、である。淀殿は、当然「家康は秀頼の家臣」と見做（な）しており、突き詰めればかなりの難問である。そこで、その潤滑油的な機能を果たした

Ⅴ 智謀の将

のが両家の**縁組**である。

　将軍就任の5か月後に、家康は約束どおり7歳の孫・千姫（秀忠の娘）を11歳の秀頼に嫁がせ、縁戚関係を結んだ。しかも淀殿の妹・江与の方は、秀吉の養女として秀忠の正妻になっており、秀頼・千姫は従兄弟同士の結婚という側面も有していた（系図参照）。

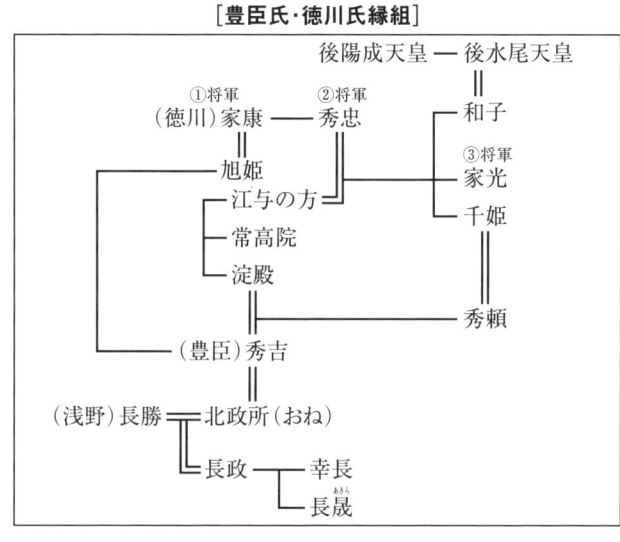

[豊臣氏・徳川氏縁組]

```
                         後陽成天皇 ─ 後水尾天皇
                                       ‖
          ①将軍      ②将軍        ─ 和子
         （徳川）家康 ─ 秀忠
                                       ③将軍
              旭姫                    家光
              江与の方 ─────────── 千姫
              常高院                    ‖
              淀殿 ──────────────── 秀頼
         （豊臣）秀吉
         （浅野）長勝 ─ 北政所（おね）
              └長政 ─ 幸長
                      長晟
```

Ｖ　智謀の将

　いわば父系・母系の「二重の縁」で結ばれた結果、秀頼にとって秀忠は義父、家康は外祖父（義理の祖父）となる。仮に淀殿の主張どおり「秀頼→家康」という主従関係にあったとしても、秀頼は外祖父・家康に対して敬意を払う必要が生じたのである。

　ちなみに千姫の乗った輿に従ったのが徳川譜代の大久保忠隣、沿道を警備したのが傅人・前田利長、輿を大坂城で受け取ったのが豊臣恩顧大名の浅野幸長である。

　その2年後、1605（慶長10）年4月、家康は将軍職を嫡子・秀忠に譲る。それに伴う官位の**昇進**は、次のとおり。

①**徳川家康（64歳）**：右大臣＆将軍＆源氏長者→従一位・源氏長者
②**豊臣秀頼（13歳）**：内大臣→正二位右大臣
③**徳川秀忠（27歳）**：大納言→正二位内大臣＆将軍

　すでに主客転倒、つまり「官位で家康は秀頼の上ではないか」、という意

153

見もあるかもしれないが、両者は年齢で大幅な乖離がある。当時の平均寿命（50歳弱）からすれば家康はすでに高齢で、三河の国人から戦国大名にのし上がった人物だ。

一方の秀頼は、生まれながらの貴族。行政・軍事面の器量はまったくの未知数にもかかわらず、13歳で右大臣なのである。しかも左・右大臣は同時には置かない慣習なので、秀頼の次のステップは関白職（太政大臣）しかない。そうなると政権移譲問題などが、ぶりかえされる可能性がある。

つまり秀忠への将軍職譲位・世襲とは、家康の**政権維持**の意思表示といっていい。ただし、そのことが「秀頼をないがしろにする」ことには直結しない。

もし本当に家康に豊臣滅亡の意思があったのならば、家康の年齢や実力からして、「鳴くまで待とうほととぎす」と辛抱する必要はない。

そこまでしなくとも、かつて秀吉が主筋・織田信雄を追放したような措置を、秀頼に取ればいいはずだ。「律義者・家康」の狙いは、あくまでも徳川・豊臣両家の**併存**にある。

Ⅴ 智謀の将

2 徳川・豊臣氏の軋轢

徳川幕府の「2元体制」とは

豊臣秀頼の知行は約66万石。摂津・河内・和泉（現在の大阪府一帯）を、領地としている。

一方で徳川氏は将軍として幕府を開き、その知行は4百万石に膨れ上がっている。これが、よく「徳川幕府が開設されて、豊臣秀頼は1大名に転落した」といわれる由縁である。

しかし官位は、義父の新将軍・秀忠よりも秀頼の方が高い。家康は秀頼が京都に来て、秀忠を祝賀訪問することを望んだ。秀忠に従って上杉景勝、毛利秀元、伊達政宗、福島正則、松平忠輝、佐竹義宣などの国持大名も上洛している。

ところが、淀殿は「秀頼が大坂城の外に出るならば、母子で自害する」とヒステリックに拒絶した。淀殿の理屈では、出向くこと自体が「家臣・家康

の命令に従う」ことを意味したが、当時の常識では義父に対する非礼にもあたる。微妙なところだが、逆に家康は6男・松平忠輝*1を大坂城に派遣して、淀殿を慰めた。

　この例からも分かるように、徳川氏は幕府運営の中で、大坂城の淀殿・秀頼は**別格**の存在と位置づけたのである。

　その間、淀殿はひたすら故・秀吉（豊国大明神）を弔うために、家老・片桐且元（かつもと）*2に全国の社寺の造営・修復工事を命じている。その数は、出雲大社などを含め80以上にもおよぶ。

　このことは「家康が豊臣氏の蓄財（金銀）を消費させるために仕向けた」といわれるが、たぶん淀殿の意思であろう。仮に「腹黒い家康」の謀略とすれば、社寺工事についてのみ、なぜ彼女は家臣・家康の意見に耳を傾けたのだろうか？

　おそらく彼女は「神」となった秀吉に対して、秀頼への**ご加護**（①秀頼が無事に成長すること、②秀頼に日本を支配する正統性があること）を祈り続けたのであろう。淀殿は、秀頼の前に産んだ長子・鶴松を早世させた経緯もある。

　また公卿の世界では、あまりに早い昇進は「官位打ち」*3といって早死（はやじに）するといわれた。逆にいえば、年齢に沿ったスライドが大事ということだ。まして医療が未発達の時代のことでもある。

　一方、1607（慶長12）年に家康は駿府に移る。いわゆる「大御所政治」の幕開けであり、駿府の大御所・家康と江戸の将軍・秀忠の「**2元体制**」ともいわれる。これも歴史書では「駿府（家康）が江戸（秀忠）をコントロールした」と書かれるケースが多いが、仮に現在のホットラインがあったとしても、間違いなく混乱を招く体制だ。

　その体制が大きなトラブルもなく運営されたポイントは、家康は征夷大将

Ⅴ　智謀の将

＊1　**松平忠輝（1592〜1683）**：家康の6男で、越後高田75万石の大名。伊達政宗の娘を妻に娶る。だが、大坂夏の陣の後に改易処分を受け、配流地を転々と移されて最後は信濃・諏訪で逝去する。改易理由には、家臣の無礼打ち、夏の陣への遅参、無断の外国貿易などが挙げられるが、確かなことは分かっていない。

＊2　**片桐且元（1556〜1615）**：秀吉に仕えて「賤ヶ岳の七本槍」として活躍し、後に1万石の大名となった。関ヶ原後に家康の推挙で、秀頼の家老となる。悪評が高かった且元を、苦悩する豊臣の忠臣として描いた『桐一葉』（坪内逍遥）が、「桐一葉落ちて天下の秋を知る」のフレーズとともに知られている。

＊3　**官位打ち**：鎌倉幕府の3代将軍・源実朝（1192〜1219）は右大臣に昇進直後に、鶴岡八幡宮で甥の公暁によって暗殺されてしまう（享年28歳）。

軍ポストを秀忠に譲りはしたが、源氏長者ポストを引き続きキープした点にある。大雑把にいえば、家康は「将軍」=**軍事権**だけをスピンアウトした、軍事機能を秀忠に委譲した、と考えるべき性格のものである。

「源氏長者」とは本来、本姓を「源」氏とする同族の惣領を指す。徳川氏は有力大名との縁組を推進し、その一方で旧姓・松平氏を大名に与えた。たとえば伊達政宗の場合は松平陸奥守となるが、これも一種の同族化政策（源氏長者のコントロール下）なのである。

ともあれ、駿府には近臣として本多正純などが、江戸には本多正信、大久保忠隣などが詰めて補佐を務めた。すなわち本多父子が、2元体制の中枢を担ったことになる。

家康と秀頼との「二条城の会見」

1611（慶長16）年3月、**後陽成天皇**[*4]の譲位問題で上洛した家康は、織田有楽[*5]（信長の弟、淀殿の叔父）経由で、秀頼の上洛を促す。ちなみに当時、織田信雄や有楽は淀殿（信長の姪）の親族として、彼女の顧問的な役割・相談相手を果していた（系図参照）。

[織田氏関係系図]

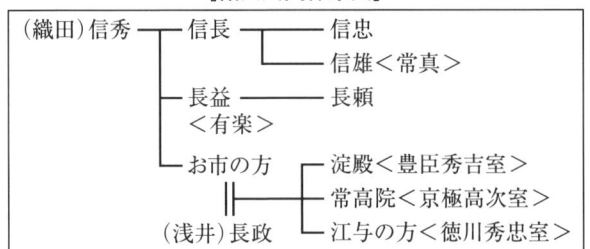

```
(織田)信秀 ─┬─ 信長 ─┬─ 信忠
           │        └─ 信雄＜常真＞
           ├─ 長益 ─── 長頼
           │  ＜有楽＞
           └─ お市の方 ─┬─ 淀殿＜豊臣秀吉室＞
              ‖        ├─ 常高院＜京極高次室＞
           (浅井)長政    └─ 江与の方＜徳川秀忠室＞
```

この件には伏線があり、昨秋、淀殿・秀頼がかつての傅人（めのと）だった前田利長に使者を出して、「太閤の恩顧はお忘れではないでしょう。今度お頼みした

---

*4 **後陽成天皇**（1571～1617）：第百七代天皇。1611年、家康と対立したために、後水尾天皇に譲位した。

*5 **織田有楽長益**（1547～1621）：信長の弟。兄が襲撃された「本能寺の変」のとき、有楽も二条城にいたが、山内一豊の弟とともに城壁を抜けて脱出した。関ヶ原では東軍に属し、その後は大坂城に入って淀殿・秀頼を補佐したが、「大坂夏の陣」の前に退城した。東京の有楽町は彼の屋敷跡、数寄屋橋は彼の数奇屋跡に由来する地名。

いことがありますので、お含みおきください」と、接近したのである。依頼内容は、単なる社寺造営の勧進（寄付金募集）だったのかもしれない。

だが、利長は家老・本多政重（正信の次男）と相談の結果、豊臣氏には「亡父・利家ともども、すでにご恩はお返ししています。今３か国の太守（大大名）となっているのは徳川氏のご恩であり、そちらへの奉公以外は考えておりません」という内容の書状を出して、家康にも連絡した。

このありがた迷惑な出来事もあって、利長はみずから隠居してしまう。

家康の意図は、上記のような行為の**政治的牽制**にある。このとき淀殿は秀頼の上洛に再び反対したが、豊臣恩顧大名である加藤清正や浅野幸長が淀殿を説得し、両名が秀頼のお供を務めるという条件で納得させた、と伝えられる。ほかに織田有楽、片桐且元、大野治長などが、秀頼の供として従った。

この結果、家康（70歳）と秀頼（19歳）との**二条城の会見**が実現する。対面のセレモニーは両敬方式、つまり両者が対等の礼であり、特に具体的な会談があったわけではない。顔合わせの会食だけであり、北政所*6が同席したといわれる。

ここでも「二条城の会見は、家康の仕掛けた罠だった」、「家康は、秀頼が上洛を拒否すれば一戦も辞さない覚悟だった」、「家康は、その席上で秀頼を暗殺しようとした」、「家康は、秀頼の成長振りに不安を覚えた」……と数多くの逸話が残っている。悪く書き出せばキリがない話だが、そもそも家康は、天皇の譲位問題で上洛したことを忘れてはならない。

だが「二条城の会見」後３年半のうち、1619年10月の「大坂冬の陣」までの間に、豊臣恩顧の有力大名６名が相次いで病死を遂げてしまう。

偶然とはいえ、あまりに集中しているので、ここにも「家康による毒殺説」が登場する。奇しくも真田昌幸の死（1611年６月）の前後である。以下、列挙しよう。

①浅野長政（65歳）：1611（慶長16）年４月　秀吉の正室・北政所の親戚、５奉行のひとりで幸長の父
②堀尾吉晴（68歳）：1611（慶長16）年６月　出雲・松江24万石
③加藤清正（50歳）：1611（慶長16）年６月　肥後・熊本52万石

V 智謀の将

---

*６　**北政所**（1548〜1624）：おね。浅野長勝の養女として秀吉に嫁ぐ。秀吉が関白就任後に北政所となり、後に従一位となった。摂関家では北の方（正妻）が政所（家政事務機関）を担ったことから、正妻は北政所と呼ばれた。秀吉の死後は、後陽成天皇から「高台院」の号を贈られた。京都の高台寺は、彼女が秀吉の菩提を弔うためにと、家康が援助して建立した寺である。

④池田輝政（50歳）：1613（慶長18）年1月　播磨・姫路52万石
⑤浅野幸長（38歳）：1613（慶長18）年8月　紀伊・和歌山37万石
⑥前田利長（53歳）：1614（慶長19）年5月　加賀・金沢120万石

　中でも⑤の浅野幸長は、徳川氏からの派遣医師が診察した直後に急死を遂げたことから、家臣らはかなり毒殺と疑ったようだ。
　その幸長には実子がなく、通常は徐封（家名断絶）されるところだったが、家康は弟である**浅野長晟**（ながあきら）の相続を認めて、家康の3女・振姫を長晟と再婚させた。かなりの優遇措置といっていい。ちなみに北条氏直の妻だった次女・督姫は、④の池田輝政と再婚している。
　残る豊臣恩顧の有力大名は福島正則（安芸・広島50万石）、加藤嘉明（よしあき）（伊予・松山20万石）などを数えるだけとなっている。
　しかし、彼らが心情的に恩を感じていても、豊臣氏のために政治的な動きを見せるかは、まったく別の問題である。なぜならば「関ヶ原」を分岐点として、豊臣氏は**旧恩**、徳川氏が**新恩**だからである。

方広寺・鐘銘（しょうめい）事件の本質

　「大坂冬の陣」のきっかけとなったのが、京都・方広寺の**鐘銘事件**。方広寺は秀吉が建造した寺だが、1596年の大地震によって倒壊し、復興プロジェクト（大仏殿再建）が秀吉在世のころから進められていた。
　それを淀殿が引継いで完成させたのが、1614（慶長19）年。さすがの太閤秀吉の蓄えた金銀も払底した、というほどの莫大な費用を要した大事業である。以下、この事件の通説を掲げよう。
　8月に千名の僧を集めた大仏開眼供養（かいげんくよう）が開催されようとしたとき、家康サイドが難癖（なんくせ）をつけた。問題は、秀頼が奉納した鐘に刻まれた「**国家安康　君臣豊楽**」の8文字。
　すなわち、この銘は「『国家安康』に家康の名前を織り込んで、しかも分断している。一方で『君臣豊楽』は、豊臣を君として末永く楽しむ、と読める」。つまり「徳川を呪い、豊臣の繁栄を願う（呪詛（じゅそ）＆祈祷（きとう））」が込められた銘だ、というクレームである。
　このテーマは、当時の学者・僧が動員されたほど難解であり、深入りは避けるが、事の本質は「**諱**」（いみな）（忌み名）にある。
　これまでも述べてきたように、相手を呼ぶのは「官位」、官位がなければ

Ⅴ　智謀の将

「通称」である。諱を用いることはない。それは「諱」が死後にいうべき生前の名前であり、「不吉」ということに起因する。それと、いまでいえば名前の呼び捨ての感覚で、「失礼」にもあたる。日本の元首を例にとれば、だれしもが公式の場では首相、総理大臣と呼ぶ。現在の日本の暗黙のルールでも、名前を呼び捨てにはしない。

従って家康ならば呼称は「（前）右府様」であり、「家康公」はありえない。「家康公」は後世の史料・歴史書などが、時代が変われば「右府様」はかなり存在し、家康も故人になっているので特定するために表示したものである。

まして戦国時代の大名、たとえば上杉謙信は「書状の相手の書き方」ひとつにせよ、足利幕府・三管領に準じるステータスが与えられたことを誇りにしていたのである。今では分からなくなったが、何事にも「格」があった時代であり、そのルールに抵触すると無礼になる。

つまり徳川サイドの学者が主張したのは、まず「諱を用いたのは無礼不法の行為」という点だ。もちろん、続いて「諱を分断するのは前例がない」と指摘しているが、後者ばかりをクローズアップしても本質が分かりにくい。これに対して、豊臣サイドの僧は「承知の上で諱を織り込みました。中国には先例も数多くあります」と反論している。

そのころ豊臣方は**牢人の大坂城入城**、**兵糧・武器の備蓄**、**恩顧の大名への使者派遣**などの不穏な動きを見せていた。後述するとおり、真田幸村の入城は、この鐘銘事件の２か月後（10月）のことである。

🕷 家老・片桐且元の退去事件

そこで８月中旬、法広寺の造営奉行を務めた豊臣氏家老・片桐且元が、鐘銘事件の釈明のために駿府の家康のもとへ赴く。

家康の本意は両家の友好関係の継続にある。だが家康は、その路線に逆らうような行動や「**惣無事令**（私戦の禁止令）」に違反する行為は容認できない。

このとき、家康の意を受けた本多正純が且元に対して「秀頼が兵を集めて乱を起こすとの風聞がある。直ちに止めさせないと、将軍家との合戦になってしまう」と伝え、その問題をクリアするために出した条件が、次の条件のいずれかの履行＝**三者択一**である。これは意見を求められた且元が逆提示したともいわれるが、いずれにしてもその場の空気である。

①淀殿を江戸に人質に出す。
②秀頼が大坂城を空けて他国に移る。
③秀頼がみずから江戸に来て和を請う。

　正純のいっていることは合戦の「回避策」であり、条件は全国の諸大名に適用しているルール、「人質の江戸在住、転封（国替え）、参勤」の一部適用なのである。全部の適用ではない点に、いまだ別格への配慮が窺える。

　以下は通説に沿って、記しておく。大坂に戻った且元は、その条件を淀殿・秀頼に復命する。且元自身はいずれかの条件を呑む以外には和平の道はない、と考えていたようだ。

　両家のパイプ役を務める且元の立場も、また微妙である。彼は秀吉の子飼いとして奉公し、秀吉逝去後は秀頼に仕えているが、その知行1万石は家康からの給付である。

　しかし淀殿以下は、鐘銘事件の説明で出掛けたはずの且元が、逆に3条件を持ち帰ってきたことに激怒する。しかも別途、淀殿が家康への使者として差し向けた大蔵卿局（淀殿の乳母、大野治長の母）の一行には、一切そういう話が出なかったので、且元は「裏切り者」扱いをされてしまう。

　さらに城内強硬派による且元切腹や暗殺の話まで飛び出してきたので、身の危険を覚えた且元は、9月末には大坂城からの退去を決意し、領地の茨木城（茨木市）に籠もる。

　家老が武装して、主家を離反する。戦国の世ならいざ知らず、近年では前代未聞の事件であり、同じく和平派だった織田常真（信雄）も城を脱走し、京都の寺に隠棲してしまう。

　この且元の「退去事件」は東西の手切れ（外交断絶）を意味し、それを口実として家康は10月1日に大坂出兵を発令する。

3 大坂冬の陣・合戦前夜

秀頼の幕府法令違反

　鐘銘事件、片桐且元退去事件。これらはあくまでも合戦の口実に過ぎず、「北条征伐」の沼田問題（109ページ参照）と同質のものである。

V 智謀の将

北条征伐の本質は、北条氏が「惣無事令」を犯したために、秀吉・公儀軍によって制圧されたことにある。しかも合戦に至るまで、秀吉は北条氏には帰順を呼びかけ続けていた。

　その先例と照らし合わせれば、「大坂冬の陣」は天下の名城に籠城したことを含め、北条征伐のプロセスと酷似している。

　従って、何か豊臣秀頼の行動の中に**幕府法令違反**があったのか、という視点に立たないかぎり、物事の本質は見えてこない。すでに権力は徳川氏に帰し、公儀（政権）として軍事・行政・司法権を掌握しているのだ。まして合戦は多くの犠牲者を出し、経済的な負担も大きい。権力者個人の感情だけでは、合戦が始まらないことは自明の理である。

　少なくとも3年前の「二条城の会見」のころまでは、徳川・豊臣両家は家康の**秀頼リスペクト**によって、比較的円滑に推移していたのは間違いない。ならば、トラブルは最近3年の内に発生したはずだ。

　そのヒントは豊臣滅亡直後に、将軍・秀忠が発令した諸法度の中にある。1615（慶長20）年6月初旬に秀頼が自刃するとともに、7月には改元（年号の変更）がなされて元和1年となる。

　現在と異なり、改元は天皇の在世中にも実施された。そこには、陰陽道に基づいて、「不吉なことを取り去り、新時代を期す」との意味合いが込められている。

　秀忠が宣言したのは、**元和偃武**。その意味は「元和に改元されて、天下が泰平になったこと」であり、偃武とは「武器を収めて用いないこと（戦闘終結、軍備不要）」を指す。当時、日本中が平和な時代の到来を待ちわびており、秀吉の「惣無事令」と同質のものである。

　そして7月中に「武家諸法度」、「禁中並公家諸法度」、「諸宗寺院法度」が相次いで発令される。それぞれ武士、朝廷・公家、宗教界を対象とした法律であり、従来から徳川政権が実施していた規制を明文化したものだ。ある日突然、という性格のものではない。

　結論からいえば、秀頼は徳川政権が実施していた朝廷・公家政策、宗教政策を侵害し、さらに私戦を準備して「惣無事令」を破ろうとした。だから、秀頼は最終的に成敗されたのだ。

Ⅴ　智謀の将

朝廷を巡る徳川と豊臣の動き

　武家の**官位申請権**については前にも少し述べた。人間の社会的な3大欲望は「食欲、性欲、名誉欲」といわれるが、官位は大名の名誉欲を満たす意味合いが非常に強かった。今でいえば、「叙勲」のイメージだ。

　その心理を大名の統治や格付け（序列）に巧みに利用したのが秀吉だったが、幕府開設後、申請権は将軍・家康の専管事項となっていた。

　家康の朝廷政策は、一言でいえば天皇・公家の行動を規制する統制型。天皇は**官位決裁権**を有しているが、それを武器として「政治的発言力」が増すことを、家康は嫌った。

　実は当時の後陽成天皇は、かつて秀吉が擁立した経緯があった。「二条城の会見」のとき、家康上洛の真の目的は病弱な天皇の**譲位問題**を解決し、新たな天皇（後水尾天皇）となったときのコントロール対策にあった。

　その方法が天皇家との縁戚関係づくり、後水尾天皇と孫娘・和子[*1]（秀忠の娘、千姫の妹）との婚姻だった。言い換えれば、将来は徳川氏の血筋を引く天皇が誕生することになる。

　ところが公家と女官との「密通事件」が宮廷内に発生し、その処分問題をめぐり、後陽成天皇と家康とが対立してしまう。それに呼応するかのように、豊臣秀頼は独自に朝廷へ官位申請を行ったのである。人的に京都（朝廷）と大坂（豊臣）とは親密な関係で、秀頼も公卿と形容した方がふさわしいキャリアだ。またロケーションも近距離にあり、公家などの往来も頻繁だった、といわれる。

　秀頼にどこまでの意図があったのかは不明だが、少なくとも徳川氏とは異なるスタンスで朝廷に接し、その**専管事項**を犯したのは事実である。

　ちなみに大坂冬の陣のとき、朝廷から講和の勅命（停戦命令）が出されたが、家康は「和睦の儀は然るべからず」と拒否している。

　さらに秀頼は、幕府の宗教政策をも犯す。有名な「キリシタン禁制令」が出されたのは、「二条城の会見」の翌年（1612年）。その禁制令に対して、秀頼は領土内でのキリシタン信者保護を打ち出したのだ。

　このように秀頼は幕府政策に挑発的な態度を取り続け、「これは」と思う

[*1]　**徳川和子（1607〜76）**：秀忠の5女。千姫の妹。14歳で後水尾天皇に入内し、後の明正天皇（女帝）を産んだ。「東福門院」の名で知られる。

諸大名（前田、毛利、島津、蜂須賀、伊達、池田、細川、鍋島など）に使者を派遣して「談合したい事がありますので、早々に上洛ください」という内容の親書を持たせた。

そして大坂城に武器を準備し、各地から牢人を招いたのである。明らかに私戦の準備であり、「惣無事令」違反であることはいうまでもない。今でいえば「凶器準備集合罪」にあたる。

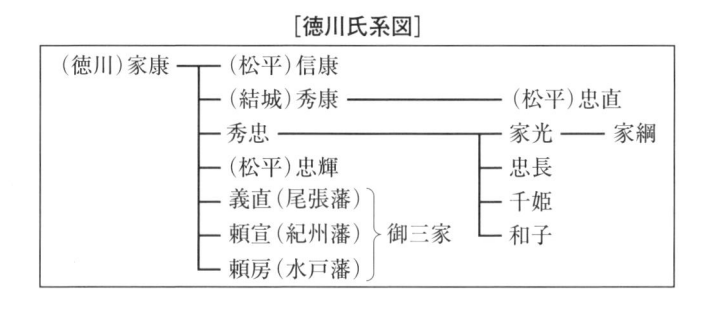

[徳川氏系図]

```
(徳川)家康 ─┬─ (松平)信康
             ├─ (結城)秀康 ──────── (松平)忠直
             ├─ 秀忠 ─────────┬─ 家光 ── 家綱
             ├─ (松平)忠輝    ├─ 忠長
             ├─ 義直(尾張藩)  ├─ 千姫
             ├─ 頼宣(紀州藩) ⎬御三家 ─ 和子
             └─ 頼房(水戸藩)
```

豊臣氏を見放した大名たち

豊臣秀頼を庇い続けた徳川家康も、秀頼の幕府政策の侵害、私戦の準備などの一連の行動は黙視できず、一般の大名並みのルール適用を求めた。それでもただちに罰するという姿勢ではない。

あくまでも合戦を避けるために、任意の三者択一「人質、国替え、参勤」を求めているのであって、目的は「豊臣・別格扱いの一部撤廃」にある。

後でも触れるが、家康は大坂冬の陣が始まっても、まだ豊臣氏の滅亡を望んではいない。家康の思いは終始「秀頼を国持大名として処遇したい」というものだ。その意味で家康は律儀だったし、そもそも関ヶ原から10数年の歳月が経てば、だれしもが合戦を望んではいない。

さてここで、大坂城の動きに対する諸大名の反応を述べておきたい。豊臣方の使者が細川忠興[*2]（豊前・小倉40万石）を訪問したときの会話が、記録として残っている。合戦となった場合の事前予測であり、以下に掲げる使者

＊2　**細川忠興（1563～1645）**：細川藤孝の子。妻は明智光秀の娘・玉子（ガラシャ夫人）。光秀の与力大名だったが、秀吉に従って小牧・長久手の戦い、北条征伐、朝鮮出兵などに従軍した。その後、関ヶ原では家康に味方し、豊前・小倉40万石にまで取り立てられた。ちなみに次男・興秋は大坂城に入城し、「大坂夏の陣」の後に忠興によって切腹させられた。

の見解は**豊臣方の共通認識**といっていい。

「秀頼の勝利に帰すでしょう。その理由は優れた牢人が数多く入城していること、兵糧や武器が十分にあること、大坂城が堅固な名城であることです。たやすく攻め落とすことはできません。昔、一向一揆が石山本願寺[*3]に籠もったときも、織田信長は7年目にようやく攻略できました。今度は優れた武者が多く籠城していますから、たとえ勝利しなくても長くもちこたえるでしょう。城内ではそのように話しております」

これに対して細川忠興は「私の考えは正反対で、大坂城はすぐに落城すると思います。その理由は、秀頼は乳吞み子で、お袋（淀殿）の専制だからです」と回答している。

要するに豊臣方の思惑は「長期戦になれば勝たないまでも、高齢の家康は死ぬ。そうなれば戦局は動く」。一方、忠興の指摘は「大坂城には**総大将**（司令官）がいない。実戦の経験がない秀頼や実際の支配者・淀殿では務まらない。牢人も期待できない」ということになる。

合戦開始後に豊臣方が使者を派遣した大名の中でも、誰ひとり味方を表明するものもなかった。

①**島津家久（薩摩73万石）**：「故太閤の恩顧はすでに関ヶ原で果たしています。当家は関ヶ原で敗れた立場にもかかわらず、今は家康公に取り立てていただき、ご厚恩を受けておりますので、将軍家に背くことはできません。ご推察願います」（大野治長宛ての断り状）。

②**前田利常（加賀120万石）、鍋島勝茂（佐賀36万石）**ほか：使者を召し捕り、秀頼親書を未開封のまま江戸に転送した。

返書を出して回答したのは島津氏くらいで、そのほかは秀頼親書の封も切らずに家康・秀忠のもとに送り、忠誠を誓っている。中には使者の指を切り落とし、その額に「ひでより」と烙印を押した大名もいたという。あえて諱を記して、無礼を働く。逆にいえば、徳川忠誠の証である。

[*3] **石山本願寺**：大坂城の場所（石山）にあった浄土真宗の寺。信徒が信長に敵対して寺に籠もり、1580年まで10年近く抗戦し続けた。

御恩と奉公――豊臣恩顧大名たちの心情

これまでもたびたび述べてきたように、御恩と奉公とは「ギブ&テイク」の関係にある。かつて戦国大名は国人に**御恩**（本領安堵・新恩給付）を与え、その代償として国人は**奉公**（軍役・労役）に励んだ。

この構図は、将軍と諸大名との関係でもまったく同様なのである。西軍に加わった島津氏が、関ヶ原の後、領地を没収されなかったこと（本領安堵）は家康の御恩＝**新恩**であり、おかげで家臣も路頭に迷わずに済んだのである。従って島津氏は現在の主君に弓を引くことはできず、御恩に対しては軍役を果さなくてはならない。

確かにかつて秀吉の御恩＝旧恩は受けたが、「それは朝鮮出兵への従軍や城の普請役を務めたことで、奉公はすでに完了している」という理屈である。諸大名からすれば、いまさら過去をいわれて、国を与えるとかの「約束手形」を切られても、ありがた迷惑というのが、偽らざる心境であろう。

秀吉恩顧の代表格で、縁戚にして子飼いの福島正則にしても、豊臣方への対応はクールだった、と伝えられる。それでも幕府は福島正則、加藤嘉明[*4]、黒田長政[*5]を大坂冬の陣には従軍させず、江戸に残留させた。つまり彼らは旧恩を理由として、幕府の監視下に置かれたのだ。

ついでに記しておきたい。実は、わずかながらも恩顧に応えようとした者がいた。「賤ヶ岳の七本槍」[*6]（福島正則、加藤清正、加藤嘉明、片桐且元など）のひとり、平野長泰[*7]である。

同輩が大名に出世した中にあって、彼は大和・田原本5千石の領主に留まっていたが、駿府在住の家康に以下のように申し出た、と伝えられる。

Ⅴ　智謀の将

[*4]　加藤嘉明（1563～1631）：秀吉に仕え、「賤ヶ岳の七本槍」のひとりとして活躍。関ヶ原では家康に味方し、後に会津40万石にまで取り立てられた。しかし、その子・明成の代になって御家騒動が起り、改易される。

[*5]　黒田長政（1568～1623）：黒田官兵衛（如水）の子。秀吉に仕え、九州征伐や朝鮮出兵などに従軍。関ヶ原では家康に味方し、筑前・福岡52万石を与えられた。なお後藤又兵衛基次は長政の重臣だったが、彼を見限って牢人となり、大坂城に入る。

[*6]　賤ヶ岳の七本槍：1583年の合戦で、羽柴秀吉の小姓9名（うち2名死亡）が先頭に立って一番槍を競った。福島正則、加藤清正、脇坂安治、加藤嘉明、片桐且元、平野長泰、糟谷武則の7名である。

[*7]　平野長泰（1559～1628）：七本槍の中で福島正則、加藤清正、加藤嘉明は国持大名までになったが、いずれもが子や孫の代に改易されてしまう。ところが平野氏は幕末まで続き、最後にはミニマムに近いが、1万1石の大名となった。端数が実にユニークに映る。

「私は若年のころから太閤（秀吉）の恩を受け、取り立てられました。5千石という小身ですので、物の数に入らないでしょう。そこでお暇をいただき牢人になって、太閤恩顧に報いるために大坂城に入りたいと思います。私がそのような行動を取っても、徳川の支障にはならないでしょう。武士の道を立てて、討死したいのです」

話を聞いた家康は、昔話をして平野長泰を江戸に返し、福島正則らとともに江戸残留を命じたという。ちなみに「物の数に入らない」、「物の役に立たない」と表現される「物」とは、合戦のことを指す。

牢人─生活苦にあえぐ大量の失業武士

関ヶ原の戦いで、西軍（上杉征伐も含む）に属して改易・減封処分を受けた大名家は93家、没収石高は約670万石。その後、後継者不在などの理由で改易されたのは36家、没収石高は約3百万石。

このように幕府が没収した知行はトータル**1千万石**におよび、この知行が徳川氏や東軍に参加した諸大名に、新恩（加増）として再配分されたことになる。

言い換えれば所領を没収された大名たちの家臣は、現代でたとえると会社倒産で「失業」の憂き目に遭った。当時の武士は、主君から知行（土地）を与えられ、そこから挙がる収穫を生活の糧としていた。

一方で加増を受けた大名も、手柄を立てた譜代家臣に分配する必要があり、しかも経済政策に力を入れ始めているから、武士を採用するニーズは自然と乏しくなる。

この局面を大雑把にいえば**失業者の供給過剰・需要減退**、「失業武士は数多いが、再雇用先（再仕官先）は少ない」となる。もちろん自発的に辞めた人もいるし、その事情や境遇はさまざまなのだが、一様に「主君がおらず、収入のない状態」、一種の屈辱的状態に変わりはない。

真田昌幸・幸村父子は謹慎処分を受けており、赦免されないかぎり再就職活動は難しいのだが、立場は失業武士である。

この失業武士を**牢人**という。牢人を改めて定義すれば「主君を離れて仕事がなく、収入もない武士」となる。

どうも牢人と書くと、「牢屋に入っている人」がイメージされがちだが、牢

とは無聊(退屈)の意味で、「ぶらぶらしている人」に近い。

また後には「浪人」とも書かれ、幕末の坂本竜馬など数多くの脱藩者が浪人となったことは有名だが、こちらには「藩という定住地を離れて流浪する人」「浮浪の徒」というニュアンスが込められている。

言い換えれば江戸初期は、藩という概念がまだ十分に固まっていないから、「牢人」の方を用いることになる。

もちろん当時の牢人数のデータはない。だが、前に記した軍役の要員数(関ヶ原の動員令は百石当たり3名)を物差とすれば、没収石高が1千万石なので、単純計算すれば約30万人が当時牢人だった、と推定される。再仕官や帰農者などを除いても、少なくとも20数万人が流動化していたのであろう。加えて彼らの妻子もいる。

これから述べる大坂冬の陣では、大坂城に約10万人の牢人が集まった。巷で生活苦にあえぐ牢人のうち、相当数が参集したのだ。

そして、ともすれば「彼らは大坂城に死に場所を求めた」と表現される。当然、中にはそういう思いの牢人も存在したのは事実であろう。しかし、彼らの多くは再び仕事ができる喜びや生き甲斐を求め、また金銀をもらうことで飢えと貧しさから抜け出し、妻子を養うために入城したのである。

ギブ&テイクでいえば、大多数は「御恩」(知行)のためでなく、生活の糧「金銀」(扶持)を得るために奉公しようとした。

「契約に基づく俸給をもらって、兵として働く者」、すなわち**傭兵**である。織田信長の時代、雑賀孫市*8が率いた「雑賀鉄砲衆」のケースがあったが、これほど大規模な傭兵集団の出現は、空前史上の出来事といっていい。

豊臣方は大坂城に蓄えられていた金を溶かして延べ棒をつくり、傭兵を募集した。豊臣譜代の家臣から見れば、牢人とは「外人部隊」である。慢性的な生活苦に見舞われていた真田幸村も、その例外ではない。

＊8　雑賀孫市重秀(生没年不詳)：孫市が率いた雑賀(和歌山市)の鉄砲衆は合戦の都度、諸国の大名に腕を買われ、謝礼をもらって生計を立てた。これぞ、傭兵の典型である。特に信長が石山本願寺を攻めたとき、孫市が鉄砲衆を率いて本願寺側に付いた話は有名。なおローテーションを組んで、号令によって射撃する戦法は、孫市の工夫だったといわれる。だが、それが実施されたとされる「長篠の戦い」に、彼は参戦していない。

[知行と扶持]

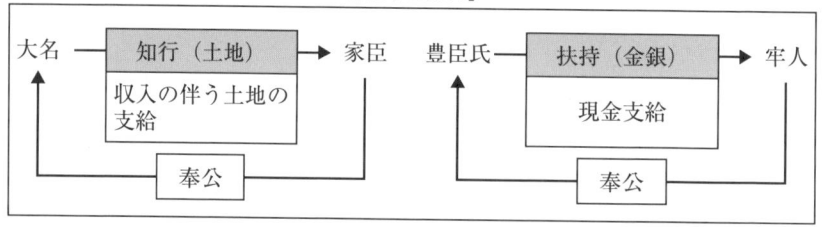

大名 → 知行（土地） → 家臣
　　　収入の伴う土地の支給
　　　　　　　奉公

豊臣氏 → 扶持（金銀） → 牢人
　　　　　現金支給
　　　　　　　奉公

桜門側から見た大阪城天守閣

Ⅴ 智謀の将

4 大坂冬の陣・合戦準備
〈豊臣軍 VS. 徳川軍〉

真田幸村、堂々の大坂城入城

　1614（慶長19）年10月10日、徳川家康が駿府を出発する前日、真田幸村は大坂城に入った。
　それまでの経緯は——。
　10月の初め、九度山の幸村のもとに、秀頼の重臣・大野治長の使者が訪れた。治長の所領は泉佐野にあり、大坂南方の地理には明るい。
　使者の内容は大坂入城の依頼であり、当座の音物（贈り物）として黄金2

百枚（当時の貨幣価値で２万石相当）などを持参したという。

　ちなみに「大坂の陣」に関しては、実際に豊臣方に属した武士・足軽の記録、『大坂御陣山口休庵咄（きゅうあんばなし）』や『長沢聞書』などが残っている。

　その『休庵咄』によれば、牢人の契約金は「騎馬の武士１騎当たり黄金２枚」であり、幸村は当面百騎を求められたことになる。いわゆる足軽などの兵は含まれていない。また『休庵咄』には、「幸村は50万石を約束された」という記述もある。

　当時の紀伊・和歌山藩主は浅野長晟（ながあきら）。先に病死を遂げた幸長の弟にあたることは前に述べた。その長晟も幸村の動きを懸念して、九度山付近の百姓に監視を命じていた。

　ついでながら長晟も「兄同様に豊臣恩顧ではないか」と、徳川氏から疑われていたようだ。彼は、江戸残留を命じられた福島正則などにも同情して、慰労のことづけを平野長泰に書状で託している。その中に「直接彼らに手紙を出すと、不審に思う人もいるので」と書かれている。

　また改めて触れるが、大坂夏の陣でも「浅野が裏切って豊臣方に寝返った」という流言が実際に飛び交（か）っている。要するに浅野氏にはそう見られる下地が多分にあったわけで、幸村の監視といっても緩やかだった可能性はある。

　幸村の脱走劇には「父・昌幸の法事を営むとして、周辺の庄屋や百姓を酒席に招き、酔い潰して逃げた」とか「付近の庄屋や牢人など40人も同行した」とか、いろいろな話が残っている。どうやら深夜に屋敷を抜け出して、橋本峠経由で北上し、大坂に辿りついたようだ。

　同行したのは妻子、残留した家臣数名。また連絡を取っていた真田譜代の家臣130名が、一行に加わったという話もある。さらに「幸村は山伏（やまぶし）の姿で大野治長の屋敷を密かに訪ねた」とか「治長が城外で出迎えた」とかの話も残っている。

　だが、実際はかなりの大人数で華美な入城だったのではなかろうか？

　「陣触れ」（出陣命令）が出され、軍役に従って兵を率いた武士が続々と参集することを、当時の言葉で着到（ちゃくとう）という。これはまさに晴れの舞台、一大セレモニーなのである。

　いまでたとえれば、スポーツ大会の「選手団入場」のイメージ。この日のために揃えたユニフォームを着て、堂々の入場行進を行う。

　そこでたとえば「騎馬百騎」といったように、軍勢を「着到簿」に記載するか、「着到状」を提出する。その申告に基づいて総大将は兵力数を把握し

Ｖ　智謀の将

て、軍議（戦評定）を開催する。そこで籠城と決まれば、「備え」（各方面軍）を決定し、改めて武器、食糧、宿舎などの全体調整を行う。

その段取りは、決してアバウトなものではない。現在の選挙戦の〈出陣式→票読み→劣勢地区の特定→立会演説会の開催・動員→弁当の手配……〉と同様の考え方であり、まして合戦で生死を賭けるのである。

言い換えれば入城する牢人にとって、着到は自分の格式を誇示できる絶好の機会であり、それを幸村が知らぬはずがない。しかも幸村は元大名の後継者で、一軍の将が約束されている立場だ。

そのほかの牢人にしても、動員力はストレートに契約金に反映され、城内での処遇にも影響を与える。自然と上方での**牢人スカウト合戦**、大量動員競争となったことは間違いなかろう。

つまり幸村は武具の手配を含めて周到な事前準備を行い、信濃・上田の旧家臣や西国の浪人衆を勧誘して、堂々の入城を果したものと思われる。入城後、幸村は「手勢130人、外に5千人を預けられた」（『真武内伝』）といわれる。それぞれ騎馬武者、歩兵の意味である。

[大坂城の構成]

```
顧問・織田有楽                          直轄軍
 淀殿  ────  秀頼  ──知行──→  七手組1万人
乳母・大蔵卿局  乳母・宮内卿局  ←奉公─
    │            │       扶持
大野治長・治房 ─知行─ 木村重成  ↓↑         三人衆
           66万石              奉公  牢人   長宗我部盛親
                                    10万人  真田幸村
                                            毛利勝永
```

女系ファミリーだった豊臣譜代衆

大坂城に集まった牢人は約**10万人**。従来からの直轄軍が1万人、ほかに多くの女性が城内にいた。

『休庵咄』によれば、「籠城の総人数12～13万人。その内訳は馬乗（騎乗）が1万2～3千人、徒歩侍が6～7万人、雑兵が5～6万人、ほかに本丸の

女中が1万人」と書かれ、かなり具体的である。前にも記したように、騎馬武者の割合はここでも1割である。

一方の『長沢聞書』では、「足軽より上の侍で兜を被った者が8千7百人、雑兵が10万人」と記録されている。おそらく兜の武士が騎馬武者を指しているのであろう。

つまり全員が鎧、兜で身を固めていたわけではなく、戦闘に従事する足軽のほかにも、砦や塹壕といった土木建設、食糧運搬などを担う者がかなり存在したのである。しかも女性も数多く、「戦闘員と非戦闘員とが5万人ずつ」という説もある。だが、そこには有力大名の姿を見出すことはできない。

一方、徳川氏が動員した総兵力数は約**20万人**。

誤解がないように繰り返すが、あくまでも豊臣方は私兵、徳川方は公儀軍（政府軍）である。ついでにいえば家康側近の僧は、大坂に参集した牢人を「日雇い」と表現し、かなり見下している。

江戸を出発した将軍・秀忠の本軍は〈先鋒・第1〜5番・後備〉の7部隊から編成された。先鋒は伊達政宗（仙台）・上杉景勝（米沢）・佐竹義宣（秋田）の3外様大名が務め、第2番には幸村の兄・信之の子供たち（信吉・信政兄弟）も名を連ねている。ほかに真田一族では、駿府から出陣した家康の使番として、幸村の叔父・信尹も従軍している。

ここで以降の叙述を分かりやすくする意味も込めて、「豊臣譜代衆」と「牢人衆」を整理しておきたい。なお、当時は譜代を「本座」、牢人を「新座」と呼んでいた。座をグループと読み換えれば、イメージが湧きやすい。また「衆」には、発言力のある有力者のニュアンスがある。

まず豊臣譜代衆の最大の特徴は、**女系ファミリー**という点だ。

大坂城の支配者・淀殿は、城外に出れば単なる無位無官の女性に過ぎないが、城内では秀頼の「お袋様」として絶対的な権力を握っており、彼女を頂点とする女官が城内に君臨していた。

淀殿は、近江の戦国大名だった浅井長政とお市の方（織田信長の妹）との間に生まれ、浅井滅亡後に秀吉の「別妻」となった。秀吉の本妻には「おね」（後の北政所）がいるものの、家柄からすれば淀殿を側室というわけにはいかないので別妻と表現される。

出身地別で北政所は尾張閥（福島正則など）、淀殿は近江閥（石田三成など）と分類することもできる。ちなみに淀殿の次妹が常高院（京極高次・妻）、末妹がお江与の方（徳川秀忠・妻）である。

Ⅴ 智謀の将

その淀殿に仕える**女官**、浅井時代以来の淀殿の乳母・大蔵卿局、秀頼の乳母・正栄尼や宮内卿局は、江戸時代の「大奥」をはるかに凌ぐ権力を有していた。なぜならば、彼女の子供らが、秀頼の側近に取り立てられたからだ。

すなわち、大蔵卿局の子供が大野修理亮治長以下の大野3兄弟、正栄尼の子供が渡辺内蔵助糺、そして宮内卿局の子供でかつ秀頼の乳兄弟が木村長門守重成。ここ大坂城では、淀殿・秀頼親子の周囲を、惑星のように乳母親子や女官が取り巻いている。

豊臣譜代の筆頭格が**大野治長**。次弟が主馬治房、3弟が道犬斎治胤といい、そして末弟の治純だけは家康の旗本となっている。

治長（40歳前後）は「別シテ御用ニ立ツ者（特に有能な者）」（片桐且元談）といわれ、ハンサムで恰幅がよく、広大な城内を唯ひとり駕籠で移動していたほどの実力者だ。

彼ら側近グループのほかに、大坂城には秀吉以来の旗本グループ（馬廻り）がいた。これが秀頼の直轄軍というべき「**七手組**」であり、7人の組頭（速水守久・真野頼包・青木一重・伊東長次など）が1万人を従えていた。

さらに淀殿の顧問格として叔父にあたる**織田有楽長益**が、その子供・織田雲正寺長頼とともに詰めている。

そしてこれら譜代衆の中には、すでに徳川氏に内通している者もいる。

🛡️大坂城に集まった牢人の顔ぶれ

真田左衛門佐幸村（48歳）以外の牢人衆で、代表的人物のキャリアを以下挙げておきたい。

①**長宗我部宮内少輔盛親（40歳）**：もと土佐の戦国大名で、関ヶ原で西軍に属したために領地を没収されたといわれる。だが出陣はしたものの、戦闘には参加しておらず、実際は兄・親忠を謀殺した罪で処分を受けている。その後、京都で牢人生活を送っていた盛親は「土佐一国」の約束で入城した。

②**毛利豊前守勝永（30歳代）**：秀吉の家臣で、もと豊前の大名。関ヶ原で西軍に属したために土佐に配流されていた。そこに大坂城からの招きがあり、彼は船を仕立てて脱走する。

③**後藤又兵衛基次（55歳）**：大名・黒田長政の重臣として朝鮮出兵、関ヶ原で活躍した功績で1万6千石を与えられたが、長政とソリが合わずに牢人していた。巨体で全身に傷痕が残る豪傑。彼は早くから大野治長の密命を帯び

て、対紀州工作（浅野長晟への働きかけ、紀州一揆の策動）をしていた、という説がある。とすれば、幸村の脱出にも力を貸した可能性が高い。

④**明石掃部全登**（60歳代）：もと宇喜多秀家の重臣で、関ヶ原後は牢人していた。彼はジョアンという洗礼名を持つキリシタンで、信教の自由を約束されて城に入った。

ほかにも関ヶ原敗戦組では仙石豊前守秀範、大谷吉継の子・大学助吉治（幸村の義弟）、江戸初期の改易大名では石川三長（石川数正の子）、淀殿の縁者である浅井長房、父・忠興から廃嫡された細川興秋（母は明智光秀の娘で、有名なガラシャ夫人）、主君・加藤嘉明のもとを退散した塙団右衛門直之などが集まった。

彼らは合戦にせよ何にせよ、一様に人生で「挫折感」を味わった者たちであった。

牢人衆の中では長宗我部盛親、真田幸村、毛利勝永が元大名で、任官されていたので**三人衆**と呼ばれ、城中でも会釈されるなどの敬意が払われた。

また豊臣譜代衆と牢人衆とを合わせて「騎馬百騎」以上を配下に抱えたのは「大野治長、大野治房、真田幸村、長宗我部盛親、明石全登、仙石秀範、毛利勝永、木村重成、浅井長房、後藤基次」の10名で、彼らが備えの将となる。

豊臣方の軍議―出撃か籠城か？

ところが、大坂城には**総指揮**を執る者がいない。もちろん名目上は秀頼なのだが、実戦の経験がなく、結局、彼は最期まで一度も出陣することはなかった。従って軍議（作戦会議）は、治長をメインとした合議制にならざるを得ない。

軍議のテーマは、「出撃策」と「籠城策」のいずれを採るか。当初、治長は出撃策、「片桐且元の籠もる茨木城を落として、京都に攻め込み放火する」を主張した。さらに幸村は、その出撃策を発展させる。

「迅速な徳川軍の動きに対して、豊臣方は後手に回っています。徳川軍に宇治川・勢田川ラインを突破されたら、万事休すとなります。まずは京都・伏見城を攻め市内に火を放ち、宇治・勢田川で徳川軍を防衛することが肝心です」

Ⅴ 智謀の将

この幸村の意見に後藤基次が同調したが、「平家の時代から宇治・勢田川ラインを守って防御できた者はいない」という先例主義から出撃策は否決され、籠城策が採用される。

これが通説だが、ほとんどの軍議参加者が死んでいて、本当にそのような論議があったのかは、分からない。ただ、上記のようなトーンの背景には、「出撃は積極策、籠城は消極策」という固定観念が存在したのは間違いなかろう。

しかしそれは、武士道の散り際の美学、「花は桜木、人は武士」が叫ばれだした江戸中期以降の発想だ。

現実的には兵力数で敵が優り、味方が劣るケースでは**籠城策**が採用される。それは「北条征伐」の小田原城、2度におよぶ「上田合戦」の上田城でも見てきたとおりの戦略だ。

その第2次上田合戦で、圧倒的多数の徳川軍に包囲された幸村は籠城し、敵を誘い込んでは奇襲を掛けている。要するに彼は、籠城で貴重な成功体験を有しているのだ。それに引き替え、ほかの軍議参加者は朝鮮や関ヶ原といった野戦経験はあっても、籠城経験はない。

野戦は上手だが、城攻めは苦手。これが当時の家康評であり、両者は明らかに別物なのだ。

とすれば、誰が考えても幸村は籠城策を主張したはずだ。さらにいえば、大坂城での衆議は当初から籠城策に決まっており、背後から徳川軍を攻める援軍を募るべく、恩顧の諸大名宛てに「秀頼親書作戦」を展開した、と考えるのが自然であろう。

その意味で、幸村は必須の人材である。そして籠城経験を活かした幸村の「防御方法」(塹壕、櫓、塀、壁)や「備蓄技術」(武器、弾薬、食糧、馬の飼料)は、豊臣方からリスペクトされたのではなかろうか?

その戦略と技術の結晶が、徳川軍を震撼させた出城・**真田丸**である。

Ⅴ 智謀の将

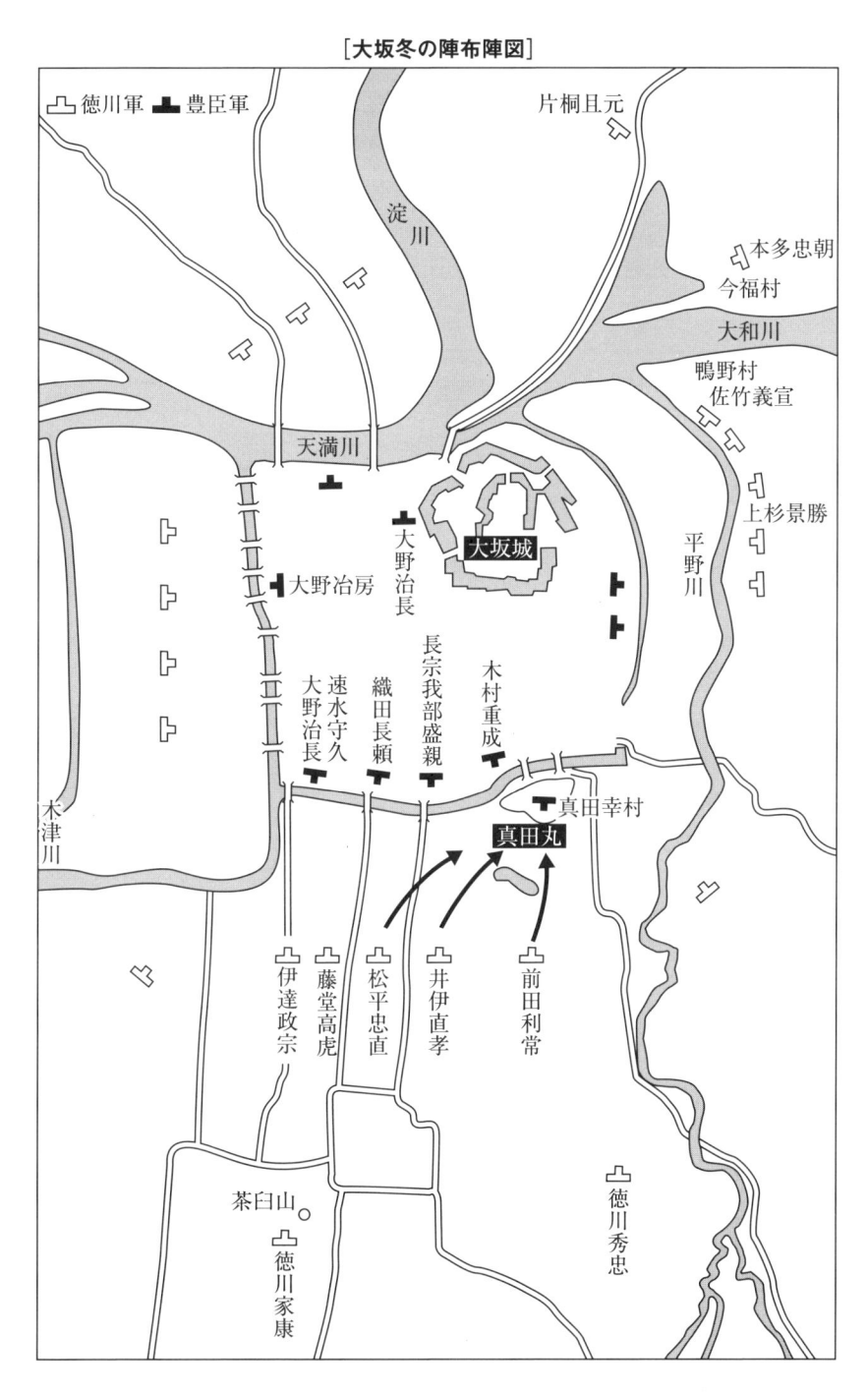

[大坂冬の陣布陣図]

凸 徳川軍　┻ 豊臣軍

片桐且元
淀川
本多忠朝
今福村
大和川
鴨野村
佐竹義宣
上杉景勝
天満川
大坂城
大野治長
平野川
大野治房
木津川
大野治長
速水守久
織田長頼
長宗我部盛親
木村重成
真田幸村
真田丸
伊達政宗
藤堂高虎
松平忠直
井伊直孝
前田利常
茶臼山
徳川家康
徳川秀忠

Ⅴ　智謀の将

175

5 大坂冬の陣・合戦
〈豊臣軍 VS. 徳川軍〉I

真田の本領を発揮した要塞・真田丸

　天下の名城・**大坂城**の周囲——。城西は木津川と海、城北は天満川・大和川、城東は平野川が流れて湿原地帯となっている。

　このように3方面は天然の防備が施(ほどこ)されているが、城南だけは外堀を越えれば平坦な地が天王寺まで続いている。

　手薄な城南からの攻撃に備えて、真田幸村が城外の高台に建造した出城を「真田丸」という。

　真田丸の形は東西に長い三日月状、周囲に空堀を掘って三重の柵でカバーし、ポイントごとに櫓を設け、櫓と櫓の間は「武者走り」という通路で結ぶ。塀には1間(けん)(1.8m)ごとに6挺の鉄砲が配備される。まさに**要塞**という形容がふさわしい。

　この要塞を真田幸村・大助幸昌父子が持ち場として、6千人で固めた。幸村の築城ノウハウは、父・昌幸譲りだったのであろう。なによりも昌幸が上田城を築城した技術が、ここでも活かされたはずだ。

　また「持ち場」を担当することは、一軍の将を意味する。そこには赤い幟(のぼり)が立てられ、真田隊は旧武田軍と同じ**赤具足**(赤の鎧・兜)で統一された。武田遺臣の誇りといってもいい。つまりシンボルカラーは赤であり、備えや出撃のときの識別表示となる。

　そして持ち場のない者は、遊軍(機動部隊)として昼夜の巡回任務につき、いざ合戦が始まれば持ち場の応援へと向かう。そういう態勢が敷かれていた。

　ただし、城内・首脳陣の士気は上がらなかったようだ。どこまで牢人に伝わったかは別として、「まさか家康が攻めてくるとは思っていなかった」節がある。というのも、豊臣方が進軍中の伊達政宗などに和平の斡旋(あっせん)を依頼した事実があり、しかも合戦の最中にもかかわらず「四国で2か国をいただければ、大坂城を退きます」と申し出ている。

　加えて、とにかく淀殿の評判が良くない。徳川軍のスパイからも「万事に母(淀殿)が指図するので、将兵は色を失った(士気が減退した)」(『駿府

V 智謀の将

記』）とか、「武具を身につけたお袋が、同じように武装した侍女(じじょ)を引き連れて、各持ち場を巡回した」（『当代記』）とかの報告が家康のもとに届けられている。

さらに淀殿は従兄弟の織田長頼に、秀頼の名代として持ち場の巡回を依頼する。ところが長頼は、遊女に真っ赤な鎧を着せて女武者に仕立てあげ、それを連れて回る始末。

一事が万事、合戦前からこのような調子で、淀殿の行動が牢人を刺激する。指揮命令系統もハッキリしない。少し後の書状にはなるが、大坂城の雰囲気に触れて、幸村自身も「殿様（秀頼）の心づかいはひとかたならないのですが、万事が気遣いだけです」と窮屈さを訴えている。

その一方で徳川家康・秀忠が、本陣を四天王寺にそびえる茶臼山（大坂城の南3km）に置いたのは、11月18日。この日から徳川軍の城西からの攻撃が始まり、その2日後には家康の腹心・本多正純が、城内の織田有楽と大野治長宛てに**講和**を勧告する書状を送付している。

Ⅴ 智謀の将

[大坂冬の陣・陣容表（12月、順不同）] ※太字は本稿の主要人物

徳川方			豊臣方	
徳川秀忠	松平忠明	片桐貞隆	**真田幸村**	浅井長房
徳川家康	蜂須賀至鎮	花房正盛	伊木遠雄	生駒正純
毛利秀就	池田忠雄	花房正成	戸田為重	**明石全登**
福島正勝	稲葉典通	木下信俊	石川康勝	
南部利直	鍋島勝茂	**本多忠朝**	**木村重成**	
前田利常	池田忠継	浅野長重	**長宗我部盛親**	
松倉重政	石川忠総	**真田重吉**	内藤忠豊	
榊原康勝	森忠政	**真田信政**	**後藤基次**	
桑名一直	山崎家治	**佐竹義宣**	大野治長	
古田重治	加藤貞安	**上杉景勝**	真野頼包	
脇坂安元	一柳直盛	丹羽長重	**速水守久**	
寺沢広高	立花宗茂	堀尾忠晴	槇島重利	
井伊直孝	本多忠政	戸田氏信	黒川貞胤	
松平忠直	有馬豊氏	牧田忠成	**大野治房**	
藤堂高虎	池田利隆	秋田実季	青木信重	
伊達政宗	中川久盛	本多康俊	赤座直規	
伊達秀宗	松平康重	仙石忠政	伊東長次	
浅野長晟	竹中重門	酒井家次	堀田正高	
戸川逵安	関一政	水谷勝隆	中島氏種	
山内忠義	**片桐且元**	小出吉英	南部信連	

真田丸の攻防戦
〈真田幸村 vs. 徳川軍〉

　最初の大きな合戦は、城東方面の「鴫野・今福合戦」。11月26日の大和川の堤の上（左岸が鴫野、右岸が今福）での戦闘である。

　鴫野では徳川軍先鋒の上杉景勝隊が大野治長隊を攻めまくるが、対岸の今福では豊臣方の木村重成・後藤基次隊が佐竹義宣隊を撃退する。重成の奮戦などの勇ましい話が残されているが、真冬の湿原地帯の戦闘である。しかも関ヶ原以降の14年間は、合戦が途絶えている。環境的にはとても両軍の士気が上がったとは思えない。

　それはさておき、続いて徳川軍は城西からの攻撃を仕掛け、豊臣軍は後退する。要するに合戦当初、豊臣軍は城外に柵を設置して、そこを防御線として守備していた。しかし緒戦の結果、牢人衆から「戦線が広すぎる」という指摘が出たために、豊臣軍は**完全城内籠城策**への軌道修正を余儀なくされる。

　真田丸攻防戦は12月3日に始まった。城南方面・徳川軍の前田利常隊が、深夜に前面の真田丸攻撃を仕掛ける。前田利常隊の先鋒は、家老・本多政重（正純の次弟）である。

　実は大坂城内の内応者（真田丸の副将格・南条元忠[*1]）が、徳川軍手引きの合図を送る予定だったのが、偶然にも真田丸の火薬庫が爆発する。その火を合図と勘違いして、本多政重を先頭に松平忠直（結城秀康の子、家康の孫）、井伊直孝などの諸隊が一気に押し寄せたのだ。

　そのタイミングで、幸村が真田丸から鉄砲の集中砲火を浴びせる。内塀に取り付いた者は「一人も残らず撃たれ申し候」といった有様で、撃ち落とされた徳川軍は空堀の中で重なっていった。

　敵をできる限り正面に引き付けて、側面から一斉射撃する。これこそ上田城以来の**真田の基本戦術**、といって間違いない。

　この合戦の噂を、京都在住の朝廷官僚はその日記に「越前少将（松平忠直）の軍勢4百騎、松平筑前守（前田利常）の軍勢3百騎が討死し、雑兵は数えきれないほどだ」と載せている。この記事をストレートに読むと、騎馬の武士の割合は約1割だから、トータルでは数千名の戦死者が出たことになって

[*1]　**南条元忠**（？～1614）：元は西軍に属した大名で、戦後は5百石で秀頼に仕えた。「大坂冬の陣」のとき、徳川軍の藤堂高虎に内応しようとして殺された。ちなみに内通者は、ほかにも七手組頭などがいた。

しまう。

これは「徳川軍は銃弾を防ぐために竹の束(たば)を持って攻めたが、負傷者・死者が3百～5百人におよんだ」(『当代記』)というのが、実態であろう。なお、両軍ともに軍勢のカウントは**騎馬武者**単位であり、いつの時代も兵の大半は「名もなき雑兵」として扱われる。

厭戦(えんせん)ムードの中で和平交渉スタート

「大阪冬の陣」の合戦期間は、約1か月。そのスタート時点から徳川軍からの和平勧告がなされていたのは、前述のとおりだ。

真田丸の攻防戦の後、その流れに沿って真田幸村に対しても個別の働きかけがあった。徳川軍の謀略(寝返り工作)であり、指令は本多正純から弟・政重に発せられた。

「真田左衛門尉殿(左衛門佐・幸村)は豊臣家に忠節を尽くしているので、才覚(工夫)が必要です。そのために真田隠岐殿(信尹)を派遣します」

つまり本多政重と真田信尹が幸村工作担当を命じられたことになる。信尹は幸村の叔父であり違和感はないが、政重の登場はやや唐突な印象を受ける。

ところが政重のキャリアにも、幸村とオーバーラップする部分がある。彼は一時期、上杉景勝の重臣・直江兼続の養子だったことがある。幸村はかつて景勝のもとに人質としていたことがあり、兼続とは知己の間柄である。

それと正純・政重兄弟の父が本多正信であり、彼が昌幸・幸村父子の高野山追放処分の責任者だったことはいうまでもない。要するに真田対策は一貫して**本多一族マター(担当事案)**だったのだ。

叔父・信尹からの具体的な提案は、「味方になれば10万石を約束します。受託の場合は本多上野(正純)が誓詞を差し入れます」というものだった。どうやら合戦中に矢文(やぶみ)で連絡を取り合い、城外で深夜に会ったらしい。

その申し出に対して、幸村は「私どもは牢人して高野山で乞食(こじき)状態でした。そこを秀頼様に召し出されて、真田丸を任されたことを有り難く思っていますので、帰順は難しい話です」と回答した。再度、信尹からは「信濃1国ではどうですか?」という提案があったが、幸村は拒絶したと伝えられる。

大坂城内での和平の推進役は**織田有楽**。彼は矢文で、徳川軍の浅野長晟(ながあきら)宛

Ⅴ 智謀の将

てに「私は禄高の低い者ですが、縁戚（淀殿の叔父）なのでやむなく籠城しています。私は和睦の意見を申し上げているのですが、諸牢人が同心（同意）いたしません」と報告している。

　幸村以下の牢人からすれば、合戦自体は互角であり、和睦には反対の立場だったのだろう。それとなによりも、再び失業の憂き目には遭いたくない。

　一方の徳川軍は冬の野外に駐屯する遠征部隊であり、東北などの遠隔地からも従軍している。しかも新恩が与えられるかどうかは分からないから戦闘意欲には乏しい。豊臣氏の知行は66万石に過ぎず、関ヶ原の没収高の比ではないのだ。

　両軍の中で、金で雇われた牢人だけが戦う意思を持ち続けていた、といって過言ではなかろう。

　だが、その間にも徳川方は織田有楽に具体的な**二者択一**の打診、「淀殿が人質になるか、それとも堀を埋めて城壁を壊すか。そのとき城中の譜代・牢人はともにお構いなし（処分なし）とする」を行っている。

　さらに徳川軍は交渉を軌道に乗せるために、城内に向けて大砲による威嚇（いかく）射撃を開始する。その砲弾が淀殿の御座所にまで飛び込む事態に至り、和平ムードは一気に加速される。実態上の総指揮官がパニック状態に陥ったからだ。余談ながら元家老・片桐且元が、城の絵図面で淀殿の居場所を示したといわれる。

　12月16日、大坂城中で和平の**評定**（ひょうじょう）が開かれた。席上の意見は次のとおりである。

①**顧問（織田有楽）、直轄軍（七手組頭）**：「このように攻められては、落城は間近いと思います。両御所（家康・秀忠）からの和平申し出を幸いと考えるべきでしょう」

②**牢人（後藤基次）**：「徳川軍から豊臣方に内通する大名はいませんし、弾薬や食糧などもいずれは限りがあります。しかも城中に内応者がいるようで、みんなが疑心暗鬼の状態に陥っています。これでは籠城は難しいと思います」

③**譜代（大野治長）**：「大御所（家康）は70歳を越えています。しかし、まだ右府様（秀頼）はお若いですから、時節を待てばいずれ天下は大坂のものになるでしょう」

④**淀殿**：「私は秀頼のために、関東へ人質として行きます」

　これらの論議を経て、秀頼は最終的に和平交渉スタートを認めた。その前提条件は**淀殿の人質提供**となる。ただし全体評定は牢人説得の場、ガス抜き

Ｖ　智謀の将

の場と考えた方が理解しやすい。牢人以外はすでに厭戦(えんせん)気分なのである。

講和の成立と大坂城の堀埋め立て

翌17日には朝廷から停戦命令も下されるが、家康が拒否したのは前述のとおり。あくまでも折衝は、徳川・豊臣両氏の間で行われる。

12月18日、徳川方は家康の側室と本多正純、豊臣方は常高院*2（淀殿の妹）が会談を持ち、講和条件が協議された。

徳川方の提案は「大坂城を本丸だけ残して、ほかの二の丸や惣構えなどを壊すのであれば、お袋（淀殿）の人質は不要です。大野修理（治長）と織田有楽は人質を出してください」と、意外にも「淀殿不要案」であった。

客観的にいっても、かなり豊臣方に譲歩した内容だ。城内にも安堵感が漂ったのであろう。秀頼の選択肢もただひとつ、**城の一部破壊**である。

正式な調印セレモニーは21日に実施され、以下の5項目が将軍・秀忠の誓詞として豊臣方に渡された。

①**牢人問題**：「このたび籠城した諸牢人は、不問に付します」
②**本領安堵**：「秀頼の知行は従前どおりとします」
③**人質**：「母（淀殿）の江戸在住は不要です」
④**国替え**：「大坂城を明け渡すのであれば、いずれの国でも望み次第で国替えを行います」
⑤**信義則**：「秀頼は表裏（不誠実）があってはいけません」

これに対して翌日、淀殿・秀頼親子は次の3項目の誓詞を差し入れる。
Ⅰ「秀頼は両御所に対して、今後謀反や野心を企てません」
Ⅱ「いろいろな意見がありますが、近々ご意向を聞きに伺います」
Ⅲ「すべて従前のままでお願いします」

これを当時の言葉で「双方扱い」という。現在でいえば契約成立であり、大坂城の外堀は突貫工事で埋められてしまう。豊臣方が「惣構え＝外の堀だけ」と抗議したにもかかわらず、腹黒い本多正純が意図的に「総構え＝総ての堀だ」と強行した、とされる有名な話である。これもまた家康の謀略のひとつといわれるが、詭弁(きべん)もしくは詐欺(さぎ)という表現の方がふさわしい。

Ⅴ 智謀の将

---

*2　**常高院**（？～1633）：浅井長政とお市の方の次女で、淀殿の妹。若狭・小浜の大名である京極高次と結婚し、夫の死後に常高院と号した。姉のもとに来ていたときに合戦に巻き込まれ、豊臣方の和平交渉の使者を務めた。

おそらく、同時に真田丸なども破壊されたのであろう。年が明けて1615（慶長20、元和1）年正月、大坂城は本丸だけの「裸の城」と成り果てる。

その様子を、噂で聞いた家康側近の僧・崇伝*3は「城堀埋まり本丸ばかりにてあさましくなり、見苦しき体にて御座候」と記している。すでに家康は駿府に向かい、徳川軍も1月末には大坂を引き揚げた。

以上が大坂冬の陣の顚末なのだが、徳川方の誓詞で注目すべき点に触れておきたい。

まずなによりも、合戦の当事者である豊臣氏の処遇よりも先に、「牢人問題」が掲げられたこと（後述）。それと徳川方が依然として、「国替え」にこだわっている点だ。

ここでも家康は、秀頼庇護方針として「秀頼を関東の安房・上総（千葉県）に移したい」といっている。おそらくは秀頼を監視の目が届く地域に置くことで、「秀頼を担ぎ出すような謀反を防ぎたい」という思惑が働いていたのであろう。

大坂城の一部破壊・堀埋め工事。それを根拠として大坂冬の陣を「堀を埋めるための謀略戦」と位置づける説もあるが、本質は国替えを促すための手段、秀頼への**動機づけ**と考えるべきものだ。

V 智謀の将

真田丸があったとされる三光神社

---

*3　**金地院崇伝**（1569～1633）：江戸前期の臨済宗・南禅寺派の僧。家康に重用されて、キリシタン禁制や各諸法度を起草して幕府政策に大きく寄与した。「黒衣の宰相」といわれ、朝廷との確執を招いた「紫衣事件」の張本人としても知られる。

VI 知略の将

真田幸村──「日本一の兵」の散華

西暦	和暦	真田一族（幸村関連）の主な出来事
1612	慶長17	幕府、キリスト教禁制
1614	慶長19	方広寺鐘銘事件。片桐且元退去事件。大坂冬の陣（徳川公儀軍vs.豊臣軍）。講和成立
1615	元和1	大坂夏の陣（徳川公儀軍vs.豊臣軍）。道明寺の戦い。天王寺の戦い。幸村、戦死（49歳）。秀頼（23歳）・淀殿、自刃。元和へ改元。幕府、諸法度発布
1616	元和2	家康、病没（75歳）

1 大坂夏の陣、迫る！

牢人に乗っ取られた大坂城

　豊臣方の首脳陣にとって、いまや「牢人問題」が最も深刻なテーマとなっている。まず講和の成立によって、籠城した牢人衆は罪を問われることはなくなった。

　そこで合戦も終わり、牢人の**解雇**方針（扶持放し）が打ち出されたが、牢人の多くは城を出て行こうとはしなかった。それは忠義のためというよりは、現実問題として行き場所に困ったからだ。

　現在でたとえれば、彼らは長期雇用のつもりで就職したが、ある日突然、解雇を宣告される。しかも再就職の需要はなく、「大坂籠城牢人」のレッテルまでも貼られてしまう。

　徳川方の諸大名にしても、大坂冬の陣は実質的にただ働きに終わり、加増はない。明らかに関ヶ原を分岐点として、主従関係は「ギブ＆テイク関係」から「徳川氏への絶対服従」へと移行している。

　そのために諸大名の経済状態は、遠征に要した戦費の支出が嵩んで、悪化の一途を辿っている。牢人を雇用する余裕はないに等しい。

　実は大坂冬の陣の最中に、豊臣方は「母（淀殿）を人質として江戸に送ります。ただし、諸牢人の召し抱えの間（雇用期間中）は知行の加増をお願いします」とも、徳川方に申し出ている。

　淀殿とのバーター、しかも戦闘相手への加増打診。「背に腹は変えられない」の言葉どおり、かなり切羽詰まった話だが、この事実は①豊臣方も和睦をあらかじめ視野に入れていたこと、そして②牢人の雇用費・戦費のために、膨大な運転資金が費やされたことを意味している。

　籠城者ひとりに「1日あたり米6合」を支給したとして、10万人ならば1日で6百石の米が必要となる。イメージを喚起するために、米俵で表示すれば、1日で2万4千俵が消費される。豊臣氏の**経済状態**は完全に逼迫した、といっていいボリュームだ。

　単純比較は難しいものの、もうひとつ例を挙げてみたい。徳川軍の先鋒を務めた上杉景勝（米沢30万石）の動員数・5千人を物差とすれば、豊臣秀頼

Ⅵ　知略の将

（上方66万石）の実力は、従来の直轄軍（七手組）の1万人程度が分相応なのであろう。

しかし大坂城内では、解雇を申し渡された牢人が10万人と圧倒的に数は多い。その過剰なまでの数の圧力が、雇用者・秀頼と従業員・牢人との力関係を逆転させてしまい、「雇用者が従業員を追い出せない」という奇妙な**パラドックス現象**を産み出してしまう。

しかも武装集団である牢人衆の意向を無視すれば、逆に「獅子身中の虫」（身内の敵）となる可能性もあるから、「納得ずくで」という意味を込めて昨年末に和平交渉の評定が開催されたのだ。

そのときは後藤基次が和平に賛成した。しかし、彼に人望があるにせよ、その意見が牢人すべての気持ちを反映しているわけではない。むしろ彼は少数派だった可能性が高い。

余談ながら、第2次世界大戦中の日本の軍隊には体罰があった。ところが、日本にいる間は上官が部下を殴ったりしたが、戦地ではあまり制裁は加えられなかったという。前線では部下も銃を携行しているからだ。いつ背後の銃が火を吹くか分からない。

このような微妙な関係が、譜代と牢人との間に存在する。そして牢人は大坂城に居すわる形で、城をある意味「占拠」してしまう。

束の間だった戦士・幸村の休息

真田幸村も城にいる。

真田丸での活躍で、彼の名声は両軍に響きわたっていた。『長沢聞書』にも「真田丸は、真田と長宗我部の半分ずつの持ち場だったが、世間では真田ひとりの出城のように報じた」という話が載っている。

1615（慶長20）年1月24日、すなわち講和成立の1か月後、彼は故郷の姉・村松殿に手紙を出す。

「思いがけず合戦が始まり、私どもも大坂に参りました。さぞかし奇怪（不思議）と思われるでしょう。しかし合戦もまずは無事に終わり、私どもも死なずに済みました。本当にお目に掛かりたいものです。明日は形勢が変わるかもしれませんが、いまは特に変わりない状態です」

幸村はその書状に「われわれ」、「我等」を用いているが、この表現は彼を慕って信濃から来た家臣たちを代表して、という意味が込められている。
　上記の手紙には講和の安堵感が漂っているが、その2日後に豊臣方の顧問・織田有楽は「私の意見はすべて通らず、不要の人物扱いとなっています。早々に退城いたしたく、上州（本多上野介正純）へも申し入れました」という内容の書状を家康の近臣宛てに書いている。
　講和を実現させた有楽が「城から逃げ出したい」、といっているのだから、わずか1か月にして早くも**再戦論**が浮上したことが窺える。ちなみに有楽は「権現様御隠密（家康のスパイ）」として、大坂城に残留していた。繰り返すが、家康の思いは秀頼庇護、豊臣氏安泰にある。
　発言力が増した牢人衆が城内での主導権を握り、それに首脳陣が引きずられる格好で事態が推移し始めたのだ。
　当然、豊臣譜代衆の中にも牢人に同調する者も出て来る。そのころ、兄・大野治長と不和に陥った治房が勝手に秀頼の蔵を開けて、金銀・米を当座の資金として牢人衆に分配する。ストップしていた牢人の新規募集が始まる。埋められた堀が掘り返される。もはや統制が利く状況ではない。
　それに連れて、幸村の故国の娘婿や義兄宛の書状にも微妙な心境の変化が見られ始める。

　「私どもが籠城する以上は、必死の覚悟を決めております。この世でお会いすることはもうないでしょう。娘・すえのことだけはお気に入らぬことがあっても、お見捨てないようにお願いします」（2月10日）

　「定めない浮世（この世）ですから、明日のことは分かりません。私どものことは、浮世に生きているとお考えにならないでください」（3月10日）

　また幸村は大坂冬の陣が終結した後、徳川方・松平忠直隊にいた旧知の原貞胤（旧武田家臣）と会って、次のように語ったという。ちなみに原貞胤は幸村の父・昌幸とともに、かつて甲斐の新府城の普請奉行を務めた人物だった、と伝えられる。

　「討死を覚悟していましたが、思いがけない和睦で生き永らえました。合戦で一方の大将に任命されたことは今生の思い出であり、これで死後の面目

Ⅵ　知略の将

も立ちました。……私ども親子は一両年中にも討死すると思ってください」

(『武林雑話』)

　このころの幸村は、明らかに敗戦とみずからの死を覚悟している。彼の人柄は、兄・信之によれば「物事に対しては柔和(にゅうわ)で、言葉数は少ない。怒ることがない」とされ、書状などを見ても穏やかに淡々と覚悟を披露している。

　そして、この「一方の大将」幸村は、その名誉のために牢人とともに戦い、5月には死を迎えることになる。

徳川家康の最後通牒

　大坂冬の陣と夏の陣の間、約3か月のうちに、豊臣方では合戦の準備を進め、その情報は京都所司代（幕府の出先機関）から徳川家康・秀忠のもとに逐一報告された。

　当時、家康は9男・義直（後の御三家・尾張藩主）と、故・浅野幸長の娘との婚姻を準備中だった。すでに徳川氏と浅野氏は縁組を重ねてきているが、これが浅野氏を豊臣方に味方させない最後の歯止めである。

　なにより豊臣方の主戦派が期待したのが、大坂城に最も近い紀伊の大名・浅野長晟の「徳川裏切り」だった。

　この当時の複雑な情勢をよく伝えているのが、伊達政宗の書状である。

　「大坂表（冬の陣）は無事に済みましたが、両御所（家康・秀忠）は『去年から大坂で抱えている牢人がひとりも退散せずに、弓矢（合戦）の用意をしている』ことを聞いて使者を出されました。その内容は『大和（奈良県）か伊勢（三重県）のいずれかを差し上げるので、大坂をすみやかに明け渡してください。また大坂の現状からして、抱えている牢人をすべて追い払い、もとのご家中（譜代）までにしてください。この2点に同意いただけないときは、攻撃も辞しません』というものです」（3月29日）

　今度の家康の提案は択一ではなく、**国替えと牢人放逐**という2条件の完全クリアである。これが秀頼への最後通牒という感じもするが、それは結果を知っているからであり、まだ家康はその庇護を諦めてはいない。

　少し話が先に進むが、合戦直前となった4月中旬、家康を訪れた豊臣方の

Ⅵ　知略の将

使者・常高院にも、ほぼ同様の話が伝えられる。タイミング的には、こちらが**最後通牒**である。
① 「なぜ牢人を解雇しないで、召抱えているのでしょうか。何か目的があるのでしょうか。合戦準備の噂もしきりに流れています」
② 「その疑いが晴れるまで、大和郡山城へ移られたらいかがでしょう。その間に大坂城の掘や石垣を普請して、いずれ大坂城を差し上げましょう」

徳川内部では、かなり具体的に秀頼の大和郡山移転案が検討されていたようだ。しかし、最後まで豊臣方からの回答はなかった。

「大坂夏の陣」を決めた秀頼の自我

この間の豊臣秀頼や淀殿の動きはよく分らない。しかも譜代衆・牢人衆の中にも温度差があった。すでに退城していた織田有楽が徳川方へ通報したところによると、そのころ大坂城には3つの派閥が存在していたという。
① **講和派**：譜代　大野治長・七手組組頭＋牢人　後藤基次
② **主戦派**：譜代　大野治房＋牢人　長宗我部盛親・毛利勝永
③ **中間派**：譜代　木村重成・渡辺紀＋牢人　真田幸村・明石全登

上から順に「合戦回避派、合戦強行派、合戦やむなし派」というニュアンスであろう。おそらく幸村は、「合戦は避けてとおれない」というスタンスだったと思われる。

それらの有力者を集めて秀頼が**決意表明**を行った、という話がある。今まで明確な意思表示をしなかった秀頼が、ここで初めて感情をあらわにして強硬な主戦論を展開している。

「私が天下の後継者なのだが、関ヶ原以後は家康が天下を自由にしており、口惜しく思っている。そのために昨年も挙兵した。しかし評定の結果、籠城が困難という結論となり、家康の望みに従って和睦となってしまった。……さらに謀略でもって城を破壊し、今回も大坂を敵視するのは言語道断である。私は家康と戦って諸軍（譜代・牢人）とともに討死する」（『大坂御陣覚書』）

この秀頼の表明に対して譜代・牢人一同は賛意を表し、早速翌日には秀頼以下が行列を連ねて城外の天王寺、住吉一帯を巡回したという。

上記の決意表明は、実戦を経験した秀頼（23歳）の**自我**の発露であり、大

坂城の実権も淀殿から秀頼に移行したような印象を抱かせる。

確かに「大坂の陣」の客観的な理屈や道理は家康にあるのだが、「それでも納得できない自負心や感情がある」という秀頼の気持もよく分かる。

家康から何度いわれても、実際に最後まで大坂城を明け渡さなかった秀頼の執念は、「感情・思い入れ」以外の何物でもないからだ。おそらく彼にとって、大坂城こそが「天下の象徴」だったのであろう。

「なぜ短期間の内に再戦（大坂夏の陣）に至ったのか」という事情を豊臣方の視点で記した史料は少なく、その意味で上記の決意表明は興味深い。

４月に入ると、早々に家康・秀忠は諸大名に再び軍事動員令を出す。今回は秀頼からの回答がなかったためだ。

その直後の４月９日、大坂城でショッキングな事件が発生する。講和派の中心人物・**大野治長**が刺客に襲われて、重傷を負ったのだ。

刺客は家康が差し向けた者とも実弟・治房の家臣ともいう。前者は和平を望む家康からすればありえない話。後者は講和派と主戦派の確執として説明しやすいが、一方で「治房が刺客を追いかけて殺害した」という話も残されており、矛盾が生じてしまう。

牢人衆は元家老・片桐且元の仕業とかなり疑ったようだが、結局は暗殺未遂事件の黒幕は分からずじまいに終わる。

ただ確かなのは、この事件を契機として**講和派**の勢力が急速に弱まったことだ。

2 大坂夏の陣・合戦
〈豊臣軍 VS. 徳川軍〉II

徳川軍と豊臣軍との戦力比較

「大坂夏の陣」に、徳川軍は約17万人の大軍を動員した。１万石当たり235人（百石当たり２〜３人）の軍役だった、という。「冬の陣」で約20万人を動員して以来、わずかに半年後の再動員である。

４月21日に、京都で落ち合った家康・秀忠親子は作戦を立てる。大坂城の堀は埋められ、豊臣方は籠城策を採りようがないことから、今回は**野戦**とな

VI 知略の将

る。その最終決戦地としては、大坂城の城南に広がる大坂平野がイメージされた。

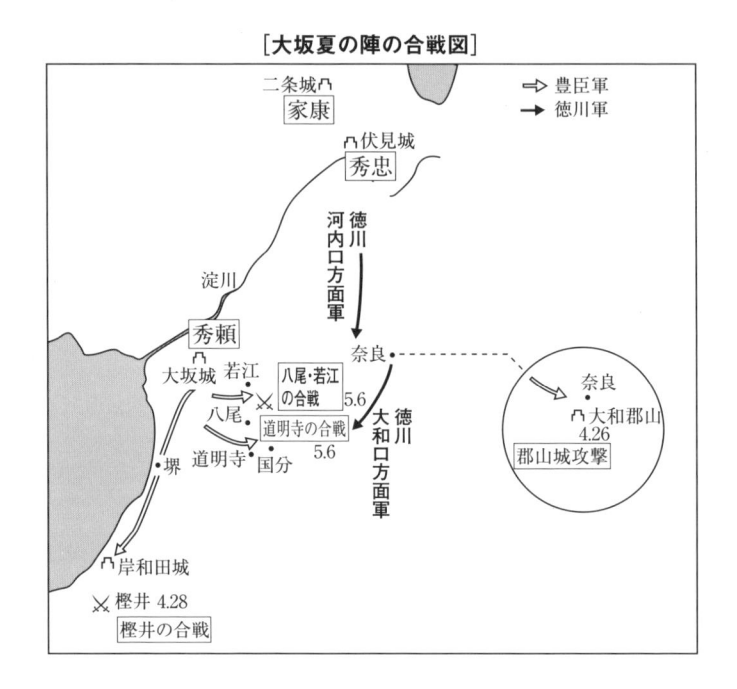

[大坂夏の陣の合戦図]

⇒ 豊臣軍
→ 徳川軍

二条城 家康
伏見城 秀忠
徳川 河内口方面軍
淀川
秀頼
大坂城 若江
八尾・若江の合戦 5.6
八尾
道明寺の合戦 5.6
堺 道明寺 国分
徳川 大和口方面軍
奈良
奈良 大和郡山 4.26
郡山城攻撃
岸和田城
樫井 4.28
樫井の合戦

　地図でも分かるように、京都から淀川沿いに南下すれば大坂までは近いが、大坂城の城北・城東は川が流れ、湿地帯が広がっている。大軍を動員して野戦を展開するには困難が付きまとう。
　そこで採られたのが、目標の野戦最適地までの迂回作戦。まず京都付近に集まった軍勢・約13万5千人は、奈良街道を南下して大和経由で河内へと入る。
　それとは別に、大和に集結した松平忠輝、伊達政宗（忠輝の舅(しゅうと)）の軍勢・3万5千人は生駒山系を越えて河内に入り、両軍は道明寺(どうみょうじ)（柏原市）付近で落ち合う手筈を立てた。
　そこから進路を反転して北に向かい、大坂城の城南へと進撃する。地域別でいえば、前者の主力部隊（徳川家康・秀忠）が**河内口方面軍**、後者の別働隊（松平忠輝）が**大和口方面軍**となる（上図参照）。4月25日、徳川軍は一斉に行動を開始した。

一方の豊臣軍も籠城は断念し、野戦を前提にせざるを得ない。しかし、ここでふたつの大きな問題に直面する。

　ひとつは野戦総指揮官の不在。秀頼は外出すらまれな貴族であり、実際の大軍の采配は未経験である。確かに関ヶ原で実戦を体験した大野治長や後藤基次などもいるのだが、いずれもが数千、数百人単位の部隊であり、数万人の大軍を指揮した経験は持ち合わせない。幸村もまた然り。大規模な野戦の経験はない。

　言い換えれば豊臣軍は「烏合の衆」である。そこには「戦術」（戦闘実行上の方策）を実行できる者はいても、「戦略」（全体の作戦計画）の決定者がいなかった。徳川軍には百戦錬磨の家康、そして秀忠もいる。ここに両軍の決定的な違いがある。

　もうひとつは、合戦間近になって牢人の逃亡が相次いだ結果、最終的な陣容が約５万人と半減したことだ。直轄軍が１万人だから、契約金目当ての牢人が半分以上だった勘定になる。

　ここで両陣の**総兵力**を比較すれば、「冬の陣」では〈徳川：豊臣＝２：１〉の割合が、「夏の陣」では〈徳川：豊臣＝３：１〉となっている。籠城に比べて、野戦の方が圧倒的に兵力に左右されることはいうまでもない。

　また最後の拠点・大坂城にも守備要員が必要であり、豊臣軍は全員を野戦要員に充てられないジレンマもある。しかも徳川軍の大名が寝返えらない限り、援軍のあてはどこにもない。

豊臣方・軍議の信憑性

　『常山紀談』によれば大坂城内では、４月16日に軍議が開かれる。牢人衆の席次は「三人衆」、すなわち長宗我部盛親、真田幸村、毛利勝永の順。

　席上、大野治長が各々の所存を確認したとき、幸村は「①裸城となった大坂城での籠城は困難、②秀頼みずからの出馬」というふたつの前提に立って、**京都出撃策**を提案する。

　その内容は、「秀頼が天下人として政務を執行するために、まず伏見城を攻略して、次に京都周辺を固めた上で徳川軍と対陣する。もし秀頼の武運がないときも、天下人の名は後世に残る」というものである。

　天皇を奉じて天下に号令を発す。この意見に対して牢人衆は同意するが、治長は秀頼出馬に難色を示す。結局、４月21日には徳川秀忠が伏見城に入っ

Ⅵ　知略の将

てしまったので、再度の軍議が開催される。

その席で幸村は、大和に出陣中の家康への**夜襲作戦**を披露し、「みずからが大将となり、一気に勝負を決します」と意気込みを語る。しかし、後藤基次が「それでは城に軍師が不在となってしまいます。夜襲は私が代わりに……」といったことから争論となり、誰も調停できないままに軍議は終わってしまった、という。

これらの話は「神出鬼没、才気縦横」の幸村像としてよく語られる。しかし治長は加療中のはずで、作戦自体も結果論に基づいた虚構のものであろう。また軍師とは、陰陽道に基づいて出陣の作法などを指揮する者であり、一軍の将である幸村を指すのも不自然だ。

だが根底を流れる部分、つまり「**秀頼の名誉回復、ターゲットは家康**」は、多分に真実を語っている可能性がある。

恨みとプライドが交錯する「怨念の合戦」

質、量ともに徳川軍が豊臣軍を圧倒しており、その意味では「大坂夏の陣」の勝敗は明らかに見えている。事実、合戦は２週間弱（４月26日〜５月８日）と短期間で終わっている。

その直前に、家康は常高院を大坂城へ使者として派遣して「秀頼のことを粗略にするつもりはありません。ただ彼の方で誓詞を破ったから仕方なく出陣するのです。ここで和談をすれば許します」と丁寧に伝えている。

それでは、豊臣軍はなぜ、何のために戦ったのだろうか？

そのヒントは、秀頼の**決意表明**（188ページ参照）の中にあるのだろう。

すでに現実の天下は家康のものとなっている。豊臣恩顧の諸大名も家康に服従してしまい、秀頼を見向きもしない。それでもなお成人した秀頼は、家康は暫定政権であり、みずからが天下の正統な後継者と主張するのである。これは客観的な理屈では解決しようのない本人の感情の問題だ。

そして天下人になれなかった秀頼は、簒奪者(さんだつしゃ)・家康と忘恩の諸大名を恨んだ。それは筋違いなのかもしれないが、彼は屈辱感を拭(ぬぐ)い去り、自尊心を取り返すために大坂夏の陣を起こしたのだ。

秀頼が穏やかに暮らそうと思えば、最大の庇護者・家康のいうとおり、一時期大和郡山城に移動すればいい。だが、彼のプライドが許さなかった。

同じ大坂の陣といっても、「冬」と「夏」とは明らかに**質**が異なっている。

城の機能に起因する面（籠城・野戦）は当然だが、なによりも「冬」は講和が前提だったのに対して、「夏」は講和を拒否しているのだ。

　このことは城内の**意思決定者**が変わったことを意味する。すなわち「冬」の講和に際して人質不要といわれた時点で、淀殿はその存在価値を失ってしまい、「夏」では秀頼自身が合戦を決断した、と考えるべきであろう。

　実はそれを裏付けるような話がある。

　『秀頼事記』によると、家康の提案（大坂城明け渡し・国替え）に対して、淀殿と大野治長は「とてもかなう相手ではなく、このまま朽ち果てるよりは、同意して時節を待ちましょう」と秀頼に申し出る。

　しかし、立腹した秀頼は「それは臆病の心だ。弓矢のことに女が口を挟んではならない。和談は私の髑髏（どくろ）に言え」と謝絶した、という。

　私怨（しえん）とプライドの交錯する世界。秀頼はその中にいる。そして淀殿は口を閉ざし、譜代・大野治長は長年の恩顧に報いるべく秀頼に従い、牢人衆・真田幸村は秀頼の取立てに恩義を覚え、合戦の決意をするのである。

　ともすれば幸村の行動は「豊臣恩顧に応えて」と記されるが、当時の諸大名の理屈でいえば、彼もまた朝鮮出兵や伏見城普請などで奉公は済ませているのだ。従って正確に表現すれば、「一生牢人のまま」という境涯から「一方の大将」にまで引き揚げてくれた**秀頼個人への恩義**なのである。

　もうひとつ幸村と秀頼とがオーバーラップするのが、〈反・家康〉という点だ。前述のとおり、第２次上田合戦で、幸村は父・昌幸と行動をともにした。その夢は「関東乱入」だったのだが、それを結果として打ち砕いたのは家康なのだ。家康のために、秀頼は天下人になれず、幸村は追放処分を受けた。次元は異なるものの、両者に共通するのは「挫折」。

　要するに幸村の行動のキーワードは、「秀頼への恩義」と「家康への怨念」と理解すべきであろう。

　残念ながら豊臣軍・最終戦略の全体像は分かっていないが、合戦の意思決定者・秀頼や実際の戦術実行者・幸村の思いが、反映されたものと考えるのが自然であろう。実際の豊臣軍の行動には、多分に恨みや怨念の要素が存在していたように思われる。

Ⅵ　知略の将

三光神社にある真田幸村の像

「大坂夏の陣」―諸戦線の激闘

大坂夏の陣での大きな合戦は、樫井の合戦、道明寺の合戦、八尾・若江の合戦、そして最後の天王寺の合戦へと至る。以下、その模様を豊臣軍の動きをメインとして、ドキュメントで記していきたい。

[4月25日：古田織部正重然蜂起未遂事件]

茶人として「織部焼き」で名高い大名・古田織部[*1]（1万石）は豊臣方と共謀して、家康・秀忠出発後に京都・二条城で武装蜂起を計画（挟撃作戦）していたが、事前に発覚してしまう。織部の子供は秀頼に仕え、茶道の門下には大野治長・治房兄弟がいる。ちなみに織部は大坂夏の陣の後、自刃を命じられる。

[4月26日：大和郡山城の攻略]

まず豊臣軍は南下作戦を採り、大野治房隊が大和郡山城を攻め落とす。従来、なぜかこの豊臣軍最初の行動はほとんど論議されていないが、豊臣方としては、家康の転封提案に対する「謝絶の意思表示」を最優先した、と考えるべきであろう。

Ⅵ 知略の将

＊1　**古田織部**（1543～1615）：信長、秀吉に仕えて1万石の大名になった。千利休の弟子で茶人として知られ、徳川秀忠などの諸大名がこぞって学んだという。

さらにいえば、紀伊・浅野長晟(ながあきら)に対する示威行動の要素もあった、と思われる。長晟の寝返りこそが、唯一豊臣軍が徳川軍に拮抗しうる方策だった。長晟は秀吉に近習として仕え、関ヶ原後も秀頼に近侍していた人物で、そもそも浅野氏は秀吉の正室・北政所の実家だったからこそ、大名にまで出世したのである。

その長晟の決起を促すため、以前より大野治長は密使を送り続け、さらに紀州一揆を支援して和歌山城の背後を攻撃させている。また家康も長晟の態度が曖昧(あいまい)だったからこそ、夏の陣直前に婚姻を強行したのであろう。

[4月28日：樫井の合戦]

しかし豊臣方の思惑とは裏腹に、長晟は5千人の兵を率いて北上を開始する。その迎撃のために大野治房隊・3千人が紀州街道を南下する。

治房隊の先鋒は有力牢人・**塙団右衛門直之**。武名の高い人物だ。ところが和泉・樫井（泉佐野市）で浅野軍と遭遇した彼は、本隊の到着前にあっけない最期を遂げてしまう。どうやら自己顕示欲の方が強く出てしまったようだ。

この敗戦にともなって大野治房は大坂城に戻るが、彼が塙団右衛門を見殺しにした一面もあり、「作戦ミス」として譜代衆と牢人衆の溝が深まったといわれる。

ただしこの合戦の本質は、長晟のスタンスが明らかにされ、それを豊臣方が恨んだための衝突だった。このようにして、寝返りを画策した「南下作戦」は失敗に終わってしまう。

[4月30日：大坂城・軍議]

軍議の席上、後藤基次が徳川・大和口方面軍の進路を予測し、大和から河内へと抜ける隘路(あいろ)の出口にあたる河内・道明寺（大坂城から東南16km）での襲撃を提案する。狭く険しい道なので、縦列進軍する徳川軍を個別撃破しようという戦術だ。

この「大和口出撃作戦」（対徳川軍別働隊）が採用されて、前軍・後藤基次3千人、後軍・真田幸村、毛利勝永6千人の部隊が編成された、という。

実は、同時に木村重成隊・長宗我部盛親隊による「河内口出撃作戦」（対徳川軍本隊）も決定された。こちらの方が、メインだったことはいうまでもない。

[5月6日：道明寺の合戦]

だが、豊臣軍の作戦は内通者の口から洩れ、進軍スピードを上げた徳川軍別働隊が先に布陣を終えて、豊臣軍を迎撃してしまう。

Ⅵ　知略の将

深夜に出発した後藤隊は大和街道を辿ったが、濃霧のために真田・毛利隊の出撃が遅れる。そのため午前7時ごろに到着した後藤隊・3千人は孤立状態に置かれ、待ち構えていた徳川軍3万5千人の一斉攻撃を浴びる。
　徳川軍・大和口方面軍の先鋒は水野勝成*2が務め、総大将・松平忠輝には舅・伊達政宗が付き添っている。
　早朝、数時間にもおよぶ激闘と伝えられるが、豪傑と謳われた牢人・**後藤又兵衛基次**は、昼ごろに射撃を受けて戦死する。基次は「秀頼に召抱えられ、一軍の将を任された御恩」を感謝しつつ死んだ、と伝えられる。
　豊臣軍の後続部隊は順次、昼を過ぎて現地に到着する。真田幸村隊3千人は伊達政宗隊1万人（先鋒・片倉重綱*3）と交戦して打撃を与えたが、所詮は多勢に無勢。劣勢は否めず、午後2時半ごろに豊臣軍は総退却を始める。
　実は同日の「八尾・若江の合戦」（大坂城から東9km）で、木村重成隊・長宗我部盛親隊が徳川軍・河内口方面軍によって敗退した、との情報が伝えられたからだ。ちなみにこの合戦の方がはるかに激戦で、**木村重成***4は戦死を遂げたが、長宗我部盛親が奮戦し、徳川軍の先鋒・藤堂高虎隊からは多数の戦死者を出している。

Ⅵ　知略の将

　さて、退却時に殿(しんがり)を務めた幸村は、「関東勢百万も候へ、男は一人もなく候(そうろう)」（『北川覚書』）と敵に大音声を発した。背後から徳川軍が誰ひとり襲撃して来なかったからだ、という。
　この合戦にまつわるエピソードは数多く残っている。
①**牢人衆同士の対立**：一説に後藤基次は大野治長の娘を娶ったともいわれ、終始講和派に属したために、ほかの牢人衆との間には不協和音があったようだ。幸村を含めた後続部隊の大幅遅延も、意図的な「又兵衛見殺し」だったという話まである。
②**幸村の遅延理由**：退却後、幸村は毛利勝永に対して「又兵衛基次の死の責

---

*2　**水野勝成**（1564～1651）：家康の従兄弟にあたるが、若くして徳川家を離れて諸大名に仕えた。関ヶ原のころに家康に帰参し、そのとき家康から明智光秀遺愛の槍を賜り、「光秀にあやかれ」といわれたと伝えられる。勇猛果敢で知られ、後に備後・福山10万石の藩主となる。キリシタンが叛乱を起こした「島原の乱」（1637）のときも、九州以外の大名では、勝成だけが従軍した。ちなみに、町奴・幡随院長兵衛と争った旗本奴・水野十郎左衛門は、彼の子供。
*3　**片倉重綱**（1585～1659）：通称は小十郎。伊達政宗の重臣で、陸奥・白石城主（1万3千石）。真田幸村の娘を後妻として娶ったといわれる。
*4　**木村重成**（？～1615）：母は豊臣家の女官だが、父は不詳。大坂冬の陣で戦功を挙げた。また徳川方との講和の際は、正使を務め、その立ち振る舞いが賞された。夏の陣では、若江で井伊直孝と戦って戦死を遂げる。そのときは討死覚悟で、首に伽羅の香をたいていたという。

任は私の遅参にある」と涙を流し、「霧のために夜明けが分からなかった」（『北川覚書』）と説明している。ただし、気象条件は基次隊も幸村隊も一緒だったと思われ、この説明はよく分からない。

③**殿をめぐる騒動**：撤退のときに一番難しいとされる殿。それに幸村が名乗りを上げるが、周囲の反感を買ってしまう。つまり「幸村は自分の武威を誇りすぎる」という感情である。同様の話は真田丸の攻防戦でも見受けられ、牢人衆の中で幸村は「目立ち過ぎ」、「手柄独り占め」とかなり見られていたようだ。

④**伊達の先鋒・片倉重綱との接点**：幸村の家族も大坂城に入っていたが、不思議な縁で敵将・片倉重綱が幸村の子女と結ばれることになる（後述）。

③ 大坂城落城

天王寺の合戦—死中に活を求めた幸村の奮戦
〈真田幸村 vs. 徳川家康〉

　豊臣軍の南下作戦、大和口抑撃作戦などは連携の悪さ、スタンドプレイの横行が顕著に表れた結果、ことごとく失敗に終わり、早くも道明寺の合戦の翌日（5月7日）には、最後の決戦となった**天王寺の合戦**の火蓋が切って落とされる。

大阪城桜門

Ⅵ　知略の将

[大坂夏の陣・天王寺の合戦の陣容表（順不同）]
※太字は本稿の主要人物

徳川方			豊臣方
徳川秀忠	本多忠政	真田信吉	**豊臣秀頼**
徳川義直	徳川家康	真田信政	**真田幸村**
成瀬正成	水野勝成	**本多忠朝**	大谷吉治
竹腰正信	仙石忠政	浅野重季	伊木遠雄
安藤直次	松平忠良	秋田実季	**毛利勝永**
徳川頼宣	酒井家次	藤堂高虎	竹田永翁
水野重仲	松平康長	細川忠興	新宮行朝
松平忠明	内藤忠興	井伊直孝	**大野治房**
一柳直盛	**松平忠直**	本多康紀	山川賢信
徳永昌重	小笠原秀政	前田利常	岡部則綱
村上義明	保科正光	片桐且元	明石全登
溝口宣勝	榊原康勝	浅野長晟	**長宗我部盛親**
伊達政宗	諏訪忠澄		大野治長

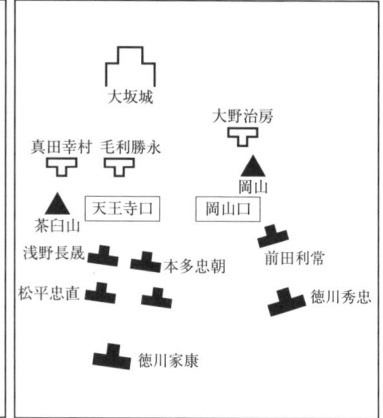

[天王寺の合戦図]

　徳川軍は河内口、大和口方面軍が合流し、17万人の大軍で大坂城の城南に迫り、家康は**天王寺口**、秀忠は**岡山口**に本陣を置いた（合戦図参照）。
　今回は城攻めではなく、野外の決戦である。天王寺口の先鋒は本多忠朝（忠勝の次男）、岡山口の先鋒は前田利常が務める。なお本多忠朝には、幸村の甥にあたる真田信吉・信政兄弟（信之の子）が従っている。
　それに対して、豊臣軍は天王寺口の茶臼山一帯を真田幸村、毛利勝永が固めて家康と、岡山口には大野治房が赴いて秀忠と対峙する。
　赤の具足で統一された幸村の部隊には、長男・真田大助幸昌を始めとして豊臣譜代・渡辺糺、義弟・大谷吉治、軍監・伊木遠雄などが従っている。幸村の家臣としては、幸村の舅（側室の父）である堀田作兵衛や高梨内記などが付き従う。
　史料には「早天に真田左衛門、茶臼山に赤のぼりを立て、一色赤装束にて居申候」と記され、軍勢は約３千人。真田隊の近くには、ケガを負った大野治長も布陣している。
　そして〈天王寺―岡山〉ラインが豊臣軍の最後の防衛線となる。このラインで徳川軍を「できる限り引き付けて戦え」という軍令が大野治房から出される。おそらく最後の作戦は一か八かで、「家康・秀忠の本陣を突撃して、その首を取るしかない」だったのであろう。
　トップを狙う**「頂上作戦」**だけが怨念を晴らし、かつ寝返り（徳川軍の内部分裂）を期待しうる唯一の方策だからだ。死中に活を得るには突撃あるの

Ⅵ　知略の将

み。実際、賭けに近い。

　逆に防衛線を突破されれば、後は大坂城しかない。そこで七手組が天王寺と大坂城の間を守り、秀頼・淀殿のいる大坂城には、前日奮闘した長宗我部盛親などが詰めている。

　正午——。態勢が整った両軍が激突し、ただちに射撃戦となった。天王寺口ではまず毛利隊が本多隊と交戦を開始し、続いて真田隊3千人が茶臼山に押し寄せる松平忠直隊（越前衆）1万3千人に立ち向かう。

　松平隊は「冬の陣」のときに、真田丸で数多くの犠牲者を出しており、今回はいわば遺恨勝負である。その松平隊からは、真田隊の赤装束が「つつじの花が咲き乱れるように見えた」という。

　大乱戦の中で毛利隊は本多忠朝、小笠原秀政（信濃・松本6万石）などを討ち取る大殊勲を挙げ、本多隊・小笠原隊は総崩れとなる。さらに毛利勝永は家康の本陣を目指す。家康の本陣は松平隊の後ろまで進んでいる。

　現在でたとえればサッカーのフォーメーションと同じように、攻撃・守備陣形は時々刻々と変化していく。

　真田隊は松平隊を押し戻す。それを見た浅野長晟（ながあきら）隊が松平隊の西の方に進軍する。そのとき、誰ともなく「紀州殿（浅野）、裏切り致され候」という大声が戦場に響きわたる。これは虚報で、幸村の放った忍者による攪乱（かくらん）作戦といわれるが、確かなことは分からない。

　だが松平隊は**パニック状態**に陥り、俄かに崩れ始める。錐（きり）のように真田隊は松平隊の脇をすり抜けて、一気に家康の本陣を突撃する。

　すでに毛利隊が家康の旗本を襲い、そこに真田隊が鉄砲を撃ちながら駆けつけてくる。

　一方、岡山口では大野治房隊が奮戦し、前田隊の側面を抜けて、秀忠の本陣に肉薄する。はるかに兵力数で見劣る豊臣軍が、両方面口で奇跡的なまでに健闘している。

「大坂城の衆が合戦した様子は、古今に比類なき手柄で、筆舌に尽くしがたいほどです」
　　　　　　　　　　　　　　　　　　　　　　　　　（『薩摩旧記』）

　このように豊臣軍が機動力を発揮した要因は、敵の首級の「討ち捨て」にある。徳川軍は手柄の証となる首を斬り取ったが、豊臣軍はその場に捨てたのだ。明日なき捨て身の勝負、といってよかろう。

Ⅵ　知略の将

伝説と化した真田幸村の活躍

　家康の本陣に詰める旗本も恐慌をきたす。先駆けの手柄を求める者もいるが、多くは防戦することも忘れてその場を逃げ出してしまう。徳川軍全体の戦意は低く、戦場からの**逃亡者**が続出し、「7日の合戦に、味方の歴々の将で逃げない者はまれでした」（『細川家記』）と記録されている。人によっては、数キロ離れた安全な場所まで脱出した。

　真田隊は3度にわたって本陣を攻撃する。槍奉行として従軍した旗本・大久保彦左衛門忠教が、この「三方ヶ原の戦い」以来の本陣の崩れを目撃している。

　「相国様（家康）の身辺には、小栗忠左衛門尉（旗本・小栗久次）が馬乗り（騎馬武者）でいるだけで、みんな散り散りになっているが、どうやら逃げたようだ」
　　　　　　　　　　　　　　　　　　　　　　　　　　　　（『三河物語』）

　家康は本多正純を身代わりとして、みずからは逃げ出したという話もある。さらにイエスズ会の宣教師の報告によれば、真田隊、毛利隊の猛攻の前に一時期家康も自刃を覚悟した。

　だが一瞬両隊の気が緩んだ瞬間に、「幸運の女神」が家康に微笑み、風向きが変わったという。おそらくは両隊の戦線が長くなったにもかかわらず、支援部隊（後詰め）が来なかったからであろう。

　午後2時ころ、徳川軍は**反撃**に転じる。岡山口では将軍・秀忠みずからが槍を振るって大野治房隊を撃退した。ちなみに木村重成の一族が率いる35人の一団が来襲したとき、秀忠の旗本だった柳生宗矩が7人を斬り捨てた、という「柳生伝説」もある。

　天王寺口でも真田隊、毛利隊、大野治長隊が敗走し始める。すでに戦闘は2時間を越え、兵力は消耗し限界に達している。

　そして真田隊は茶臼山まで追いまくられ、山の北側にある安居天神付近で幸村は討ち取られる。享年49歳。

　そのとき幸村は負傷し休憩を取っているところを、松平忠直隊の鉄砲頭・西尾仁左衛門に討たれ、首を取られたと伝えられる。

　幸村の首を取った松平隊は、本来、味方から賞賛を浴びても不思議ではないのに、逆に幸村への同情や絶賛ばかりで、折角の手柄も色褪せたものにな

Ⅵ　知略の将

ってしまった。

幸村の大奮戦、「真田は日本一の兵(つわもの)」という評価。それは、すでに当時から伝説と化している。

「御所様（家康）の御陣へ真田左衛門（幸村）が掛かり、御陣衆（旗本）を追い散らして討ち取りました。3里（12km）ほど逃げた衆はみんな生き残られました。3度目に真田は討死しました。真田は日本一の兵です。昔からの物語にもないほどの活躍でした」 　　　　　　　　　　（『薩摩旧記』）

「真田左衛門佐は合戦場で討死しました。古今にない大活躍でしたが、その首は越前宰相殿(松平忠直)の鉄砲頭が取りました。しかしながら、負傷して草臥(くたび)れているところを取ったもので、手柄にもなりません」（『細川家記』）

「異国ではあるかもしれませんが、まず日本では珍しい勇士、不思議な弓取（武将）です。一緒に敵に備えた侍を、真田はひとり残らず討死させました」 　　　　　　　　　　　　　　　　　　　　　　　　（『山下秘録』）

大坂城落城

戦線から退却した大野治長、毛利勝永は大坂城に入る。出馬の用意をしていた豊臣秀頼以下は、味方の天王寺口・岡山口の敗報を聞き、籠城の決意を固める。それとは正反対に、治長は秀頼に出陣を勧めたが、最後まで実現しなかったともいう。

午後4時ごろ。寝返った大坂城の台所頭が**放火**したために、城中に火が燃え広がる。それを見た松平隊が城に侵入し、各所に放火を始める。天守閣も火の海に包まれる。

すでに牢人衆は戦線からも城中からも姿を消している。大勢の女中も手薄な城東方面へと逃げ出す。負け戦となれば、もう誰もが落ち延びること以外は考えない。大野治房・治胤兄弟や長宗我部盛親も行方知れずとなる。

「落ち行くとき、大坂の数万の軍勢に勇士はひとりもいなかった」
　　　　　　　　　　　　　　　　　　　　　　　　（『大坂御陣覚書』）

Ⅵ　知略の将

キリシタンの中には着のみ着のままで、遠く九州・平戸のイギリス商館まで逃げた修道僧もいる。そこで彼は「秀頼様の12万人を超える軍勢が、あんなにも早く粉砕されてしまうとは……」と語ったと伝えられる。
　一方で秀頼の乳母・正栄尼と息子・渡辺糺が自害を遂げる。また七手組頭・真野頼包なども「最早これまで」と、相次いで自刃する。
　秀頼と淀殿は、大野治長らに守られつつ火を避けるために、城内の北方にある山里郭の糒蔵（干し飯などの貯蔵庫）に逃げ込む。その数はわずかに28人。
　ここで治長は家臣を使者として本多正純のもとに送り、①千姫（家康の孫）の脱出と②彼自身の切腹を条件に、**秀頼・淀殿の助命**を申し出ている。このために、千姫は無事に城外へと逃れることができた。
　この時点でも、まだ家康は「秀頼を助命して高野山に追放する。淀殿には１万石を与える」という意向を持っていた。
　が、それを将軍・秀忠に伝えたところ、秀忠が「秀頼の度重なる悪逆」を理由として助命に強く反対したという。また家康・秀忠はともに助命するつもりだったが、徳川譜代大名たちが「将来に禍根を残す」と勝手に判断したのだともいう。
　大坂城の大半が燃え尽きた翌８日。片桐且元の案内で家康の使者・井伊直孝が糒蔵まで来る。ここからも正反対の話が伝わっている。

　「家康の意向を受けた井伊直孝が糒蔵まで来て降伏を勧告し、女性を外に出すように伝えた。そこで治長が『脱出用の乗り物を２、３挺用意してください』と申し出る。それに対して直孝が『お袋（淀殿）だけが乗り物です。ほかは徒歩で』と言い返す。そういった応酬が続き、なかなか女性が出て来ないので、直孝が鉄砲を撃ち込む」　　　　　　　　　　（『三河物語』）

　「秀頼以下が蔵に籠もって降伏を願い出たが、井伊直孝らが鉄砲を撃ち、ひとり残らず殺して、城に火をかけた」　　　　　　　（金地院崇伝の『日記』）

　ここでも治長はみずからの切腹を条件に、秀頼・淀殿の助命を嘆願している。後世の悪評価とは裏腹に、彼こそが本当の**忠臣**の名にふさわしいのかもしれない。
　また徳川氏内部でも秀頼に対するスタンスは、家康が助命派、秀忠が処分

Ⅵ　知略の将

派と分かれたが、最終的に秀忠の命を受けた井伊直孝が発砲したのであろう。ちなみに秀忠は、脱出してきた千姫にも「夫（秀頼）とともに死ぬべきだ」と怒った、という。

　正午――。狭い蔵の中で秀頼以下の人々は死を覚悟する。秀頼（享年23歳）は自刃し、介錯人は毛利勝永が務めた。そして淀殿、大蔵卿局、宮内卿局、大野治長、毛利勝永、速水守久……が殉じる。

　真田大助幸昌もまた蔵の中で自刃を遂げる。実は家康本陣への突撃前に、幸村は秀頼出馬を促すために息子を城内に派遣した、と伝えられる。七手組頭・速水守久が哀れんで、彼に落ち延びろと勧めたが、最後まで聞かなかったという。

　そして火が蔵の爆発を誘い、全員の死体を焼き焦がしてしまう。

　伊達政宗はその書状で淀殿に触れて「秀頼とお袋は焼け残りの土蔵に入りました。そこで腹を切らされました。お袋も従来の広言ほどではなく、無造作に果てられました」、「お袋はさんざん比興（不都合）なことをして相果てられたのですから、仕方がないと思います」と記している。

　そこに同情心を見ることはできず、この突き放したような評価が従軍した諸大名の共通認識だったのであろう。

　それ以外の逃げた人々のことも簡単に記しておきたい。いわゆる徳川軍による**残党狩り**である。

　夏の陣からほぼ2週間以内に、京都で牢人・長宗我部盛親、譜代・大野治房、秀頼の息子・国松（8歳）などが捕まり、それぞれ処刑された。キリシタン・明石全登は行方不明。

　ただし、秀頼の娘（7歳）だけは助命されて、鎌倉・東慶寺（俗にいう縁切り寺・駆け込み寺）に入り天秀尼（てんしゅうに）を名乗った。彼女をもって豊臣氏の血筋は絶える。ちなみに国松・天秀尼は秀頼と側室の間に産まれた者で、千姫の子供ではない。

　合戦後1か月足らずの5月28日、かつて家老を務めた片桐且元が病死する。狂気のあまりの悶絶死、とも伝えられる。

Ⅵ　知略の将

4 真田幸村伝説

幸村の影武者説

合戦の翌日（8日）、幸村の首は松平忠直から秀忠のもとに送られて、首実検に供せられた。幸村を討った西尾仁左衛門には1千石の加増がなされた、という。

幸村の**容貌**について、『長沢聞書』では「額に2、3寸（数cm）の傷跡があり、小兵（小柄）な人でした」と描写し、長年の謹慎生活で歯が抜け、髪は白くなっている。比較的、特徴がある方であろう。

首の検分役は叔父・真田信尹。彼は冬の陣のときに講和を勧めるために、幸村とは2回ほど面談している。

しかし、その場に臨んだ信昌は「左衛門（幸村）の首とは思いますが、死んで人相が変わっているので、確かに見覚えがあるとは申せません」と答え、さらに「左衛門と会ったのは夜中。彼も用心していたので近づくことができず、遠くから見ただけでした」と続ける。どうやら長年家康に仕えた信尹は、幸村と会う機会はほとんどなかったのであろう。

そして、この辺りに「幸村影武者説」と「幸村脱出説」が生まれる素地があるようだ。

まず、**幸村影武者説**──。

『真武内伝追加』によれば、幸村には2人の影武者が存在した。ひとりは穴山小助、もうひとりは望月宇右衛門である。

まず穴山小助は影武者として、幸村が家康本陣を攻撃したときに戦死したとされる。次に松平忠直隊が討ち取った幸村の首は、実は望月宇右衛門の物だった、という。

おそらくは講談本『**真田十勇士**』の話が、歴史として取り入れられた創作であろう。ちなみに真田十勇士とは、忍者・猿飛佐助を筆頭として「大坂の陣」で神出鬼没の活躍をする以下のメンバーである。もちろん架空の話だが、中に真田氏の先祖・滋野三家（海野、望月、禰津）を名乗る者も登場する。

①**猿飛佐助**：十勇士の筆頭。信州の鳥居峠で生まれ、戸隠山の戸沢白雲斎のもとで忍術を修行した。

Ⅵ　知略の将

②霧隠才蔵：甲賀の出身で、伊賀の百地三太夫のもとで忍術を学び、猿飛佐助と忍術比べを行ったことで、幸村に仕官する。
③穴山小助：穴山梅雪の甥で、幸村の影武者として家康本陣に斬り込んだ後、幸村に成りすまして死んでいく。
④三好清海入道：豪快で50人力といわれる。鉄棒を振り回す怪力の僧。
⑤三好伊三入道：清海入道の弟で、こちらも怪力の持ち主。
⑥由利鎌之助：槍、鎖鎌の名手。
⑦筧十蔵：幸村の最古参の家臣で、種子島短銃の名手。
⑧海野六郎：幸村譜代の家臣で、参謀格。
⑨根津甚八：由利鎌之助の友人で幸村の影武者。
⑩望月六郎：幸村の影武者。

　ついでながら、**忍者と真田氏**について多少触れてみたい。
　講談本では真田幸村の活躍振りは、よく楠木正成にたとえられた。
　鎌倉末期、後醍醐天皇に味方した正成は赤坂城や千早城に籠城して、押し寄せる北条高時軍を奇策で翻弄する。この正成は忍者だったという説もあるくらい、謀略に長けた武将だった。要するに幸村は「正成の再来」という評価である。
　次に猿飛佐助が修行した戸隠は、呪術として知られる「飯綱の秘法」の発祥地に程近い。また望月六郎の名前も登場するが、望月氏はより忍者とは縁が深い。すなわち甲賀忍者の頭である「甲賀五十三家」の名門が望月氏であり、信濃・望月氏が移住したと伝えられる。
　さらにいえば、真田氏が仕えた武田信玄は透波（忍者）を用いて、各地の情報を収集したことは前に述べた。創作は別として、真田一族が忍者を用いてもなんら違和感はない。

🏯 秀頼・幸村生存説—主従は九州に落ち延びた？

　悲劇的な生涯を終えた歴史上の人物には、必ずといっていいほど「生存説」が付きまとう。
　たとえば「源義経は奥州では死んでおらず、中国に渡って成吉思汗になった」、「明智光秀は後に家康に仕えて、僧・天海になった」、明治時代でも「西南の役で敗れた西郷隆盛は、朝鮮経由ロシアに脱出した」……などの「**英雄伝説**」、「**不死鳥伝説**」である。

豊臣秀頼もその例外ではない。実際の秀頼は身長180cmを超える大男で、「世になきお太りなり」（『長沢聞書』）という肥満体だった、といわれる。だが、当時の史料でも蔵の中にあった死体は焼失して見分けがつかず、秀吉の愛刀の側にあった黒焦げの死骸を秀頼と特定した、とされる。
　遺体が不明だったこと、それと数多くの人々が脱出できたことが、**秀頼脱出**の根拠となる。千姫にしても火の中を自力で脱出して、坂崎出羽守直盛*¹ に救出された、という説もあるほどだ。
　その**秀頼生存説**とは──。
　かねてより大野治長は、大坂城の堀を利用した脱出路を確保してあり、落城のとき織田有楽に秀頼の身を預けた。その船は淀川から大坂湾に抜け、そこで秀頼は待ち構えていた加藤忠広*²（清正の子）の船に乗り移る。
　この脱出に際して、真田幸村父子も同行している。その前に幸村は真田旧臣に金品を分け与え、故国・信濃へ帰す。ほかに木村重成、後藤基次、明石全登、大谷吉治なども秀頼に従った。
　秀頼一行は九州の肥後（加藤忠広の領地）まで落ち延び、さらに薩摩の島津氏を頼り保護されるが、幸村は翌年の秋に病死する。
　死の間際に幸村は秀頼に「島津氏と相談して九州を手に入れ、さらに天下を狙ってください」と言い残すが、幸村を追うように２か月後には秀頼も病死してしまう。
　また秀頼は薩摩の谷山（鹿児島市）に住み、島津氏から生活費を支給されて、68歳まで生きたという伝説も残っている。大変な大酒飲みの牢人で、浮浪者のようだったが、誰も咎める者はいなかったと伝えられる。
　当時、かなり秀頼生存説が噂で流れたのは確かなようだ。イギリス東インド会社の平戸商館長・コックスは、大坂落城後１年以上にわたって、日記に

＊１　**坂崎出羽守直盛**（？〜1616）：前名は宇喜多詮家という。五大老だった宇喜多秀家の従兄弟にあたるが、確執があって退散。関ヶ原では東軍に属して、石見・津和野４万石を拝領、坂崎姓に改めた。「大坂夏の陣」のとき、「千姫救出者に、姫を与える」といった家康の言葉を信じた直盛は、大坂城の猛火の中から千姫を救出する。だが、その約束は果されることなく、千姫の再婚が決まる。そこで面目を潰した直盛は、千姫を奪取しようとするが、家臣が彼を殺害してしまう。そういう俗説がある。

＊２　**加藤忠広**（1601〜53）：清正の次男で、父の死去に伴い11歳で熊本52万石を相続した。しかし家中の内紛が絶えず、大坂の陣では豊臣方に心を寄せる家老もいた。そして忠広は徳川忠長（駿河大納言、家光の弟）の陰謀に加担したとされ、1633年に改易処分を受ける。以後の加藤家は悲惨である。忠広は出羽・庄内に流されて死去、長男・光正は配流地で自殺。忠広の次男と娘は、真田一族と縁がある。ふたりが沼田藩・真田家に預けられたのだ。その次男もまた兄の死を聞いて、自殺を遂げてしまう。

Ⅵ　知略の将

秀頼の風聞を書き残している。
- ●落城後3か月：「秀頼様は薩摩もしくは琉球に逃亡したようだ。世間の噂では重臣とともに薩摩にいるようだ」
- ●落城後1年強：「皇帝（家康）が死んだので、朝廷が保護していた秀頼様が皇帝になって大坂城を再建するそうだ。だが、この噂は信じ難い」
- ●落城後1年半：「まだ秀頼様が生きているという噂がある。結局どれが本当かはさっぱり分からない」

　真田幸村についても別説がある。薩摩まで脱出した幸村は、そこで秀頼と別れる。その後、身を変えて諸国を行脚（あんぎゃ）し、最後は出羽・大館（おおだて）（大館市）の地で死んだとする（享年76歳）。

　こちらは英雄伝説に加えて、「貴種流離譚（きしゅりゅうりたん）」がアレンジされているのが特徴だ。

三光神社に残る「真田の抜け穴」。大坂城内とつながっていたといわれる。六文銭の家紋が見える

六文銭の家紋を付けた仙台藩士

　幸村の家族についても簡単に記しておきたい。

　まず妻（竹林院、大谷吉継の娘）は、大坂夏の陣のころには、大坂城を出て娘たちとともに紀伊・高野山付近に潜んでいた。合戦後、浅野長晟（ながあきら）の家臣に発見され召し捕らえられる。彼女はかなりの黄金を所持していたが、それは幕府から長晟に褒賞（ほうしょう）として与えられた、という。

Ⅵ　知略の将

その後、赦免された彼女は、旗本・滝川一積（昌幸の娘婿）に養われたとも、京都の両替商・石川光吉（娘婿）の世話になったともいう。おそらくは後者であろう。1649（慶安２年）に京都で没した。幸村戦死後30数年間、妻は生き続けたのである。

　長男・大助幸昌は前述のとおり自刃したが、**次男・大八**のことは詳しく分かっていない。わずかに「ある年の５月５日、京都で印地打ちで死亡した」という伝聞があるに過ぎない。

　余談ながら、「印地打ち」とは集団が石礫を投げ合う合戦であり、平安時代以来、京都では端午の節句前後に横行し、死者もかなり出たようだ。今も残る「鯉のぼり」の習慣も、合戦の勝者が川の鯉を竹に差したことに始まる、という。

　ともあれ実は、大八は「伊達政宗の先鋒だった**片倉重綱**に託され、片倉守信と名乗り、仙台藩士に取り立てられた」という別説がある。

　３女・梅にも、大八同様に片倉重綱に託されて「後に妻となった」という説がある。もうひとつの説では、滝川一積のもとから重綱へ嫁いだ、とも伝えられる。その姉を大八が頼ったともいう。

　詳しい経緯は分からないが、いずれにしても幸村の子女が片倉重綱と縁を結び、後に真田姓を名乗って六文銭の紋を付けた仙台藩士が、代々伊達氏に仕えたのは事実である。

　そして幸村の末娘を菖蒲という。彼女は母とともに紀州に潜伏していたが、後に石川光吉の妻となり母の面倒を見て、幸村の墓も建造したと伝えられる。

Ⅵ　知略の将

[真田幸村関係系図]

```
┌─高梨氏娘┐
│ 堀田氏娘│       ┌─幸昌＜大助＞
└─────┘       ├─大八
   ‖          ├─すえ＜石合重蔵妻＞
   幸村─────┼─お市＜九度山で死去＞
   ‖          ├─梅
 （大谷）吉継・女子│  ‖
   ＜竹林院＞    │ （片倉）重綱
              ├─女子＜蒲生郷喜妻＞
              ├─女子
              └─菖蒲
                 ‖
                （石川）光吉
```

勝者・徳川方―悲喜交々のその後

　大坂の夏の陣の直後に、徳川軍では論功行賞が行われた。豊臣方の戦死者は約1万5千人を数え、殊勲者とされたのは3名。

　まず**大和口方面軍**では伊勢・亀山城主の松平忠明が、「道明寺の合戦」における活躍によって、加増とともに大坂城を与えられた。

　続いて**河内口方面軍**では、「八尾・若江の合戦」で先鋒を務めた藤堂高虎・井伊直孝の両名に金塊が与えられ、併せて加増も実施された。

　本書ではこれまで便宜上、徳川軍・豊臣軍と表記してきた。また歴史書によっては「関ヶ原の戦い」と同じように東軍・西軍と記すものもあるが、正しくは〈徳川軍（東軍）＝公儀軍〉、〈豊臣軍（西軍）＝私軍〉となる。

　徳川幕府が「惣無事令（私戦停止令）」に基づいて公儀軍を動員して、謀反・叛乱を企てた私軍を武力鎮圧した。それが2度にわたる「大坂の陣」の総括であり、幕府の軍制として**公儀軍・先鋒**は第1番・藤堂氏、第2番・井伊氏と定められる。

　以降、徳川3百年の平和が続いたが、幕末に至って長州藩が幕府の意向に従わなくなった。その公儀としての制裁が、「長州戦争」である。当時、この合戦を幕府が「**長州征伐**」と称したのも、秀吉時代の「北条征伐」と同じ視点で「私戦準備」と見做したからである。

　その論理でいえば「鳥羽・伏見の戦い」は薩摩藩・長州藩の大規模な幕府に対する謀反・叛逆となる。そのような認識だったことは、「鳥羽・伏見の戦い」でも藤堂・井伊氏が公儀軍の先鋒を務めた事実から、お分かりいただけるだろう。

　ところで最後の「天王寺の合戦」で奮戦した**松平忠直**は加増がされず、参議に昇進したに過ぎなかった。

　上記の論功行賞からも分かるとおり、明らかに家康・秀忠は、「天王寺」よりも「道明寺」や「八尾・若江」の合戦を高く評価している。しかし「加増がなかった」ことへの苦悩が、忠直をして将軍・秀忠に反抗的な態度を取らせ、後に豊後・萩原（大分市）に配流処分を受ける原因となる。

　以下、本書に登場した諸大名などのその後に触れておきたい。

●**徳川家康**：大坂夏の陣の翌1616（元和2）年4月、75歳で病死し、駿府近郊の久能山に葬られる。秀吉と同様に、死後の家康も神となった。彼は「神君」と呼ばれ、「東照大権現」として日光東照宮に祀られた。

●松平忠輝（家康の6男）：家臣を無礼討ち*3にしたために、1616年に越後・高田75万石を没収され、信濃・諏訪に配流処分となる。長命で四代将軍・家綱の代まで生きた。享年92歳。
●千姫：1616年に本多忠刻（忠勝の孫）と再婚するが、死別する。その後、尼となり天樹院といった。
●本多正信：1616年6月、家康の後を追うように死去。享年79歳。
●本多正純：1619年に加増されて宇都宮15万5千石を領するが、1622年に改易処分される。有名な「宇都宮釣天井」*4の容疑によるものだ。
●上杉景勝：大坂の両陣に参戦し、1623年に死去。享年69歳。
●福島正則：1619年、広島城の無断改修（『武家諸法度』違反）を理由に50万石を没収され、信濃・川中島に流される。
●浅野長晟：1619年に加増され、福島正則の替わりに広島43万石に移封される。

Ⅵ 知略の将

真田幸村のレリーフ像（真田記念公園：長野県小県郡真田町）

＊3　無礼討ち：無礼を働いた人を殺害しても、「斬り捨て御免」と罪に問われないというのは俗説に過ぎない。法治国家では歴然とした殺人罪である。
＊4　宇都宮の釣天井：権力者・正純が突然失脚したことから生まれた創作。お話は「日光参詣を終えた将軍・秀忠は宇都宮城に宿泊予定だった。そこで正純はからくり仕掛けの天井を準備して、将軍暗殺を計画する」というもの。正純は秀忠に疎まれたようで、出羽5万5千石への転封を拒否したために、秋田藩・佐竹義宣のもとに預けられた。本多一族と上杉征伐の関係は、ここまで続く。

COLUMN

真田伝説ウソかマコトか──真田の忍び

[空気の読み方]

　今では死語となっているが、戦国のころは「**海道被官**」という言葉があった。海道は東海道でお馴染みの「街道」のこと。被官とは、「従属した者、家臣化した者」の意味。

　この海道被官とは、強い戦国大名が街道を往来するときだけ、小大名がその配下になることをいう。いわば強大な勢力が近づけば、弱者はそれに靡いて降参し、その勢力が通過もしくは撤退してしまえば、再び離れていく。

　海道被官の立場からすると、この行動はサバイバルのための手段。悪く言えば一時期的な「寝返り」、「長いものには巻かれろ」となり、良く表現すると「処世術」、「世渡りの術」となる。

　まさに海道被官とは、大勢力である徳川、上杉、北条氏に囲まれために、権謀術数に生きた信濃の小大名・**真田昌幸**にふさわしい言葉だ。

　当時の考え方では、「寝返り」というのは卑怯には当らない。江戸時代以降に建前重視型で、たとえば「飛び道具とは卑怯なり。いざ尋常に勝負せよ」といったりするが、勝負で武器をイーブンにする必要はない。仮に武器がイーブンならば、「長篠の戦い」の織田鉄砲隊などは卑怯の代表例になってしまう。

　ともあれ建前論の影響で、「権謀術数を弄する」とか「謀略を用いる」というと、正々堂々の裏返しのニュアンスで「腹黒い」、「不実」といった印象を持たれがちだ。

　しかし戦国の世では、その場の空気を読んだ「合戦中の寝返り」や「籠城時の内応」などは日常茶飯事、常識の世界だった。実はその本音の価値観は、今でも「昨日の敵は今日の友」として根強く残っているのだが……。

　たとえば「関ヶ原の戦い」で、西軍に属した小早川秀秋が東軍に寝返ったことも、西軍と東軍に挟まれた海道被官と考えれば、彼だけが背信行為のように語られるのはいささか気の毒な話。後世の建前の世界が、大きく影響した典型的な例であろう。

[武田信玄が用いた忍者]

　『孫子』にいわく、「兵とは詭道なり」。

　つまり戦国時代では「**戦わずして勝つこと**」がベストであり、やむなく戦うときには、敵を欺いて主導権を握ることが重要視された。

　戦国大名は、兵を損なわずに敵に勝つことを志向し続けたのである。というのも家臣や領民を失うことは、領国の戦力ダウンや経済基盤の弱体化・疲弊に直結

Ⅵ　知略の将

するからだ。

だから最強の戦国大名といわれた武田信玄は強者の立場で、以下の多種多用な謀略を用いたのである。

①戦争（WAR）：軍事同盟を結ぶ、政治的権威を活用する、宗教的な影響力を駆使するなど

②戦術（BATTLE）：軍勢を誇大に宣伝する、大軍で敵を包囲し戦意を喪失させる、新恩（知行）を約束して敵陣からの内応を促すなど

当然のことながら主に②が、敵地などに潜入する忍者（間諜、スパイ）の活躍する場となる。

さらに領国の拡大を志向する信玄は、積極的に各地の情報を欲し、収集した。そのために彼は「足長坊主」（遠方の情報を集める信玄入道）といわれ、**透波**（すっぱ）という忍者を多く抱えて諜報活動に当らせた。

同じように上杉謙信が用いた忍者が、「軒猿」（のきざる）。さらにいえば謙信の場合は、みずから「飯綱の秘法」（いづな）の習得に励んだ可能性もある。北条氏康の場合は、「乱波」（らっぱ）という。有名な風魔小太郎の率いる「風魔一族」が、北条氏お抱えの乱波集団である。

信玄の用いた「透波」の中には、他国（伊賀・甲賀）の忍者もおり、領国内の修験者（しゅげんじゃ）も同じような機能を果した。なお、武士は功名を挙げて知行（所領）を獲得したが、闇に生きる忍者は金で雇われる。

当時は今から想像する以上に、山岳間を結ぶ情報ルートが頻繁に活用されていた。特に周囲を山で囲まれた甲斐・信濃・上野（こうずけ）では山岳ルート（山道）は不可欠であり、信玄の使った透波には富士浅間神社（せんげん）や御岳神社の修験者もいたようだ。

「ミニ信玄」と形容しても不思議ではない**真田幸隆**の場合も、戸石城などで謀略を用いたときは、その手足となる忍者を使って敵を混乱させる、敵城に潜入させる、敵陣に流言を流したりしたのであろう。

彼は「武田氏・西上野攻略」の先鋒だったので、配下には武田系の透波もいたらしい。少し後の話になるが、真田信之に仕えた重臣・出浦盛清（いでうら）は、信玄に透波として仕えた者（村上義清の一族）の子供。盛清は上州・吾妻郡を基盤とし、忍びを得意にしたと伝えられる。

要するに代々の真田一族も、ゲリラ型の忍者として、武田系の透波の残党や信濃・上野の修験者を操ったものと思われる。

［真田昌幸の忍者活用法］

しかし小大名となった真田昌幸の場合は、海道被官という弱者型の「忍者活用法」がメインとなってくる。

一言でいえば、謀略型のゲリラ戦もさることながら、所領を防衛するための**アンテナ機能**として忍者を使う。「どの戦国大名が街道を往来するのか、自領に押し

寄せてくるのか」といった事前探索といっていい。逆にいえば、情報がなければ海道被官としても、戦国の世を生き残れないのである。

　武田滅亡のとき、昌幸は目まぐるしいまでに出仕先を変えたが、その判断にあたっては忍者が集めた情報が寄与したに違いない。2度にわたる上田城籠城戦で、徳川軍を見事に撃退した背景にも、かなりの情報収集の効果があったと思われる。

　また「上杉征伐」のとき、昌幸は〈犬伏の別れ→沼田城立ち寄り〉（127ページ参照）という謎めいた行動を取った。

　その目的は、上杉景勝に加担する昌幸が情報連絡ルートを確立するためか、さらにいえば軍勢を率いて沼田経由会津に入ろうとしたか、のいずれであろう。そうした情報連携の際にも、山岳ルートを熟知した忍者が密使として活躍したと思われる。

　有名な**猿飛佐助**は「立川文庫」などによる創作上の忍者だが、信州・鳥居峠の山中に生まれ、戸沢白雲斎のもとで修行に励んだという設定である。鳥居峠は信濃から上野に抜ける山岳の峠で、佐助の修行地は「角間渓谷」とされて現在では観光スポットになっており、真田郷からは近い場所にある。

　余談ながら猿飛佐助には初代と二代があり、初代佐助は昌幸の沼田城攻撃にも参加している。真田幸村に従ったのは二代目であり、諱も幸吉ともっともらしくなっている。

[真田幸村が狙った徳川家康の首]

　それでは大坂城に入った幸村は、実際に忍者を活用したのであろうか？

　まずは「大坂冬の陣」。このとき、真田丸に籠もった幸村が徳川方を撃退したことは、攻防戦最大のハイライトといっていい。

　しかし真田丸は銃撃戦であり、忍者が活躍する余地はあまりなかったようだ。しかも合戦自体が、当初から「講和」という政治的な解決が模索されていた。要するに幸村の活躍は戦術（BATTLE）上の一局地戦に過ぎず、戦争（WAR）を左右するものではなかったのである。

　ちなみに、昭和40年代の大学紛争を象徴する「東大・安田講堂（安田砦）事件」は、真田丸の攻防に例えられた。すなわち砦に籠もった東大全共闘が真田隊（＝弱者）、周囲を包囲してガス弾を撃ち込む警察・機動隊が徳川軍（＝強者）という構図。

　このような幸村に関する「**政治的見立て**」はそれ以前にもあり、福田善之の戯曲『真田風雲録』（映画化作品は加藤泰監督）は、昭和30年代の「安保問題」を背景とした傑作である。

　講談本『真田十勇士』がベストセラーになったのも、「強者への弱者なりの反抗」という民衆の支持があったからで、「滅びゆく者への挽歌＆反権力への共感」は時代を超えて受け継がれていった。さらにいえば幸村の散り際の美学、『真田風

Ⅵ　知略の将

雲録』の台詞的にいえば「格好よく死ねるか」という面も見過ごすことはできない。
　言い換えれば、幸村は「滅びゆく豊臣氏に殉じた者、知恵で強者に抵抗した者、格好よく死んだ者」だったがゆえに、後々まで愛され続けるのである。
　さて「冬の陣」に続く「夏の陣」では、堀を埋められてしまった豊臣方は籠城策が採れないし、軍勢も圧倒的に少ない。誰が見ても、敗色は濃厚だ。
　そこで登場するのが、『真田十勇士』のように「狙うは家康の首、ただひとつ！」と、「幸村が手足のごとく操る真田忍群（十勇士）を放って、家康の本陣を探らせた」という話。
　これぞ唯一、戦術（BATTLE）が戦争（WAR）と一体化する策で、「寡をもって衆を制す」可能性がある。ターゲットをトップだけに絞り、その死の動揺で敵軍の内部を崩壊させる**起死回生**の一手である。織田信長の「桶狭間」の奇襲も、これに近い。
　そのために幸村は、神出鬼没の真田忍群に家康の居場所をリサーチさせ、みずからがヒットマンとなる覚悟を決める。「幸村影武者説」が登場するのも、影武者は家康ヒットを成功させるために活用されたダミーと考えればいい。
　ただし、大坂城落城の前日に「若江・八尾の合戦」で徳川軍本隊（家康・秀忠）と戦ったのは、木村重成と長宗我部盛親の部隊。残念ながら幸村は「道明寺の合戦」で徳川軍別働隊と戦っており、機会はなかった。
　家康ヒットのチャンスがあったとすれば、直接対峙した「天王寺の合戦」のときだけである。ここで真田忍群は「浅野長晟が徳川を裏切った」と叫び、敵を混乱に陥れる。その間隙を縫って幸村は影武者とともに、家康の首を取るべく敵陣を突破していく。
　そして多くの人々が、そういう設定こそが幸村と真田忍群にふさわしい、と思い続けた。
　だが、もし本当に幸村が「大坂夏の陣」で真田忍群を活用したとすれば、「家康の首」の前に大坂城内の徳川内通者の摘発をさせていたはずだ。かなりの機密情報が徳川方に流れたのは事実であり、**情報漏洩**の防止も忍者の大きなミッションなのだから。
　あえて「真田十勇士伝説」を肯定するとすれば、いくら精鋭揃いとはいっても10名ほどの真田忍群では、数万人が籠城する大坂城内の魑魅魍魎の世界を、快刀乱麻のごとく切り裂くことができなかった、ということになるのであろう。
　また仮に内通者を摘発しても、その事実がかえって味方を疑心暗鬼にさせ、ひいては戦闘意欲ダウンというマイナス効果を招きかねない。
　それを考えれば幸村は、家康との勝負に賭けて、「格好よく死ぬ」方をベターと判断したのかもしれない。彼にとって一番大事だったのは「死後の面目」だったからだ。

Ⅵ　知略の将

VII 計略の将

真田信之―「真田家」を守り通した名君

西暦	和暦	真田一族（信之関連）の主な出来事
1566	永禄9	信幸、誕生
1582	天正10	武田氏滅亡
1585	天正13	第1次上田合戦（真田昌幸vs.徳川軍）
1589	天正17	信幸、家康の人質へ
1590	天正18	北条征伐（豊臣公儀軍vs.北条氏直）。信幸、沼田城主へ
1594	文禄3	信幸、従五位下伊豆守叙任
1600	慶長5	上杉征伐（豊臣公儀軍vs.上杉景勝）。真田一族、分離行動（犬伏の別れ）。第2次上田合戦（真田昌幸vs.徳川秀忠）。関ヶ原の戦い（徳川家康vs.石田三成）。信之（改名）、9万5千石へ加増
1611	慶長16	昌幸、病没（64歳）
1614	慶長19	大坂冬の陣（徳川公儀軍vs.豊臣軍）。真田信吉・信政兄弟、従軍
1615	元和1	大坂夏の陣（徳川公儀軍vs.豊臣軍）。真田信吉・信政兄弟、従軍。幸村、戦死（49歳）
1616	元和2	信之、上田城へ移住
1620	元和6	小松殿、病没
1622	元和8	信之、松代へ転封（10万石）
1634	寛永11	沼田藩主・信吉、病没（42歳）
1657	明暦3	信之、隠居。信政、2代松代藩主へ。信利、沼田藩主へ
1658	万治1	信政、病没（62歳）。真田騒動。信之、病没（93歳）
1681	天和1	沼田藩改易

1 真田信之の軌跡

徳川家に忠義を尽くした信之

　真田幸村の1歳上の兄である信之（1566～1658）は、長命で93歳まで生きた。

　生まれたのは織田信長が急速に台頭したころ、没したのは四代将軍・徳川家綱の時代であり、信之は〈群雄割拠の戦国時代→豊臣秀吉の天下統一→徳川家康の幕府開設〉の移り変わりを、リアルタイムで見てきた稀有の大名だ。

　彼は「関ヶ原の戦い」のころ（1600年）に改名した。同じ発音ながら、前半生は**信幸**、後半生は**信之**として生きたのである。そこで「信幸→信之」の視点に立って、これまで述べてきたことをフィードバックしてみたい。

　さて、信幸の若いころの話は意外と伝わっていない。確かなこととして信幸・幸村兄弟は、武田氏への人質として甲府や新府城にいたが、武田氏が滅亡した1582（天正10）年に、新府城から父・昌幸のもとに戻った。信幸は17歳にして、強大だった武田帝国の崩壊を目の当たりにしたのである。

　その前のことであろう。『滋野世記』には「勝頼の嫡子・信勝が元服したときに、彼も元服して武田氏の一字・信を諱に用いた」と記されている。繰り返すが「信」は武田氏代々の、「幸」は海野氏代々の通字である。

　武田滅亡の直後から信幸は、昌幸の右腕としていくたびかの合戦に登場してくる。おそらく初陣はその年の8月、上野・沼田城攻撃であろう（89ページ参照）。ちょうど沼田を北条方が占拠していたころだ。

　この沼田領紛争が合戦にまで紛糾して、徳川軍が信濃・上田城まで押し寄せてきたのが、3年後の1585（天正13）年8月。これが「第1次上田合戦」であり、20歳の信幸は出城・戸石城を守り、父と協力して徳川軍の撃退に成功する。

　その後、昌幸が徳川与力大名になったことから、秀吉の沼田領裁定があった年（1589年）に、信幸は家康のもとに人質として赴く。

　ここに信幸（24歳）の**徳川家出仕**がスタートし、妻も娶る。徳川四天王のひとり・本多忠勝の娘（後の小松殿）である。

　さらに信幸は「北条征伐」の後、1589（天正17）年には家康から沼田城を

Ⅶ　計略の将

与えられ、徳川与力大名に取立てられた。信濃・上田領が安房守昌幸、上野・**沼田領**が伊豆守信幸と、父子でふたつの大名家がここに成立する。江戸時代の言葉でいえば、上田藩と沼田藩という独立した藩となり、房州家、豆州家と表現してもいい。

　どうやら信幸は沼田の地を愛したようだ。というのも信幸は、関ヶ原の後に父の旧領・上田領を与えられたが、沼田城に在城したままで上田領の統治を行っているからだ。

　実際に彼が上田城に本拠を移すのは、「大坂夏の陣」（1615年）の翌年のことであり、大名取立て以来27年間を沼田で過ごしたことになる。

信之の「犬伏の別れ」

　関ヶ原の合戦前夜の「犬伏の別れ」に始まる真田一族の分離行動、謎めいた昌幸の上田城籠城などは、関東乱入を目指した**上杉景勝**に昌幸が加担したことに起因する。

　そのことは前に述べたが、改めて推測も交えながら、信幸の立場から記しておきたい。

　1600（慶長5）年6月、上洛中だった信幸は、「上杉征伐」（豊臣政権の「惣無事令」違反）に向かう徳川家康に従って昌幸・幸村とともに東海道を下る。そして軍勢を整えるために、昌幸・幸村は上田、信幸は沼田へと戻る。

　どうやら一足先に信幸は沼田を出発して、宇都宮にいた徳川秀忠の軍に参加したようだ。一方、上田を発した昌幸・幸村は、7月21日に下野・犬伏に着陣し、ここで石田三成からの「上方謀反」計画の書状を受け取る。

　そこで昌幸は宇都宮から信幸を呼び寄せて、父子間の話し合いの結果、有名な「家名存続のために昌幸・幸村は西軍（石田三成方）、信幸は東軍（徳川家康方）に属することを決めた」の話へとつながり、一族の分離行動＝「犬伏の別れ」となる。

　犬伏の地は、上杉征伐軍が陣を敷く小山に約20km、比較的近い場所だ。そのために、従来ほとんど検証されることなく、「昌幸の進軍は小山の上杉征伐軍に合流するのが目的」と既成事実化されてきた経緯がある。

　しかし実際の昌幸は、前述のとおり景勝に味方する決意を固めて、軍勢を率いて犬伏までやってきたのだ（138ページ参照）。もちろん、表面上は上杉征伐への従軍、小山参陣を偽装していた可能性は十分にある。

Ⅶ　計略の将

父子分離行動の真実

　上記のことを前提とすれば、**父子会談**はおおよそ以下の内容だった、と思われる。

①両者の対立点

　昌幸は**上杉景勝の恩顧**（第２次上田合戦の援軍、沼田領問題での景勝の奔走）を主張し、真田一族としての統一行動を信幸に求める。

　昌幸の思惑は景勝への援兵として、犬伏から直接会津入りを目指すことにある。かつて越後国内で叛乱が起きたときにも、幸村の名で援軍を景勝に送ったこともある。

　それに対して、信幸はみずからの**徳川家康の恩顧**（大名取立て）を訴えて同行を拒絶する。信幸からすれば、すでに上杉は旧恩であり、徳川が新恩となる。

②上方謀反への見解

　首謀者である石田三成・大谷吉継は、昌幸・幸村にとって縁戚であり、連携協力姿勢を示す。ただし、一族が直面するメインテーマは「上杉加勢」、「会津入り」（上杉恩顧）であり、「上方謀反」（豊臣恩顧）はサブ的な要素が強い。

　事前に計画の情報連携がないままに、突然の書状をもらっただけで、その場で一族の進退を昌幸が「白か黒か」とばかりに即断すること自体、まず常識ではありえない話であろう。まして出陣中の出先である。

　昌幸の〈親・三成〉のスタンスに対しても、家康の器量（能力）を高く評価している信幸は難色を見せる。また信幸は４歳の次男・信政を、江戸に人質として差し入れてもいる。

　ただし、最大の問題点は「７月17日付けの大坂発の書状を、物理的に４日後の21日に受け取れるのか」ということだ。しかも密使は、どうやって昌幸が犬伏にいることを知ったのだろうか？

　ちなみに、別の書状では〈上田城（昌幸）→佐和山城（三成）〉で９日間を要しているケースもある。何か犬伏のエピソードは、根底から再検証する必要があるのかもしれない。

③上田城籠城

　昌幸は、「間違いなく信幸も自分に従い、統一行動を取る」と考えていたのであろう。信幸の領する沼田は景勝の尽力で獲得した所領なのだ。むしろ

Ⅶ　計略の将

家康が敵対者であり、第1次上田合戦まで戦った相手である。

しかし、徳川氏に臣従する信幸の決意は揺るがなかった。信幸の拒否。それは一族の長・昌幸にとって、大きな誤算だったに違いない。

『滋野世記』では、昌幸が「このようなときに、父子が分かれるのも、家のためにはいいこともあるだろう」と語り、父子は納得した上で分離行動を取った風に記されているが、おそらく双方の主張はすれ違い、喧嘩別れに近い状態だったと思われる。

そして、「上方謀反」という思いがけない事態に遭遇した昌幸は、上杉軍参加をあきらめて、慌しく兵を戻すのである。この間、一貫して幸村は父に従っている。

ところで真田一族としての**統一行動**を暗示するような書状が残っている。三成から昌幸に宛てた一連の連絡である。実はその中で、三成は「信幸が昌幸と一緒に行動している」と思い込んでいた節がある。

7月30日付けの三成書状ではラストに「豆州殿（信幸）、左衛門尉殿（左衛門佐・幸村）には別紙で申し入れていますが、貴殿（昌幸）からもどうぞよろしく仰ってください」と記し、8月5日の分も宛名が「昌幸、信幸、幸村」となっている。

その後、さすがに三成も信幸の動きに感づき「豆州の件はいかがでしょうか。心もとなく思います」と記すのだが、この事実は「周囲からも真田一族の統一行動が、当然視されていたこと」、加えて「信幸の動向を、昌幸が三成に伏せていたこと」を意味している。

昌幸は死ぬ直前まで信幸に会いたがっていた。その情愛を別にすれば、信幸の行動は、昌幸にとって「棟梁として一族の結束を保てなかった」、一種の恥と感じたのではなかろうか。

なお「関ヶ原の合戦」のとき、父子で「西軍、東軍」に分かれたケースは、蜂須賀氏（阿波）や鍋島氏（肥前）などが存在する。これは渦中の諸大名にとっては恩顧もさることながら、現実問題として「関ヶ原」の勝敗が見通せなかったからだ。

しかし、信幸が直面したのは「上杉軍or徳川軍」の択一であり、単独挙兵に近い景勝に対する不安もあったのかもしれない。

Ⅶ 計略の将

諱を変えた信之の真意

「今度安房守罷り帰られ候処、日頃の儀を相違えず、立たれ候事奇特千万に候」
（7月24日徳川家康書状）

　徳川家康が、犬伏の別れの直後に真田信幸に宛てたもので、「昌幸が帰ったにもかかわらず、従来からの約束を守り、徳川側となったことは珍重に値するこの上もないことです」という意味だ。
　この書状のポイントは、ラストの**奇特千万**にある。親に背いてまで志を替えず、家康に尽くそうとする信幸の行動を、家康みずからが「滅多にないこと」と認めているのである。
　さらに信幸は分離しただけでなく、徳川秀忠軍に属して父・昌幸が籠もる上田城への攻撃にも参加しているのだ。
　いささか唐突かもしれないが、約60年前に武田氏で起きた「信虎・国外追放事件」（32ページ参照）を思い出していただきたい。上杉謙信はこの信玄のクーデターを「直親を国外追放するとは……」と、激しく非難した。信玄の出家にも、この事件が影響している。
　そう、当時の価値観からすれば、信幸は「親に背き、さらに弓を引く」行為を犯したのである。
　秀忠軍は関ヶ原に遅れたために、傘下の諸大名はほとんど論功行賞の対象にはならなかった。禄高据え置きである。
　だが、上田城の備えとして残留した信幸は、本領・沼田2万7千石に加えて父の上田領や新規所領を与えられて、一躍9万5千石の大名にまで出世する。この引き立ては、明らかに戦闘での功名や殊勲ではない。ひとえに彼の信念の基づくパフォーマンスが、レアケースだったからである。
　そして、このころに信幸は諱を**信之**に改める。35歳の出来事だ。改名の理由については、「幸」を避けることで「罪人となった父・昌幸とのつながりを断つこと」の**意思表示**をしたというのが、一応の定説となっている。
　確かに幕府の昌幸に対する評価は「公儀御憚りの仁」だから、そういう一面もあったかもしれない。しかし、その一方で彼は昌幸・幸村の助命を「所領に替えてでも」と家康や徳川氏の有力者に嘆願した、という話も伝えられる。いささか矛盾する話だ。
　諱に関していえば、豊臣討伐後に将軍・徳川秀忠は、秀吉を祀った豊国神

VII 計略の将

社を徹底的に破壊したにもかかわらず、みずからは改名せずに秀吉の「秀」をそのまま用いている。また大名家となった真田氏では、信之の孫・幸道の代からは「幸」の字が復活している。

とすれば、信之への改名は対外的なアピールというよりも、彼自身の「意識の表れ」と考える方が自然であろう。

おそらく彼の気持の中には、「真田氏の嫡男でありながら父に従わなかった」ことの苦衷があり、父からの一字「幸」を遠慮するという行為に出たのではなかろうか。

むしろ子が父を憚った、といっていい。そういう誠実な人柄だからこそ、父は死ぬまで子を愛し続けたのだろう。

2 その後の真田一族

信之を襲った「大坂の陣」の余波

関ヶ原の戦いの後、真田信之が9万5千石（信濃・上田領と上野・沼田領）の大名となったことはすでに述べた。

1614（慶長19）年の**大坂冬の陣**のとき、信之（49歳）は病気のために出陣できず、その代わりに長男・信吉（19歳）と次男・信政（18歳）の兄弟を従軍させた。兄・信吉の母は長篠の戦いで戦死した真田信綱の娘、弟・信政の母は小松殿（本多忠勝の娘）である。

兄弟に付き添ったのは、家老・矢沢頼康、小山田主膳之知などであり、行軍中の矢沢頼康宛てに信之は「何事も油断なく肝煎（世話）を頼みます」と書き送っている。頼康は、かつて幸村が上杉景勝の人質になったとき、同行した人物である。

真田隊は本多忠朝（忠勝の子、小松殿の弟）に属して、大坂城の城東・今福方面の備えに付いた。従って持ち場が異なり、幸村が立て籠もる城南・真田丸への攻撃には参加していない。また幸村への降伏勧告も、幸村の叔父である旗本・真田信尹に委ねられ、大名家の真田氏は関わっていない。

講和成立後、真田隊は大坂城の堀埋め立て工事に従事した。そのころ、小山田之知はたびたび幸村と面会したようだ。之知は幸村の姉・村松殿の子供、

VII 計略の将

すなわち幸村の甥にあたる。

そのことは、幸村の姉宛の書状にも「主膳殿には何回かお会いしましたが、こちらが取り込んでいたので、ゆっくりはお話できていません」と記されている。幸村が旧臣・矢沢頼康と酒を酌み交わした、という話も残っている。

1615（慶長20）年の**大坂夏の陣**のころも、信之は病床に臥せていたようだ。このときも信吉・信政兄弟が本多忠朝に属して参戦した。忠朝は毛利勝永隊のために戦死を遂げるが、真田隊には大きな被害は発生せず、幸村と直接戦闘を交えることもなく合戦は終わる。

そして「元和偃武」、平和の到来である。だが、思いがけない余波が信之を襲った、と伝えられる。その年の冬、ある事件で追放されていた家臣・馬場主水が江戸に行き、老中宛てに「大坂の陣で信之は幸村と気脈を通じていた」という内容の**訴状**を提出したのだ。

「主人・伊豆守（信之）には叛逆の意思があります。冬の陣のときは、幸村に援兵を送り籠城させました。また夏の陣では密かに幸村と謀って、河内守信吉と内記信政に先陣を切らせるために、幸村は合図の旗を上げました」
（『明良洪範』）

これに対して、信之は徳川氏への忠誠を披露して事なきを得る、というのが訴訟事件の概要だ。

しかし、この逸話自体に疑わしい面がある。当時はまだ「幸村」という表記は定着しておらず、「信繁」などがポピュラーであり、内容も「いかにも」の感が強い。戦場では、功名をチェックする軍監がつねに眼を光らせている。

松代藩の成立

1620（元和6）年に妻・小松殿に先立たれた信之は、その2年後に信濃・上田から松代への転封を命じられる。

松代城は、かつて川中島に建てられた海津城の後身であり、甲信越を結ぶ要地にある。ここで述べておくと、「川中島の戦い」で戦死した武田典厩信繁（58ページ参照）の墓が松代にあったが、荒れ果てていたので、信之が改葬して「典厩寺」としたという。

江戸時代に入ってからは、松代は越後・高田藩の「川中島領」的な色合い

Ⅶ 計略の将

[真田氏系図]

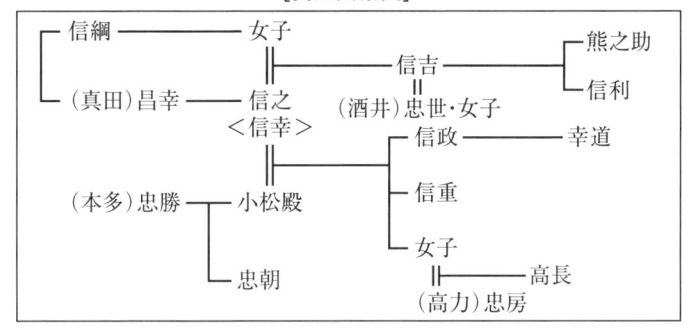

```
┌信綱──────女子
│              ‖────信吉────┬熊之助
│(真田)昌幸─┬信之   (酒井)忠世・女子  └信利
│          │<信幸>
│          ‖────┬信政────幸道
│(本多)忠勝─小松殿  ├信重
│          │     └女子
│          └忠朝    ‖────高長
│                  (高力)忠房
```

[信之の居城]

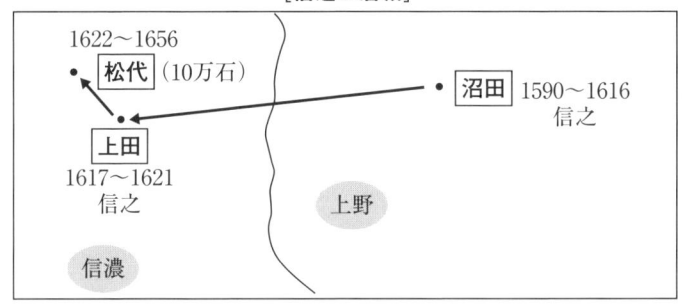

```
     1622～1656
   ●松代(10万石)
    ↖
     ●            ●沼田 1590～1616
    上田                    信之
    1617～1621
    信之              上野
         信濃
```

が濃かったが、前城主・酒井忠勝が出羽・鶴岡（庄内藩）に転封になったことに伴い、信之は江戸に呼ばれて、その場で玉突き人事が発令された。

余談ながら酒井氏には大きくふたつの流れがあり、この酒井忠勝（徳川四天王・忠次の孫）は「酒井左衛門尉」家であり、老中を務めた酒井忠勝の方は「酒井雅楽頭」家である。ほぼ同時代に、一族で同じ諱の持ち主が2人。このことは、諱が日常では用いられなかった証左といえよう。

転封とともに信之は加増され、**松代藩10万石**の大名となる。かつての村上義清の所領地であり、郡でいえば更科、埴科、水内、高井の「川中島4郡」の中で、善光寺もその領内になる。なお、すでに**沼田領3万石**は長男・信吉の所領となっている。

その当時の藩の数は約270藩前後で、将軍・秀忠による大名改易処分（後継ぎ不在や「武家諸法度」違反）は跡を絶たなかった。

従って表面上は信之も「参府したところ川中島で過分の知行を拝領いたしました。ことに松代は名城といわれ、北国の要です。その地を拙者（私）に任せる、と将軍直々の仰せでした。誠に家の面目が立つ幸せです」（信之書

Ⅶ 計略の将

状）としているが、実際はあまり乗り気ではなかったようだ。

というのも、上記の出浦対馬守盛清宛ての書状の追記に「私も老後になり、何事でも不要になっていますが、これも子孫のためなので松代に移ります。ご心配なさらずに」と記しているからだ。このとき、信之は57歳。多少、愚痴が入っている。

ちなみに出浦盛清とは上野・吾妻郡にいた家臣で、武田信玄に透波（忍者）として仕えた者の孫にあたり、彼自身も忍者だったという説もある。

Ⅶ 計略の将

松代城本丸太鼓門

御家騒動に悩まされた信之の晩年

信之は長命だったので、妻のみならず息子3人（信吉・信政・信重）にも先立たれてしまう。そのために信之は死ぬ間際まで、一族に分知した**所領問題**、それに起因する**御家騒動**に悩まされ続ける。

1634（寛永11）年、将軍・徳川家光の時代。沼田3万石の藩主・信吉（42歳）が病死したため、幼少の嫡男・熊之助が跡を継いだ。

後見人がいれば、幼くとも相続は可能である。幕藩体制において、将軍が徳川家の世襲を前提としている以上、藩主も同様になる。言い換えれば、平和な時代では将軍や藩主はその器量（能力）ではなく、血筋が尊ばれる。

だが、熊之助も4年後には早世してしまう。さすがに残された次男（後の信利）は幼児だったので、沼田3万石は〈孫・信利＝5千石、次男・信政＝

1万5千石、3男・信重＝1万石〉と分封され、次男・信政が沼田を統治することになった。以来、大雑把にいえば真田一族は「松代藩＝信之、沼田藩＝信政」体制を敷き、20年近い歳月が流れる。

その間に3男・信重死去に伴う異動もあるのだが、1657（明暦3）年に老齢の信之（92歳）は幕府に対して**隠居**とともに、〈松代10万石＝次男・信政、沼田3万石＝孫・信利〉の分知を願い出る。

現代でいえば、会社オーナーの信之がリタイアを認められて、長年子会社の社長を務めた次男を、親会社の社長に据えたイメージだ。

ようやく隠居できた信之は、出家して一当斎と号した。祖父・幸隆は一徳斎、父・昌幸は一翁を名乗っており、法号にも通字「一」の存在が窺える。

かくして信政が松代藩二代藩主となり、沼田城から家臣（沼田衆）を連れて入封するが、わずか半年後の1658（万治1）年2月に62歳で病死を遂げる。ここで再び**後継者問題**が発生する。というのも、信政は側室の子供たちを他家に養子に出すなどしており、身近には2歳の幼児（後の幸道(ゆきみち)）しかいなかったのだ。

死を予感していた信政は、幕府・老中と家臣宛に「幸道に家督を継がせたい」という遺言状を認(したた)めていた。しかし信政は父・信之とは相談していなかったので、家臣は信之の意向を懸念した。

信之がもう一方の孫・信利を松代藩三代藩主に推す可能性があるからで、家臣団も従来の「上田衆（川中島衆）」と新参の「沼田衆」との間に意見の食い違いがある。家臣団にも距離の壁と百年の歳月が、否応なく襲う。オーナーだった信之からすれば「松代・沼田は一体」かもしれないが、家臣には「独立した藩で知行をもらっている」という現実がある。

そこで信之は信政の遺言どおり、幕府に幸道の家督相続を願い出るが、今度は親戚筋の高力(こうりき)高長（肥前・島原藩主で信之の娘の子）から「信利に継がせるべき」という意見が寄せられる。

実は信利の母は酒井忠世（「雅楽頭」家）の娘であり、四代将軍・家綱のもとで権勢を振い「下馬将軍」といわれた大老・酒井忠清[*1]の叔母にあたる。その関係から酒井忠清も信利を三代藩主に推薦する（223ページ系図参照）。

Ⅶ 計略の将

＊1　**酒井忠清（1624〜81）**：四代将軍・徳川家綱の信任が厚く、権勢を振るった。江戸城の大手門下馬札付近に屋敷があり、そのために下馬将軍と呼ばれた。家綱の死後、鎌倉幕府の先例（源実朝死後の対応）に習い、京都から有栖川宮親王を迎えて将軍家を継がせようと画策した。しかし徳川光圀（水戸黄門）などの反対に遭い、五代将軍・綱吉（家綱の弟）が就任するとともに失脚する。

当然、家臣団の意見も割れ、相続をめぐる両派「幸道派vs.信利派」の争いは激化したが、多数派となった幸道擁立派が「信利が後継者に決まれば、籠城して死も辞さない」と主張したために、騒動を懸念した酒井忠清も幸道の家督相続を認めた。1658年6月のことであり、信政の死後4か月で**真田騒動**は決着を見た。

　2歳の孫・幸道の後見人となった信之は、その年の10月に病死を遂げる。93歳の高齢だった。関ヶ原からすでに60年近い歳月が流れ、徳川将軍家も四代・家綱の時代となっている。間違いなく大名クラスでは彼こそが、武田信玄・勝頼、豊臣秀吉、徳川家康、石田三成などの歴史的な武将と接した最後の人物であろう。

　後日談がある。信之は27万両もの遺金を残した、という。なぜ、それほどの蓄財ができたのかは分かっていない。憶測を逞しくすれば、信濃最大の経済都市・善光寺を所領として以来の蓄財なのかもしれない。

　ともあれ、沼田藩の信利がその分配を求めて訴訟を起こす。所領問題の次に控えていたのは、**遺産問題**だった。再び酒井忠清が信利の後押しをするが、結果は松代藩の勝訴に終わる。

松代城北不明門

廃藩置県まで続いた松代藩

　1680（延宝8）年、江戸・両国橋の修復工事に伴い、幕府は沼田藩に対して材木提供（普請役）を命じるが、トラブルが続出したために真田信利は材木の納入ができなかった。その結果、翌年に**沼田藩は改易**される。

　真田三代——。まず幸隆が一所懸命に働き、次に昌幸が強大な勢力の狭間の中で守り続け、そして信之が初めて大名となった「沼田」の地は、百年の歳月を経て、ここにあっけなく真田支配が終わってしまう。

　以後の真田氏は、**松代藩の歴史**となる。

　藩主は〈三代・幸道＝四代・信弘－五代・信安－六代・幸弘＝七代・幸専＝八代・幸貫＝九代・幸教＝十代・幸民〉と続き（＝は養子）、幸民のときに明治維新を迎え、彼が最後の藩主となる。

　ある意味で松代藩の歴史は、洪水・地震などの自然災害との戦いである。そのために百姓一揆も起こったりして、さしもの藩財政は窮乏し、その再建が最大の課題となる。

　そこで1755（宝暦5）年、家老・**恩田杢民親**[*2]が六代・幸弘から全権委任を受けて、財政改革に乗り出し、徹底した節約、賄賂の禁止、家臣の俸禄の見直し、殖産興業などを打ち出す。その著『日暮硯』は、イザヤ・ベンダサンの名著『日本人とユダヤ人』で紹介されて以来、かなり知られるようになった。

　八代・幸貫は「寛政の改革」を行った幕府老中・松平定信（八代将軍・吉宗の孫）の子として生まれ、真田家に養子で入った。彼は外様大名としては異例ながら、老中となって幕政に参加し、松代藩では洋学者・**佐久間象山**[*3]を登用したことでも知られている。

　余談ながら開国論を唱えた象山は、1864（元治1）年に京都で尊皇攘夷派の志士に暗殺される。後に肥後の「人斬り彦斎」こと河上彦斎が犯行を自供するが、当時は判らなかったので象山の妾腹の子・三浦啓之助が、仇討ち探しのために新選組へ入隊する。ついでにいえば、象山の正妻は勝海舟の妹である。

VII 計略の将

＊2　**恩田杢民親（1717〜62）**：松代藩の家老兼勝手掛として藩政改革を実施した。余談ながら米沢藩主・上杉治憲（鷹山）も倹約を奨励し、財政改革を行ったことで名高い。
＊3　**佐久間象山（1811〜64）**：松代藩士。蘭学や砲学を学び、開国論を唱えた兵学者として著名。勝海舟や坂本竜馬は、その弟子にあたる。

最後の藩主・幸民は、「幕末の四賢侯」といわれた名君・伊達宗城(むねなり)（伊予・宇和島藩主）の次男に生まれ、真田家の養子となった。戊辰戦争では新政府軍に協力し、1869（明治2）年には朝廷に藩籍返還を行う。

　その2年後には廃藩置県が実施され、ここに信之以来約250年におよんだ「松代藩」が終焉のときを迎えた。

Ⅶ　計略の将

VIII 真田一族略伝

付録：戦国武将略伝
　　　主要周辺人物略伝

真田一族略伝 ① 謀略こそわが人生
真田幸隆
さなだ・ゆきたか

DATA
生没年	1513（永正10）年～74（天正2）年
享 年	62歳
通 称	源太左衛門、弾正忠
実 名	幸綱
妻	河原隆正の妹、羽尾幸全の娘など
法 名	一徳斎
死 因	病死
死没地	信濃・戸石城

Ⅷ 真田一族略伝

◎上野・吾妻郡でもあった下剋上

　1541（天文10）年の信濃・海野平合戦で、武田・村上・諏訪連合軍の攻撃を受けた**海野一族**は敗れる。

　そのとき叔父・海野幸義は戦死を遂げ、29歳だった真田幸隆は、外祖父・海野棟綱とともに上野国西部の海野一族を頼る。

　この〈棟綱―幸義〉の流れが、海野氏の嫡流だったことは間違いない。なぜならば武田信玄の3男・信親が、後に幸義の娘を娶って海野氏を相続し、

230

海野竜芳を名乗ったからだ。

　つまり幸義の姉妹を母とする幸隆は、名族・海野氏とは縁戚関係にはあるが、その嫡流ではない。

　さて西上野へ逃がれた幸隆の寄寓先が、吾妻郡の海野一族である**羽尾幸全**（ゆきてる）のところ。

　そこで幸隆は保護を受けて、幸全の娘を娶ったという話がある。その場合、幸隆は入り婿の立場となるが、これはおそらく事実なのであろう。

　というのも幸全の弟が海野幸光・輝幸といわれ、その兄弟は幸隆の子・昌幸の代には、それぞれが真田氏の主要拠点・岩櫃城（いわびつ）、沼田城の城代を務めているからだ。

　幸隆の代と比べれば、主従の関係は逆転しているが、当時の羽尾氏は思っている以上に有力な国人だったのかもしれない。事情は分からないものの、兄弟は本姓「海野」を名乗ったりもしている。

　ともあれ当時の真田氏の実力では、城を任せられるだけの重臣は一族をおいてほかにない。しかも昌幸の娘は輝幸の嫡男に嫁いだといわれ、かなり密接な関係があったようだ。

　しかし幸隆・昌幸は父子二代にわたって、この羽尾一族を謀殺してしまう。まず幸隆は、武田信玄の先鋒として1563（永禄6）年に、上杉謙信方に属して岩櫃城を守った幸全を攻め滅ぼす。

　その後、1581（天正9）年、勢力を蓄えた昌幸は、今度は城代を務める幸光・輝幸兄弟を、謀反を企てたとして討伐してしまう。

　これら一連の出来事は、真田二代が20年の歳月をかけて、羽尾一族が有していた吾妻郡の所領を、段階的に奪取したことを示唆しているのであろう。

　要するに戦国時代の代名詞というべき**下剋上**が、小規模ながらも吾妻郡を舞台として、真田氏の場合にもあった可能性が高い。

　幸隆は信玄に属して、まず信濃先方衆として活躍した。剛勇をもって「鬼弾正」と呼ばれ、「川中島の戦い」にも参戦したといわれる。だが、彼が最も情熱を傾けたのは**西上野攻略**だったように思えてならない。

　後の真田一族では、昌幸が名胡桃（なぐるみ）（沼田付近）を「先祖の墳墓がある場所」といい、昌幸の子・信之は大名として長く沼田城を離れることはなかった。

　それもひとえに、真田氏中興の祖というべき幸隆が、全身に35か所の傷を負いながら、「一所懸命」に獲得した所領だったからにほかならない。

Ⅷ　真田一族略伝

真田一族略伝 2　野望を秘めた誇り高き挑戦

真田昌幸

（さなだ・まさゆき）

DATA

生没年	1547（天文16）年〜1611（慶長16）年
享　年	65歳
通　称	源五郎
官　位	従五位下安房守
別　名	武藤喜兵衛
妻	山之手殿
法　名	一翁閑雪（いちおうかんせつ）
死　因	病死
死没地	紀伊・九度山

Ⅷ　真田一族略伝

◎意外にも律儀者だった昌幸

　真田幸隆の3男・昌幸は、幼いころに武田信玄に近侍したことで認められ、次第に武田氏の奉行、部将として頭角を現していく。

　その後、兄ふたりが「長篠の戦い」で戦死したために、昌幸は真田氏の家督を継ぐことになり、武田滅亡後は独立して信濃・上野（こうずけ）の一部を所領とする小大名となった。

　「沼田領紛争」が典型的な例だが、彼には才覚があり、帰属する戦国大名

を猫の目のように変えて、所領を守り乱世を生き抜いた。

「表裏比興の者に候（抜け目がない者、喰わせ者）」

　このように豊臣秀吉が表現したとおり、昌幸は遊泳術やサバイバル術に長けた人物というのが、大方の評価であろう。
　また真田氏存続のために、1600（慶長5）年の関ヶ原前夜に「西軍（石田三成方）につくか、東軍（徳川家康方）につくか」を協議して、昌幸は豊臣恩顧を理由に西軍に属することを決め、長男・信幸を東軍に属させる。
　この真田一族が分離行動を採った有名な話も、昌幸のサバイバル術の延長線上で捉えられるケースが多い。
　ただ、なにか微妙な違いというか、飛躍感を覚えるのも事実だ。それは現実的な所領問題と理念上の大義名分とが、同次元で語られているために起こる不協和音のせいなのであろう。
　司馬遼太郎もこの違いに悩んだように思われ、**「関ヶ原前夜」**を次のように描いている。

「この信州の小大名は、他の多くの小大名が……時勢のなかに順応してゆくなかで、ひとり、──豊臣か徳川か。という分不相応な大主題をおのれの存立の命題にするというところがあった。これを観念過剰という目でみればこっけいな情景だが、真田家では大まじめな命題であった。昌幸という、小英雄のあくのつよい個性によるものかもしれない」　　　　　　（『城塞』）

　昌幸は自領保全のためなら謀略を用いるタイプだが、天下国家を論じるような柄ではない。そのことを司馬遼太郎もよく承知していることから、飛躍感を埋めるために書いたフレーズなのであろう。
　では飛躍せずに、昌幸の分相応のスケールで考えれば、本文で述べたとおり、彼は「沼田領紛争」や「第１次上田合戦」で終始支援を受けた**上杉景勝**に対して、忠誠を尽くしたのである。
　昌幸の一連の行動も、景勝の「東国支配」を実現させるための加勢であり、彼自身の野望とは信濃などの国持大名（くにもち）になることだったに違いない。
　その意味からすれば、徳川秀忠を決戦場「関ヶ原」に遅参させた奇将・昌幸も、実は景勝に対しては**律義者**だったといえよう。

Ⅷ　真田一族略伝

真田一族略伝 3 「六文銭」はためく下に

真田幸村

さなだ・ゆきむら

DATA

生没年	1567（永禄10）年～1615（元和1）年
享 年	49歳
通 称	弁丸（幼名）、源次郎
官 位	従五位下左衛門佐
実 名	信繁
妻	大谷吉継の娘（正室）、家臣の堀田氏・高梨氏の娘
法 名	伝心月叟、好白斎
死 因	戦死
死没地	摂津・大坂

Ⅷ 真田一族略伝

◎無名の存在が一躍英雄に！

　真田幸村の元服は遅かったようだ。彼が19歳で上杉景勝の人質になり、春日山城で過ごしたときは弁丸といった。だが、それも束の間のこと。翌年には豊臣秀吉の人質となって上方へ赴き、間もなくして信濃・上田城に戻ったようだ。
　幸村の初陣は24歳。「北条征伐」のときに、父・昌幸に従って出陣している。おそらく、その前に元服を済ませたのであろう。

その後、徳川家康に仕えた兄・信幸が沼田領を得て独立大名となったことに伴い、幸村は昌幸の**後継者**と位置づけられ、将来は上田領を継ぐ立場となった。信幸のスピンアウトに伴うふたつの大名家の誕生である。

だから幸村は従五位下左衛門佐に叙せられ、1600（慶長5）年の〈犬伏の別れ→第2次上田合戦→九度山配流〉と、終始、昌幸と行動をともにするのである。

流罪になったとき、幸村は34歳。それまでの彼の人生は、つねに「伝説の謀将」昌幸の陰に隠れていた、といっていい。そして幸村は14年間の配流生活を過ごし、48歳のとき、豊臣方に招かれて大坂城に入る。

つまり、彼は人生の3分の1近くを、牢人として山中で過ごした。言い換えれば48歳までの彼は、世間的には**無名**の存在だった。

「のちに不世出の名軍師の名をのこした幸村の実力については、このとき家康だけでなく、東軍の諸将もほとんど無智だった」
　　　　　　　　　　　　　　　　　　　（司馬遼太郎『若江堤の霧』）

そのことを裏付けるかのように幸村は、史料ではさまざまな諱（いみな）で記されている。これは幸村が、特定されるだけの存在ではなかったことの証左であり、史料には実名とされる「信繁」を筆頭に「信仭（のぶなお）、信賀（のぶよし）、信次、幸重……」などが記録されている。

現在、最も知られる**幸村**の諱が登場するのは、彼の没後50年近くたってから刊行された軍記物が最初である。いわば創作に近いもので、リアルタイムには幸村の名は登場しない。

いずれにせよ幸村は「六文銭」の旗の下で、人生の最晩年のわずかな時間を、「幸村、十文字の槍をもって、大御所（家康）を目掛け戦わんと心懸けたり」（『山口休庵咄』）とばかりに、死力を尽くして徳川方と戦う。

それは「一軍の将」に取り立ててくれた豊臣秀頼の恩顧に報いるため、そして父の夢を潰した家康への恨みを果すためであった。

「（幸村は）勝目のすくない大坂城に入り、召募（しょうぼ）浪人たちを指揮して孤城を守るのだが、昌幸の見果てぬ戦国の夢が幸村の情念のようなものに化（な）っていたのかもしれない」
　　　　　　　　　　　　　　　　　　　（司馬遼太郎『高野山みち』）

Ⅷ　真田一族略伝

真田一族略伝 4 「大名・真田家」を守り続けた男
真田信之
さなだ・のぶゆき

DATA

生没年	1566（永禄9）年〜1658（万治1）年
享 年	93歳
通 称	源三郎
官 位	従五位下伊豆守
改名前	信幸
藩	信濃・松代藩10万石
妻	小松殿
法 名	一当斎
死 因	病死
死没地	信濃・松代城

Ⅷ 真田一族略伝

◉最高年齢で隠居した大名

　真田信之は幸村の1歳上の兄で、関ヶ原前は信幸、関ヶ原後は信之として生きた。

　武田氏の滅亡を目の当たりにした信幸にとって、人生の転機が訪れたのは、豊臣秀吉の裁定に伴い父・昌幸が徳川家康の与力大名となったとき。

　そのために三河・岡崎城へ送られた信幸は、1589（天正17）年の2月13日、初めて家康と会った。その日のことを家康の家臣は、「雨降、信州真田

むす子出仕候」と記録している。信幸が24歳のときである。

　翌年になって彼は上野・沼田領を与えられ、昌幸（上田領）とは別に独立した大名に取り立てられた。以来、信幸は徳川氏に**忠誠**を誓い続ける。

　1600（慶長5）年、上杉景勝からの恩顧に報いるために、昌幸が真田一族を挙げて景勝に加勢しようとしたとき、信幸は父と訣別してまでも徳川氏に忠節を尽くした。

　この信幸の徳川一途な行動が、「大名・真田家」を存続させた要因だったことは、いうまでもない。

「合戦や政争の昂奮に巻き込まれがちな戦国大名の中にあって、あくまでも冷静な判断を失わぬ家康の理知と、部下を統率して行く磨き抜かれた政治力に、信幸は心服している」
　　　　　　　　　　　　　　　　　　　　（池波正太郎『信濃大名記』）

　関ヶ原後に加増を受けた信幸は、信之と改名して戦後60年近くを生き続ける。ちなみに幸村の実名・信繁は武田信玄の弟と、信之は信玄の3男と同じ諱である。

　信之より1歳年少の伊達政宗（1567〜1636）は、徳川家光の代まで生きて70歳で没するが、晩年は「老公」と呼ばれていた。

　その政宗より20年以上も長く信之は生き続けた。信濃・松代藩と上野・沼田藩のオーナーというべき彼は、妻はもとより3人の息子たちよりも長生きした。

「九十をこえていながら、信之の視覚も聴覚も、したがって感応も、ほとんどおとろえていない」
　　　　　　　　　　　　　　　　　　　　（池波正太郎『獅子』）

　老人になっても信之の智力は衰えなかったようだ。そのために彼は最晩年を襲った**御家騒動**でも、適切な判断を下して松代藩10万石の危機を切り抜けた。なんと93歳のときである。

　残念ながら真田三代で守り続けた沼田の地は、彼の死の20年後に取り潰されてしまうのだが……。

　「謀略家」の名をほしいままにした父・昌幸、後世に「英雄」と謳われた弟・幸村。その華々しさはなく、地道な感が強いが、真田氏を守った信之もまた優れた武将、大名といってよかろう。

Ⅷ　真田一族略伝

真田一族略伝 5 「長篠の戦い」で果てた真田兄弟
真田信綱・昌輝
（さなだ・のぶつな、まさてる）

DATA

信綱
- 生没年 1537（天文6）年～75（天正3）年
- 享年 39歳
- 通称 源太左衛門尉
- 妻 高梨政頼の娘
- 死因 戦死
- 死没地 三河・長篠

昌輝
- 生没年 ？～1575（天正3）年
- 通称 徳次郎、兵部
- 死因 戦死
- 死没地 三河・長篠

真田信綱・昌輝はそれぞれ幸隆の長男・次男であり、兄弟が揃って「長篠の戦い」で戦死を遂げたために、3男・昌幸が家督を相続することになる。

まず信綱は父・幸隆の後継者として、幸隆の生存中からそれなりに遇せられていたようだ。真田氏の所領が信濃、西上野の両国にまたがっていたので、おそらく信綱が信濃・小県郡、幸隆が西上野・吾妻郡と管轄を分担していたのであろう。

武田氏からすれば、信綱が「信濃先方衆」、幸隆が「上野先方衆」という棲み分けである。

信綱の初陣は、1552（天文21）年の小岩岳城（信濃・安曇郡）攻め。村上義清の属城を、武田信玄が水路を遮断して攻略するのだが、16歳の信綱は幸隆に従って参戦したという。有名な「第4次川中島の戦い」（1561年）にも父とともに従軍したと伝えられる。

その後、信玄が「三国軍事同盟」を破棄したころには、信綱の活動範囲も自然と広がり、1568（永禄11）年の駿河侵攻（vs.今川氏）、翌年の伊豆・韮山城攻撃や武蔵・鉢形城攻撃（vs.北条氏）に遠征している。

この間、弟の昌輝のことはあまり分かっていない。信玄の使番を務めていたという説もあるが、たぶん兄と一緒に行動していたものと思われる。

北条攻めに続いて兄弟が出陣したのは、1570（元亀3）年の「三方ヶ原の戦い」（vs.徳川家康）。この合戦は、信玄が遠江侵略を目指したもので、信濃先方衆の中に「真田源太左衛門（信綱）2百騎、真田兵部（昌輝）50騎」と記されている。

そして1575（天正3）年の「長篠の戦い」（vs.織田・徳川連合軍）が、兄弟にとって最後の出陣となる。このとき信玄はすでに病死しており、武田氏は勝頼の代となっていた。ここで真田兄弟は、柵を破って突進中に討死を遂げたと伝えられ、また信綱の首級は徳川氏の旗本が討ち取ったという話もある。

なお北信地方の有力国人・高梨政頼の娘たちは、信綱と村上義清とにそれぞれ嫁いでおり、信綱と義清は義理の兄弟にある。また信綱の娘は、従兄弟にあたる昌幸の長男・信幸に嫁いで、信吉（上野・沼田藩主）を生んでいる。

昌輝の妻は武田家臣の娘で、遺児・信正は昌幸に養育されたという。

VIII 真田一族略伝

真田一族略伝 6 幸村と最期に会った真田一族
真田信尹
さなだ・のぶただ

DATA
- 生没年　1547（天文16）年～1632（寛永9）年
- 享年　86歳
- 通称　源次郎
- 別名　加津野市右衛門信昌
- 官位　隠岐守
- 妻　馬場美濃守の娘
- 死因　病死

　真田幸隆の4男。昌幸の異母弟にあたるが、生年は一緒である。幼いころに人質として甲府に送られ、武田信玄の命で甲斐の加津野氏を継いだ。

　信玄が三国軍事同盟を破棄したころ、1570（元亀1）年に北条氏康・氏政父子は武田方の相模・深沢城（御殿場市）を攻略し、北条綱成を守将として城に置く。この綱成は北条一族きっての猛将といわれ、その旗指物は「地黄八幡」。

　翌年、信玄は深沢城奪回のために城を包囲して、綱成に開城を迫る。このとき奪った「地黄八幡」を、信尹は信玄から「綱成にあやかれ」と賜ったという話が残っている。信尹は武田軍団では御鑓奉行、足軽大将を務めていたが、1581（天正9）年には、上野で発生した海野兄弟の叛乱を兄・昌幸とともに鎮圧している。同族間の内紛がかなり深刻だったことを、窺わせる出来事だ。

　武田滅亡後、真田姓に戻った信尹は北条氏に属したようだが、早いタイミングで**徳川家康**に出仕して、昌幸を徳川方へ勧誘したりもしている。

　知行は5千石。家康の旗本であり、北条征伐では使番を務めている。その後、信尹は加恩がなかったことを不満に思って牢人となり、蒲生氏郷などに仕官したようだが、1598（慶長3）年に再び家康に出仕する。このとき、彼は52歳。帰り新参として4千石の旗本となり、以来徳川氏を離れることはなかった。

　「関ヶ原の戦い」（1600年）に使番として参戦した信尹が、再びクローズアップされるのは、「大坂冬の陣」（1614年）に従軍したときである。なんと彼は、大坂城に籠もり真田丸で奮戦する甥・幸村の**調略**を、家康の腹心・本多正純から命じられたのだ。

　どうやら幸村とは矢文で連絡を取り合い、合戦の最中、深夜に二度ほど会ったらしい。最初は10万石、次は信濃1国という条件で、信尹は幸村を徳川方に味方させようとしたが、幸村は豊臣秀頼の取立てに感謝して、申し出を断ったと伝えられる。

　後日談がある。「大坂夏の陣」（1615年）は徳川軍の勝利に終わり、豊臣方の**首実検**が行われた。そのとき幸村の首を見た信尹は、「左衛門（幸村）だとは思うが、特定はできない」と語る。4か月前に会ったときは深夜の暗がり、しかも離れて座ったようで、人相を定められなかったらしい。

　ただ間違いないのは信尹こそが、幸村と最期に会った肉親であり、さらにその首級を見たということだ。その幸村の妹が、信尹の嫡男・幸政の妻であり、信尹の子孫は旗本として徳川氏に仕えた。

Ⅷ　真田一族略伝

真田一族略伝 7 幸村が一子・大助ここにあり！
真田幸昌
さなだ・ゆきまさ

DATA
- 生没年 1603（慶長8）年？～15（元和1）年
- 享年 13歳？
- 通称 大助、大介
- 別名 幸綱、信昌
- 死因 自刃
- 死没地 摂津・大坂城

　真田大助は幸村の長男として、父の配流先の紀伊・九度山(くどやま)で生まれた。母は大谷吉継の娘（竹林院）で、彼の死亡時の年齢は13歳とも16歳ともいわれる。従って「関ヶ原の戦い」(1600年)が終わって間もないころの誕生であることは間違いないが、正確な生年は分かっていない。

　1614（慶長19）年、大助は幸村とともに九度山を脱出して大坂城に入り、「大坂夏の陣」では出城・真田丸を守った。ここで押し寄せる徳川軍を銃撃後、大助は高梨内記(幸村の舅)とともに出撃して、松倉重政隊や寺沢広高隊と戦ったといわれる。

　「冬の陣」の講和成立後、幸村は旧知の松平忠直隊・原貞胤と酒宴を催した。そのとき幸村は「われら父子は一両年中に討死を覚悟しています」と語り、大助に舞を舞わせたという逸話が残っている。

　翌1615（元和1）年の「大坂夏の陣」では、大助は父に従って「道明寺の合戦」に出陣する。このとき大助は伊達政宗の先鋒・片倉景綱隊と戦い、股と手首に負傷を負った。だが彼は、討ち取った敵の首級を馬の鞍につるし、ケガの手当てもせずに帰陣したという。天晴れな**若武者振り**である。

　その翌日が、最後の決戦となった「天王寺の合戦」。このときも大助は父に従って茶臼山に出陣したが、幸村は大助に大坂城に戻ることを命じる。

　幸村は大助を人質に出して、豊臣秀頼への最後の忠誠を示した。また秀頼の出馬(うなが)を促すために大助を派遣した、ともいわれる。

　そのとき、生まれて以来、父の側を離れたことのなかった大助は、泣きながら「討死覚悟の父上を見捨てて、城に入ることは到底できません」といった。しかし幸村は「右府様（秀頼）と死生をともにせよ」と告げ、その決意は変わらなかったという。

　やむなく大坂城に戻った大助は、秀頼や淀殿が戦火を避けるために、城内の楢蔵(はしいぐら)に逃げ込んだときも、一行に従った。

　その蔵の中で七手組頭・速水守久が、負傷している大助を不憫(ふびん)に思って落ち延びることを勧めるが、大助はここで自刃を遂げる。

　蔵で生け捕りになった者の談によれば、大助が自害する前、周囲から「膝鎧(ひざよろい)を取られたらどうか」というアドバイスがあった。

　それに対して大助は、大将の切腹は膝鎧を取らないものといい、「**我も真田左衛門が倅(せがれ)なり**」（『明良洪範』）と続けたという。

Ⅷ　真田一族略伝

真田一族略伝 8 上州沼田藩を潰した悪政藩主
真田信利
さなだ・のぶとし

DATA
- 生没年　1635（寛永12）年〜88（貞享5）年
- 享年　54歳
- 通称　兵吉
- 官位　伊賀守
- 妻　山内忠豊の娘
- 死因　病死
- 死没地　出羽・山形（配流地）

　沼田は江戸から約35里（140km）。越後、信濃、会津に通じる交通の要地であり、真田三代が死に物狂いで守り続けた土地である。

　沼田藩の藩祖は真田信之であるが、彼が信州・松代藩10万石に移封されてからは、長男・信吉が沼田藩3万石の二代目藩主となった。いわば分家筋となった信吉の正室が大老・酒井忠世の娘で、側室の子供が信利である。

　その後、信吉の死などの経緯があり、1657（明暦3）年になって松代藩主・信之は隠居を幕府に申請して、「**次男・信政＝松代藩主、孫・信利＝沼田藩主**」と決める。

　ところが翌年になると二代松代藩主・信政が病死し、2歳の幸道だけが残されてしまう。そこで隠居していた高齢の信之は、故・信政の意思を汲んで、幸道を三代藩主にしようとする。だが、そこに親戚筋から「沼田藩主・信利に松代藩を継がせるべき」という横槍が入る。

　「信利の亡父信吉の夫人は酒井忠世の娘だ。そして、当今『下馬将軍』と称されて幕閣の権勢をふるう老中筆頭の酒井忠清は、忠世の孫に当る。だから忠清にとって信利は、義理の従弟ということになるのだ。同時に、自分の正室の妹を、信利に嫁がせている」
　　　　　　　　　　　　　　　　　　　　　　　（池波正太郎『錯乱』）

　つまり信利のバックには、ときの最高権力者・**酒井忠清**が控えていたのだ。ここで事件は「御家騒動」の様相を呈するが、最終的には信之と家臣団が擁立した幸道が松代藩を継ぐことになる。

　だが事件はこれだけでは収まらず、信之の残した多額の遺金を巡って、信利は「沼田城から持ち出したものだ」と提訴する。この財産返還訴訟で再び忠清は信利を支援するが、この裁判でも信利は敗訴してしまう。

　その後、信利は領内で検地を実施し、過酷な年貢取立てが始まった。あまりの信利の悪政ぶりに、義民・磔茂左衛門などの百姓は死を覚悟して幕府に直訴した。

　1681（天和1）年に信利は**改易**される。除封理由のトップは、幕府から命じられた架橋工事に伴う不手際だが、悪政が原因だったことはいうまでもない。それまで信利をカバーし続けた忠清が、失脚した直後の処分だった。

Ⅷ　真田一族略伝

戦国武将略伝 1 戦国最強の独立帝国の皇帝

武田信玄

たけだ・しんげん

Ⅷ 真田一族略伝──戦国武将

DATA

生没年	1521（大永1）年〜73（天正1）年
享年	53歳
通称	太郎
諱	晴信
官位	従五位下大膳大夫
妻	上杉朝興の娘、三条公頼の娘、諏訪御寮人、禰津元直の娘など
法名	法性院機山信玄（ほうしょういんきざん）
死因	病死
死没地	信濃・駒場

◎侵掠すること火のごとく

　武田信玄は13歳で、最初の正室である上杉朝興の娘を娶った。この夫人は早くに世を去ったようだが、実家は武蔵の扇谷上杉家。上杉氏には諸流があり、長尾景虎こと謙信が相続したのを、上野を本拠とする山内上杉家という。両上杉家は手を結ぶこともあったが、大雑把にいって関東管領の座を争うライバル関係にあった。

　この辺りも、「扇谷」サイドの信玄が、「山内」系の謙信の上杉氏相続を認

めなかった背景にあり、なによりも謙信の下風に立つのを嫌ったようだ。

さて信玄の初陣は、16歳のとき。『甲陽軍鑑』によれば、1536（天文5）年に父・信虎は信濃・海野口の平賀源心を攻めたが、城は容易には落ちなかった。そこで信虎は一旦甲府に戻ろうとしたが、殿の信玄はわずかな兵を率いて海野口城に取って返し、源心の油断をついて謀略で落城させてしまったという。また、この年に公家の三条氏から夫人を迎えている。

この初陣以来、信玄の生涯は**謀略**に彩られていく。父・信虎の国外追放事件（1541年）や長男・義信の幽閉自刃事件（1567年）、「川中島の戦い」（5回、1553～64年）を通じての上杉謙信包囲網の構築、「武田・今川・北条軍事同盟」を破棄しての「武田・織田同盟」の締結……、と枚挙のいとまもないほどだ。

「――権謀、調略、だましっこは朝飯前の戦国だが、この武田信虎が国を追い出されたいきさつほど奇抜な例はほかにない」

（山田風太郎『室町お伽草紙』）

そして信玄が甲斐を中心に四方へ侵略戦争を仕掛けて、最盛期の武田領国は甲斐・信濃・上野・駿河など8か国におよび、130万石の規模を誇るまでに広がった。ほぼ関八州の支配者・北条氏と並ぶスケールだが、武田氏の場合は信玄一代での版図拡大である。戦争（WAR）、戦闘（BATTLE）ともに優れた**戦国最強の武将**といって過言ではない。

1572（元亀3）年、信玄は大軍を率いて遠江に侵入して、三方ヶ原の戦いで徳川家康を撃破する。これは信玄が「天下に号令する」ための出陣といわれるが、いささか疑問を覚えざるをえない。

信玄の意図は第一に領国の拡大にあり、次に延暦寺（天台宗総本山）を焼き払った織田信長への復讐を果すことにあった。天台宗に帰依した信玄にとって、信長は「仏敵」なのである。この信長を討つことは、「天下布武」と直結しない。というのも、信長は尾張・美濃・近江などを領する戦国大名のひとりに過ぎず、信玄を信濃守護に任命した足利将軍家が滅びたわけでもない。確かに信長は後に天下統一の礎を築きはしたが、それは結果論であり、信玄はそのことを知らずに病死している。

死に際しての遺言は、「死後3年間は、喪を秘せ」だったという。事実ならば、最期まで謀略を好んだことになる。

Ⅷ 真田一族略伝――戦国武将

戦国武将略伝 2　父を超えられなかった後継者

武田勝頼

たけだ・かつより

DATA

生没年	1546（天文15）年 〜82（天正10）年
享　年	37歳
通　称	四郎
別　称	諏訪四郎、伊奈四郎
妻	北条氏康の娘
死　因	自刃
死没地	甲斐・田野（天目山の麓）

◎「強すぎたる大将」の典型

　武田勝頼は信玄の4男として生まれ、母を諏訪御寮人（諏訪頼重の娘）という。諏訪氏は信玄の信濃侵攻によって滅ぼされたが、信玄の信濃統治策の中で、当初から勝頼は諏訪一族の惣領を継ぐものとして育てられた。

　そのことは勝頼が**諏訪四郎**とよばれ、諏訪氏の通字「頼」を引き継いだことからも明らかであろう。

　勝頼の転機は、1565（永禄8）年に武田氏の嫡子だった長兄・義信が、信

玄によって幽閉されたときだ。このとき、勝頼は20歳。次兄・海野竜芳が盲人だったこと、3兄・信之が早世したために、4男に後継者の座が巡ってきたのである。

ただし、勝頼は正式に家督を相続したわけではない。武田氏の嫡流は、彼の長男・太郎信勝（信玄の孫）が継ぐことになったのだ。

従って彼は、生涯官位に就くことはなく、武田氏代々の「信」を名乗ることもなかった。また信玄から「風林火山」の軍旗も譲られなかったという。

つまり勝頼の立場は、信勝が相続するまでの代理人、後見人となる。とはいえ、実質的に信玄没後の武田軍団を率いたのは勝頼だ。

勝頼は父のなしえなかった遠江の領国化に成功して、さらに三河を攻めるが、「**長篠の戦い**」（1575年）で織田・徳川連合軍によって一敗地にまみれる。この合戦で「武田騎馬軍団が鉄砲の前に壊滅した」とされるが、騎馬軍団そのものの存在を疑ってかかる必要がある。

それはさておき、以降の勝頼は数年間にわたって広範囲な領国を外圧から守るべく、みずから出陣して一所懸命に働くのである。

しかし彼の外交戦略の転換、〈武田・北条同盟→武田・上杉同盟〉は領国を四面楚歌に陥れた。特に上杉景勝と講和した際に、勝頼や家臣が受け取った多額の和解金は、悪評を呼んだようだ。それと度重なる合戦や労役も、信玄取り立ての譜代や国人衆の離反を招いた。

その結果、織田信長の軍勢が攻め込んできたとき、勝頼は親類衆や有力譜代などにことごとく裏切られて、逃避行の途中で信勝とともに自刃を余儀なくされる。あっけないまでの武田氏の滅亡である。

『甲陽軍鑑』によれば、「国を亡ぼし、家を滅ばした大将」には4パターンがあるという。すなわち①馬鹿なる大将、②利口すぎたる大将、③臆病なる大将、④**強すぎたる大将**であり、勝頼は④の典型だったと記されている。

いわば彼のケースは、戦闘（BATTLE）には優れたが、戦争（WAR）で墓穴を掘ってしまった男の悲劇である。

「ひとえに信玄公が武勇の誉れだけでなく、すべてに万能であられた名大将であったがために、それより勝頼公は強力に活躍されようとして、強きに過ぎたあまりに、遅れを取って失敗された。勝頼公が強すぎて、国を滅亡させたことは疑いあるまい」
　　　　　　　　　　　　　　　　　　　　　　　　　（『甲陽軍鑑』）

Ⅷ　真田一族略伝──戦国武将

戦国武将略伝 3 義のために戦った名将
上杉謙信
うえすぎ・けんしん

DATA

生没年	1530（享禄3）年 〜78（天正6）年
享年	49歳
通称	虎千代、平三
旧姓	長尾氏
諱	景虎、政虎、輝虎
官位	従五位下弾正弼、関東管領
法名	不識院殿真光謙信
死因	病死
死没地	越後・春日山城

Ⅷ 真田一族略伝──戦国武将

◎謙信は生涯妻を娶らなかった

　越後守護代・長尾為景の末子として生まれた景虎は、幼いころから政争に巻き込まれ、兄・晴景や一族の有力者・長尾政景と対立する。
　だが、19歳で兄の跡を継いだ後、景虎は「いくさ上手」振りを発揮して、政景や抵抗する国人衆を滅ぼしてしまう。
　越後を平定したのは、彼が22歳のとき。若き戦国大名の登場である。ちなみに政景と景虎の姉・仙桃院との間に出来た子供が、後の後継者・景勝。

その後、景虎は越後国内でいくたびも国人衆の叛乱に遭いながらも、武田信玄に追われた信濃の国人・村上義清を、また北条氏康に上野(こうずけ)を追われた関東管領・上杉憲政（山内家）を保護して、信濃・川中島や関東の地で**義戦**（聖戦）を展開する。

このように謙信は、颯爽とした青年武将のイメージが強い。言い換えれば、彼はみずからの領土欲のためには戦わなかった。

そのために後世の人々から「義のために、人のために戦う名将」と愛され続けたのだ。

とりわけ、そのような「謙信像」をアピールしたのが、頼山陽(らいさんよう)の「日本外史」（1827年刊行）である。

幻の合戦だった可能性がある「第4次川中島の戦い」を、有名な「鞭声(べんせい)粛々夜渡河(しゅくしゅくよるかわをわたる)……」の七言絶句に仕立て上げ、「信玄・謙信一騎打ち」を実話のように植えつけたのも山陽なのだ。

その景虎こと謙信の生涯で最も華やかだったのが、1561（永禄4）年に関東の国人衆を総動員して宿敵・北条氏康が籠もる小田原城を攻めたときだ。このとき32歳の彼は、鶴岡八幡宮で**関東管領＆上杉氏継承**の一大セレモニーを敢行する。

謙信の思惑は、「古河公方（足利氏）・北条体制」で関東を支配する氏康を追討し、京都から迎えた関白・近衛前久(このえさきひさ)とともに「近衛・上杉体制」を構築して、関東管領として君臨することにあった。しかし、その夢はやがて潰(つい)えてしまう。

『甲陽軍鑑』によれば、謙信は管領に出世したために、ドラスティックに関東の国人衆を家臣のように従わせようとした。しかし、そのことが国人衆の離反を招き、彼らは再び氏康に帰参してしまったためという。

謙信は女色を遠ざけ、生涯独身を貫いた。近侍するのも男だけである。

それは、彼が飯綱(いづな)神社を信仰したためであろう。一世代前に室町幕府の管領を務めた細川政元は、「飯綱の魔法」を極めて本当に空を飛んだと伝えられるが、政元も生涯妻を娶らなかった。

そのために政元は複数の養子を迎えたが、彼の死後に養子たちは家督相続を巡って血を血で洗うような合戦を繰り広げた。

謙信の場合もまったく政元と同じ構図であり、後継者争いに勝利したのが、甥の景勝だった。多くの戦国大名が子女を多くもうけて、政略結婚を推進したのと比べると、謙信は異色の存在だったといって過言ではない。

Ⅷ　真田一族略伝——戦国武将

戦国武将略伝 4 関東乱入を企てるも果せず
上杉景勝
うえすぎ・かげかつ

DATA

生没年	1555（弘治1）年～1623（元和9）年
享　年	69歳
通　称	卯松、喜平次
旧　名	長尾顕景
官　位	従三位下中納言
妻	菊姫（甲斐御前）
死　因	病死
死没地	出羽・米沢城

Ⅷ 真田一族略伝──戦国武将

◉無口で謹厳実直、大まじめな性格

　上杉景勝は5歳にして叔父・謙信に養われ、10歳で実父・長尾政景の死に遭遇した。気の毒な生い立ちだが、謙信は愛情深く景勝を育てたようで、景勝は生涯にわたって謙信を**崇拝**し続けた。

　子供のいない謙信は彼を養子に迎えたが、ほかに北条氏政の弟・景虎も養子となっていた。そのことが謙信の没後に、養子同士の相続争いを招くことになる。これが「御館の乱」（1578年）。

そのとき景勝は叔父・謙信の遺言を、ライバルの景虎は先に養子になったことを主張する。景虎には実家の氏政や前関東管領・上杉憲政などが味方するが、武田勝頼を味方に引き込んだ景勝が勝者となり、謙信の跡を継ぐ。

この合戦が、景勝の**北条嫌い**を決定づけたといっていい。

以後、景勝は戦国大名として北陸方面で織田軍団の柴田勝家と戦う。しかし織田軍団の内紛が「本能寺の変→賤ヶ岳の戦い」と始まると、彼は羽柴秀吉といち早く手を結び、やがて秀吉に臣従していく。

一方、景勝は信濃にもたびたび出兵して、「徳川・北条同盟」と対抗する。そのとき真田昌幸が帰属を願い出たので、景勝は昌幸を支援することになる。

その後、豊臣政権下で五大老に列した景勝は、秀吉から会津120万石への転封を命じられ、秀吉の死後は帰国したままの状態となった。

このことが引鉄になって、景勝は謀反を噂されるに至り、豊臣公儀軍による「上杉征伐」（1600年）を受けることになる。

この景勝の叛乱は、よく景勝の家老・直江山城守兼続と石田三成とが事前に共謀した「東西からの家康挟撃作戦」ともいわれる。

しかし実態は、景勝が旧領・越後回復と関東支配を目指した独自の軍事行動であり、真田昌幸もそこに加わった。つまり、三成の上方謀反（関ヶ原の戦い）とは基本的に別のアクションなのだ。

上杉謙信と景勝は、「畿内（中央）で覇権を唱える」ことにはまったく興味を示さなかった。関心があるのは、「関東制覇」だけなのである。

だが関ヶ原敗戦のあおりを受けて、父子二代の夢は破れる。そして彼は徳川氏に臣従して、米沢30万石への大幅減封処分を受けるに至る。

この景勝は非常に**寡黙**な人物で、無言のままに振られる彼の采配を見て、上杉軍は行動した。そのために供の者は、誰ひとりとして咳払いもしなかったので、上杉軍の進軍は足音しか聞こえなかったと伝えられる。

「上杉景勝という人も、……、これはひたすら叔父謙信をあがめ、その信義潔白に倣うのを信条とする大まじめな性格で――どれくらいの大まじめであったかというと、景勝が一生に笑ったのは二度か三度であったといわれているほどだ――」
（山田風太郎『叛旗兵』）

生涯で一度笑ったのは、猿が戯れたときだった、という話も残っている。

Ⅷ 真田一族略伝――戦国武将

戦国武将略伝 5 関東に覇権を唱えた北条三代目
北条氏康
ほうじょう・うじやす

DATA
生没年	1515（永正12）年～71（元亀2）年
享年	57歳
通称	新九郎
官位	相模守
死因	病死
死没地	相模・小田原城

◉人生の「恥」を知る武将

　北条氏は伊勢新九郎長氏こと**北条早雲**に始まり、〈①早雲―②氏綱―③氏康―④氏政―⑤氏直〉の五代百年にわたって関東を支配した。

　早雲の代にまず伊豆・相模を攻略して基盤を固め、氏綱・氏康の代に領国の版図を関東一円に拡大したのである。ちなみに氏綱が朝廷の許可を得て、従来の伊勢姓から鎌倉幕府執権・北条の姓に改めたのは、関東支配の大義名分を立てるための措置であった。

Ⅷ　真田一族略伝――戦国武将

北条三代目を継いだ氏康は、幼いころに家臣が練習で撃った鉄砲の音に驚き、そのことを恥じて自害しようとした。それを家臣が「驚くのは勘のよさ」と説得して思いとどまらせた、という逸話が残っている。要するに、幼少のころから氏康は「恥を知る武将」の片鱗を見せていたようだ。

　氏康にとって最大の危機は、1546（天文15）年の**河越夜戦**のときだった。余談ながら、河越夜戦は桶狭間の戦い（1560年、織田信長）、厳島の戦い（1555年、毛利元就）と並ぶ「日本三大夜戦」といわれるが、実際の夜戦は河越だけだ。

　当時、新興勢力である北条氏の台頭を阻止しようとしたのが、旧勢力というべき関東管領方だった。管領の山内上杉憲政は扇谷上杉朝定や古河公方と連合して、北条氏に奪われた武蔵・河越城（川越市）を取り戻すために、8万人の大軍で城を囲む。

　河越城を守るのは北条綱成以下3千人の兵。そこで氏康は救援に向かおうとするが、駿河の今川氏は上杉氏と同盟し、安房の里見氏の勢力も侮れないことから、氏康が動員した兵力は8千人に過ぎなかった。わずかに敵の10分の1。そこで氏康は謀略を用いて憲政に和睦を申し入れて、敵の士気が緩んだときに一気に夜襲を掛ける。

　その結果、上杉連合軍は戦死者が続出し、壊滅状態に陥ってしまい、憲政が越後の長尾景虎（謙信）を頼るきっかけとなる。

　この合戦が、北条氏の関東覇権を決定づけたといっていい。その後、氏康は戦国の名将によって、本拠・小田原城を2度ほど包囲される。すなわち1561（永禄4）年の上杉謙信、1569（永禄12）年の武田信玄なのだが、氏康はともに撃退に成功する。

　さて北条氏が、甲斐・武田氏と駿河・今川氏との三国間の**軍事同盟**を締結したのは有名な話。しかし信玄が同盟を破棄した後に、一時期氏康は宿敵・謙信と「北条・上杉同盟」を結んだことがあった。この同盟によって氏康の子供が、謙信の養子（景虎）に迎えられる。

　ところが、信玄が小田原城を攻撃したときに、同盟者である謙信は氏康に対して救援の手を差し伸べなかった。

　2年後、氏康は臨終の場で遺言を残す。「謙信は頼むに足らない、信玄と和すべき」と。後継者・氏政はその遺言を守り、「北条・上杉同盟」を破棄して、再び「北条・武田同盟」を結ぶことになる。氏康は死ぬ間際まで、恥を知る武将だったようだ。

Ⅷ　真田一族略伝──戦国武将

戦国武将略伝 6　「天魔王」と称した日本一の実力者

織田信長

おだ・のぶなが

DATA

生没年	1534（天文3）年〜82（天正10）年
享　年	49歳
幼　名	吉法師、三郎
通　称	上総介
官　位	正二位右大臣
妻	斎藤道三の娘（美濃御前、濃姫）、生駒氏の娘
死　因	自刃
死没地	京都・本能寺

Ⅷ　真田一族略伝──戦国武将

◉旧日本軍に影響を与えた桶狭間奇襲作戦

　織田氏は代々、室町時代の管領・斯波氏の尾張守護代を務めた家柄である。
　斯波氏が守護した国は越前、尾張などであり、織田氏の先祖は越前・織田庄の国人から尾張に移ったといわれる。さらにその先祖は織田明神の神官だったようだ。ちなみに越前の守護代出身で、斯波氏を凌駕したのが朝倉氏。
　尾張守護代・織田氏は、尾張上4郡を支配する「伊勢守」家と、下4郡の「大和守」家の2家に分かれる。信長は「大和守」家の奉行を務めた信秀の

子であり、一族の中でも分流の出身だ。

　18歳で家督を相続した信長は、まず肉親と戦い、次に本家筋の守護代家や守護・斯波氏などを従えて、ようやく1560（永禄3）年ごろに尾張を平定する。このとき信長は27歳。あまり語られないが、信長の青年期は**下剋上**、そして「郡盗り合戦」に終始したといっていい。

　その年に、駿河の戦国大名・今川義元率いる大軍が尾張に侵略してくる。よく義元の西上作戦といわれるが、意図はあくまでも領国の版図拡大にある。足利将軍家の有力な一族である義元が、天下を狙うはずがない。

　それに対して、信長はわずかな軍勢で今川軍に奇襲を掛ける。これが奇跡的な勝利となった「**桶狭間の戦い**」であり、明治時代以降に高く評価されることになった。その理由は日本軍が、①強大な仮想敵国・ロシアを義元に、②弱小国・日本を信長に見立て、「奇襲作戦」を標榜（ひょうぼう）したからである。以来、信長は「日本きっての戦略家」として宣伝されることになる。

　「戦争の本道は、戦う前に敵を圧倒できるだけの兵力・火力・兵糧を集中することだが、ただし軍事における日本美はそれと異なり、寡（か）をもって衆（しゅう）に勝つという曲芸じみたものをもって正統とする風があった」

（司馬遼太郎『信州佐久平みち』）

　以後の信長の躍進振りは知られるとおり、〈美濃平定→将軍・足利義昭を奉じて上洛→畿内平定→姉川の戦い→比叡山延暦寺の焼き討ち→伊勢・長島一揆の鎮圧→長篠の戦い→石山本願寺攻め……〉と戦いの日々に明け暮れる。

　その戦闘過程で重要なのは、将軍を中心とする旧勢力と結びついた仏教との戦いである。そこには「仏敵」と呼ばれ、みずからは「天魔王」と称した信長の執念を感じざるをえない。言い換えれば、中世ヨーロッパと同じように、日本でも宗教戦争があったと考える方が自然であろう。

　1582（天正10）年、信長は京都・本能寺に宿陣中しているところを、明智光秀の軍勢に襲われる。有名な**本能寺の変**であり、長男・信忠も二条城で自害を遂げる。

　信長の死後、次男・信雄と3男・信孝は相続争いを起こすが、明智光秀を破った羽柴秀吉が実質的に信長の事業を引き継ぎ、天下を統一したことはいうまでもない。

Ⅷ　真田一族略伝──戦国武将

戦国武将略伝 7 「猿」と呼ばれた男
豊臣秀吉
とよとみ・ひでよし

Ⅷ 真田一族略伝――戦国武将

DATA

生没年	1536（天文5）年～98（慶長3）年
享年	63歳
通称	日吉丸、木下藤吉郎、羽柴筑前守
官位	関白太政大臣
妻	北政所（おね）、淀殿ほか
死因	病死
死没地	京都・伏見城
神号	豊国大明神

◉係累（けいるい）の少ない天下人の悲劇

　秀吉の出生は、あまりよく分かっていない。宣教師ルイス・フロイスの残した記録によれば「貧しい百姓の倅として生まれた。薪（たきぎ）を売って生計を立て、極貧のときは蓆（むしろ）以外に身に纏うものがなかった」と記されている。
　一応、通説では――。尾張・中村（名古屋市）の百姓・木下弥右衛門の子として生まれた。弥右衛門が百姓ならば、苗字はなかったはず。そこで織田氏の鉄砲足軽だったともいわれるが、まだ鉄砲のない時代であり、この説は

創作の可能性が高い。

母は後の**大政所**で、弥右衛門との間にできた子供が姉・瑞竜院日秀（関白・秀次の母）と秀吉。その後、弥右衛門が死んだために母は筑阿弥と再婚する。その間に生まれたのが、秀長と旭姫（後の徳川家康正室）。また、この母の姉妹が、福島正則の母。母の従姉妹が加藤清正の母だったという。

このように秀吉には父系の係累がおらず、母系も男性は異父弟・秀長だけだったので、織田信長に出仕後は縁続きの正則や清正の面倒を見たようだ。しかも頼りとする秀長には、先立たれてしまう。

そもそも秀吉が最初に名乗ったのが、木下藤吉郎。その「木下」姓のいわれも、最初に秀吉を寄食させた松下加兵衛之綱にあやかったものとか、織田信長にお目見えしたのが「木の下」だったとか、いろいろな説がある。いわゆる「猿」と呼ばれた時代の話である。

だが、おそらくは妻・**北政所**（おね）の実家が、木下姓だったのであろう。この北政所の兄・木下家定の子が、小早川隆景の養子となった秀秋。

さて北政所は、織田氏の弓足軽だった浅野長勝の養女となり、秀吉に嫁ぐ。このとき夫は26歳、妻は13歳。その浅野長勝の養子が長政。しかも長政の妻は北政所の姉妹であり、北政所とは二重の縁で結ばれている。

このように浅野長政は、秀吉の妻の縁戚であるがゆえに、大名にまで取り立てられた。その長政の子供が、幸長と長晟である。

豊臣氏と徳川氏との婚儀に際しても、旭姫の輿を渡した介添人が長政、千姫（秀頼の妻）の輿を受けたのが幸長であり、浅野氏が豊臣氏の**家政**に深く関与していたことは間違いない。

だから「大坂の陣」のとき、豊臣方が最後まで「徳川方からの寝返り」を期待し続けたのが、最も近い親戚・浅野長晟だったことも、無理もない話なのである。

天下人として死んだ秀吉には、母系と妻系の係累しか存在しなかった。しかも、そのわずかな縁者の中でも、一時期後継者とされた豊臣秀次は切腹させられ、秀頼が成長するまでの間に小早川秀秋、浅野長政、浅野幸長、加藤清正などが相次いで病死を遂げてしまう。

残された有力な縁者は福島正則と浅野長晟だけだったが、ともに「大坂の陣」で秀頼に味方することはなかった。その意味で、係累に恵まれなかった秀吉は薄幸だった。

Ⅷ　真田一族略伝──戦国武将

戦国武将略伝 8　生涯戦うことなく死んだ二代目
豊臣秀頼
とよとみ・ひでより

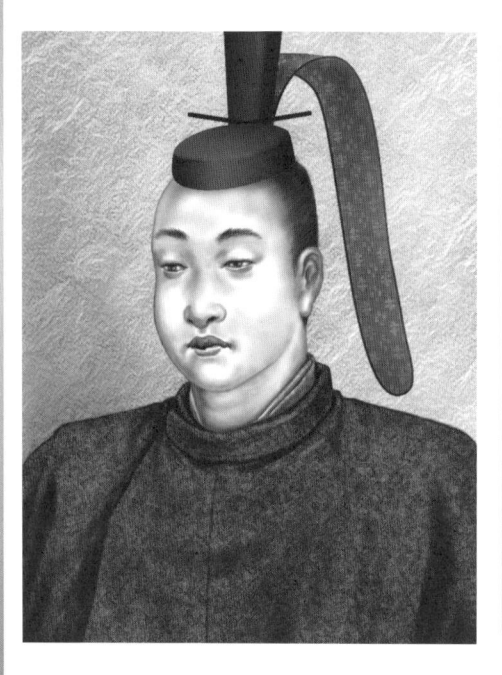

Ⅷ　真田一族略伝——戦国武将

DATA

生没年	1593（文禄2）年〜1615（元和1）年
享年	23歳
幼名	お拾
官位	正二位右大臣
妻	千姫
死因	自刃
死没地	摂津・大坂城

◉生まれながらの貴族

「従二位中納言　豊臣朝臣秀頼」。

太閤秀吉の嫡子として生まれた秀頼は、わずか6歳で中納言に叙せられた。当時の五大老である毛利輝元、上杉景勝、そして徳川秀忠らが中納言であり、秀頼は生まれながらにして高官となったのである。

ちなみに徳川秀忠は「従二位中納言　源朝臣秀忠」となる。このことからも豊臣氏が本姓で、羽柴氏が苗字ということが分かるであろう。

以来、秀頼はほとんど大坂城から外出することないままに、官位だけが昇進していき、13歳で正二位右大臣。その上は関白（太政大臣）しかない最高位のポストである。
　この年（1605年）に、徳川家康は就任後わずか２年で将軍職を秀忠に譲り、政権担当の意思を明確に示した。
　大雑把にいって豊臣政権は、公家の職制である「関白」に秀吉が就任して、天下人として公家と武家の両方を支配した点に特徴がある。一方の徳川幕府は「将軍」という武家政権であり、武家が公家を支配する態勢を目指したのである。
　つまり朝廷に対するスタンスが、両政権では大きく異なるのだ。**豊臣政権＝公武一体型、徳川幕府＝武家単独型**と言い換えてもいい。
　秀頼の母・淀殿に代表される豊臣氏からすれば、秀頼が関白に就任すれば武家（諸大名）を支配できると思ったのであろうが、現実には〈①家康─②秀忠〉と世襲された将軍が、天下を支配していたのである。
　関ヶ原以降の諸大名の認識も豊臣氏は旧恩、徳川氏が新恩であり、政権交代を是認していた。だからといって、徳川氏が豊臣氏をスポイルしたわけではない。むしろ秀頼と千姫との婚姻で新たな縁戚関係を結び、別格の「**高官位＆国持大名**」として処遇しようとしたのである。
　かつての家臣が主家を凌ぐ。俗にいわれる「御家乗っ取り」的なイメージで、秀頼と家康との関係も捉えられるケースも多い。「悲劇の秀頼、腹黒い家康」というコントラストである。
　しかし天下人の子という血筋だけで、行政手腕はまったく未知数の秀頼に、諸大名が政治の舵取りを期待するはずがない。彼らには家臣や領民がいる。ただ個人的な心情としては、かつて恩顧を受けた秀吉の子だから、ある程度の処遇はしてほしい。
　それが諸大名の偽らざる気持であり、とりわけ家康が豊臣氏存続に尽力し続けた。豊臣氏の立場の最も良き理解者が家康であり、彼は感謝されこそすれ、恨まれる筋合いはない。
　だが成人した秀頼は、徳川氏を政権の簒奪者と見做して恨んだ。彼は「大坂冬の陣」（1614年）では淀殿などの意見を聞いて、徳川氏と和議を結んだが、どうしても気持が治まらずに、みずからの意思で「大坂夏の陣」を起こす。
　そして一度も出陣することなく、大坂城の片隅で23歳の生涯を終えた。

Ⅷ　真田一族略伝──戦国武将

戦国武将略伝 9 初代将軍・大御所として天下を支配

徳川家康

とくがわ・いえやす

DATA

生没年	1542（天文11）年～1616（元和2）年
享年	75歳
幼名	竹千代、二郎三郎
前名	松平元信、元康
官位	右大臣、征夷大将軍、源氏長者
妻	築山殿（今川家臣の娘）、旭姫ほか
死因	病死
死没地	駿河・駿府城
神号	東照大権現

Ⅷ 真田一族略伝──戦国武将

◉徳川家康はふたりいた？

　三河の国人・松平広忠の子として、岡崎城に生まれた元康は、幼いころに駿河の戦国大名・今川義元の人質となり、駿府で窮屈な生活を送ったといわれる。この義元の諱をもらった元康が、後に「改姓＆改名」して徳川家康を名乗ったことはよく知られているが、けっこう大胆な変更である。

　その一方で71歳のとき、家康は雑談の中で「幼少のころ、又右衛門という者によって、自分は銭5貫文で売り飛ばされ、9歳から18、19歳まで駿河に

いた」(『駿府政事録』)と語っている。記録者も奇妙に思ったようで、「その場にいた者すべてが、この話を聞いた」とわざわざ付け加えている。

　この話がヒントとなって、**家康ふたり説**が展開される。その内容は──。

　三河出身の松平元康は今川義元に臣従し、16歳のときに今川一族の娘(後の築山殿)を娶って、18歳で長男・信康をもうける。

　そのころ駿河で育った某(仮に元信)は仲間とともに、人質として駿府に送られる途中の信康を奪う。その信康を擁した元信は、松平氏内部の反今川勢力に「松平独立」を働きかけて、一定の勢力を持つに至る。

　そして「桶狭間の戦い」(1560年)の翌年に、元康が家臣に斬殺される事件が起きる。この機会を捉えて元信は元康になりすまし、今川方を離れ織田方に付くことを決意する。

　このようにして元信は、先祖とされる新田一族の「徳川」姓を名乗り、家康と改名してから、清洲(名古屋市)にいた織田信長のもとを訪れる。

　後に成人して岡崎城主となった信康は、武田氏との共謀を理由に、1579 (天正7)年に自害を命じられる。かくして、元信こと**徳川家康**の松平氏乗っ取り計画が完了する。

　奇想天外な説と思われるかも知れないが、これで不思議な「岡崎信康事件」の説明がつくのも事実である。一応、通説では──。

　「信康は信長の娘・徳姫と結婚するが、徳姫は築山殿＆信康と折り合いが悪く、母子が武田勝頼に内通していることを信長に報告する。そこで信長は家康に母子の処分を命じ、泣く泣く家康は妻を殺して信康は自害させる」

　だが江戸時代を通して、この母子はほとんど顧みられることはなく、信康の墓はみすぼらしいままだった。

　ともあれ、家康が**駿河出身**という点だけは間違いなかろう。というのも、家康の隠し子といわれる幕府大老・土井利勝は「駿府は東照大権現(家康)の生誕地」と述べ、家康が好んだ「一富士、二鷹、三茄子」は駿河ならではのもの。

　家康は駿府で大御所政治を行い、駿府郊外の久能山に埋葬された。さらにいえば明治維新のときに、大政奉還した徳川氏が封じられたのは静岡藩。

　どこにも、家康の故国とされる三河は登場しないのである。

Ⅷ　真田一族略伝──戦国武将

戦国武将略伝 10　恐妻家といわれた二代将軍

徳川秀忠

とくがわ・ひでただ

VIII　真田一族略伝——戦国武将

DATA

生没年	1579（天正7）年〜1632（寛永9）年
享　年	54歳
幼　名	長松、竹千代
官　位	右大臣、征夷大将軍
妻	お江与の方（達子）、志津
死　因	病死
死没地	武蔵・江戸城

◎律儀一筋ながら、非情な面も

　徳川秀忠は家康の3男として生まれた。長兄・信康は武田内通を疑われて自害を遂げ、次兄・秀康は豊臣秀吉の養子から関東の名門・結城氏を継いだために、秀忠が徳川家の嫡子となった。

　1600（慶長5）年の関ヶ原の戦いのとき、「上杉征伐」の一環として真田昌幸・幸村父子が籠城する信濃・上田城を攻撃するが、城を落とすことはできなかった。この時点で、秀忠は家康が東海道を上り、石田三成の「上方謀

反」を成敗しようとしていることを知らない。自然災害の影響で、家康の使者が足止めをくっていたからだ。

　その秀忠のもとに、ようやく家康からの「清洲参集」の指令が届く。あわてふためいた秀忠軍３万８千人は、中仙道に出て昼夜を問わず道を急ぐが、結局は主戦場「関ヶ原」に間に合わなかった。

　この秀忠軍こそが徳川主力部隊で、実際に家康とともに「天下分け目の合戦」を戦ったのは、豊臣譜代大名と徳川別働隊。そのために勝利した家康は、多くの所領を豊臣譜代大名に分けざるをえなかった、という説もある。

　合戦への大幅な遅参。そのことに立腹した家康は、しばらく秀忠に会おうとしなかった。それを必死にとりなしたのが、秀忠軍に属した「徳川四天王」のひとり・榊原康政といわれる。

　またこの遅参事件によって、秀忠の家督相続が重臣によって再論議されたという話もある。席上で本多正純は兄の結城秀康を、井伊直政は弟の松平忠吉（直政の娘婿）を推した。しかし正純の父・正信や大久保忠隣が秀忠を押し立てたために、彼は廃嫡を免れたという。

　ただし、本当かどうかは分からない。秀忠は豊臣秀吉の在世中に「江戸中納言」といわれ、すでに官位では参議の秀康を超えている。しかも淀殿の妹・お江与の方を娶っているのだ。いくら家康の不興を買ったとはいえ、廃嫡までの話は創作であろう。

　性格は家康が「あれほどでなくとも」といったくらいの**律儀一点張り**、いまでいえば超まじめ人間だった、という逸話が残っている。

　1605（慶長10）年に将軍の座に就いた秀忠は、政治家としての能力を遺憾なく発揮する。初代・家康と三代・家光の間にはさまれて、何かしら影が薄いのだが、「大坂夏の陣」以降の平和宣言や「武家諸法度」などの諸法令の制定は秀忠が行ったことだ。

　また徳川幕府の基盤固めのために、相当数の大名をドラスティックに改易している。実弟の松平忠輝、重臣の大久保忠隣や本多正純、外様では福島正則などが取り潰しの憂き目に遭った大名だ。

　ところが非情な秀忠も、正室・お江与の方には頭が上がらなかったといわれ、側室に産ませた子供を信濃・高遠藩主の保科正光の養子に出している。家光の代に実弟と認められ、会津藩23万石の大名となった**保科正之**である。この正之が生誕する前に死去しているが、養父・正光の妻は真田昌幸の４女だった。

Ⅷ　真田一族略伝──戦国武将

戦国武将略伝 11 西軍の首謀者となった文官
石田三成

いしだ・みつなり

DATA

生没年	1560（永禄3）年〜1600（慶長5）年
享年	41歳
通称	佐吉
初名	三也
官位	従四位下治部少輔
妻	宇田頼忠の娘
死因	処刑
死没地	京都

Ⅷ 真田一族略伝――戦国武将

◉秀吉のマイナス面を背負った男

　石田三成は近江出身で、10代半ばのころに当時長浜城主だった羽柴秀吉に仕えたようだ。仮に秀吉の最初の家臣を「尾張譜代」（加藤清正、福島正則など）とすれば、三成や大谷吉継などは「近江譜代」と形容してよかろう。

　三成が寺の小坊主だったとき、寺に立ち寄った秀吉から、お茶を所望される。そのお茶の熱さ加減が絶妙だったので、機転を買われて秀吉の家臣になった、という有名な逸話が残っている。

おそらく三成の**才覚**は、図抜けていたのであろう。まず彼は秀吉側近の**官僚**（奉者、奉行）として頭角を現していく。その側面ばかりが強調されがちだが、「行政」と「軍事」の両面で三成は優れていた。
　1583〜98年にかけて、彼は「①賤ヶ岳の戦い（vs.柴田勝家）→②越中征伐（vs.佐々成政）→③九州征伐（vs.島津義久）→④北条征伐（vs.北条氏直）→⑤奥羽征討→⑥朝鮮出兵」と転戦に次ぐ転戦を重ねていく。
　以下、そのポイントだけを列挙してみよう。
②：ここで「秀吉＆三成」と「上杉景勝＆直江兼続」の４者会談が実現し、景勝が秀吉に臣従するきっかけとなる。「関ヶ原の戦い」で三成・兼続共謀説が囁かれるのも、この会談があってのことだ。
③：三成は兵站（へいたん）を担当し、島津氏との折衝役も務めた。降伏後に領国を没収されかけた島津氏は、彼の尽力もあって薩摩など３か国を安堵される。だから関ヶ原のときに、島津氏は三成に味方するのである。
④：このときの三成は、北条方の出城を攻略している。
⑥：三成は出兵時の海上輸送、軍監、部隊長、さらに撤退時の海上輸送などで活躍する。だが最前線で戦った加藤清正などからは、目の仇にされてしまう。家臣を失ってしかも戦費は嵩んだが、撤退だから恩賞はない。その徒労感や不満は、もともと秀吉の領土欲が出兵理由なのだから、秀吉に向けられるべきものだが、代行責任者の三成が非難の集中砲火を浴びる。

　これらの合戦の最中に三成は「太閤検地」を実施して、さらに1598（慶長３）年には**五奉行**に任命される。そして秀吉の死後、彼は〈反・家康〉を唱え、秀吉恩顧の諸大名を糾合して「関ヶ原」に戦い、敗れ去るのである。
　三成に関するエピソードは数多いが、悪評ばかりではない。「知慮、才覚並ぶ人なし」だっただけに敵も多かったが、秀吉から愛され、味方もかなりいたのである。
　彼の知行は近江・佐和山（彦根）19万石だったが、優秀な部将を集めるために多くの知行を割（さ）いた。
　「三成に過ぎたるものが二つあり、島の左近と佐和山の城」と謳われた猛将・**島左近**は、１万５千石を与えられた。その三成の心意気に感じて、左近は関ヶ原で先鋒として大奮戦する。１万石の蒲生備中や舞野兵庫もまた然り。
　怜悧（れいり）なだけに三成は早い時点で、家康との決戦の日を予測し、準備していたのかもしれない。

Ⅷ　真田一族略伝——戦国武将

主要周辺人物略伝 **1** お袋様と呼ばれた大坂城の主(あるじ)

淀殿

よどどの

DATA

生没年　？〜1615（元和1）年
幼　名　お茶々
別　称　二ノ丸殿、西ノ丸殿
死　因　自害
死没地　摂津・大坂城

Ⅷ　真田一族略伝――主要周辺人物

◉「切り札」になりそこねた女

　「淀殿」というのは比較的新しいネーミングであり、かつては「淀君」と呼ばれることが多かった。ただ淀君だと「辻君＝娼婦」をイメージさせるというので、無難な淀殿が使われ始めたに過ぎない。

　また上方の淀城にいたから淀殿と呼ばれるのであって、大坂城に移れば呼び方も変わってくる。要するに淀殿とは、一時期の「不確実な呼称」であり、史料では単に「お袋（様）」、「母」と記されるだけだ。

淀殿は、近江の戦国大名・浅井長政と織田信長の妹・お市の方との間にできた３姉妹の長女にあたる。次妹が京極高次の妻となる常高院、末妹が徳川秀忠の妻となるお江与の方。

　1573（天正１）年、浅井氏は信長の攻撃を受けて滅亡し、お市の方は３姉妹とともに信長のもとに身を寄せる。その後、お市の方は３姉妹を連れて柴田勝家に嫁ぐが、1583（天正11）年、羽柴秀吉に攻められた勝家とともに自害してしまう。

　このように数奇な運命を辿って、残された娘たちは秀吉に引き取られ、後に長女は秀吉の**別妻**となる。秀吉には正室・北政所がいたので、淀殿は正室に準ずる立場となった。いわゆる側室とは一線を画している。

　淀殿は1589（天正17）年に鶴松（早世）、1593（文禄２）年に秀頼を生む。よく「正妻vs.妾　女の戦い」として、興味本位に「北政所と淀殿との間には確執があった」とか書かれるが、実際の北政所は淀殿を後見して、嫡子・秀頼の成長をつぶさに見届けている。

　また秀吉は、ほかの女性との間には子供ができなかったので、「秀頼は本当に秀吉の子供なのか？」と、当時から噂されたようだ。

　秀頼は、淀殿の寵愛を受けた大野修理亮治長の子。その噂は根強く、朝鮮出兵で捕虜となった人の日本見聞録にも「徳川家康は秀吉の遺命として、秀頼の母（淀殿）を迎えようとしたが、母は大野修理と通じて妊娠していたので、それを拒絶した」と記録されている。

　ついでにいえば、秀吉の死後に「淀殿を前田利家の妻として、利家に秀頼を後見させよう」という相談が、五大老・五奉行でなされたともいう。結局は利家が秀吉の後を追うように病死してしまうので、実現はしなかった。

　なにかしら〈秀吉の死（1598年）→武断派と文治派の対立→関ヶ原（1600年）〉と連想ゲームのように合戦が頭に浮かぶが、当時の豊臣政権の閣僚は、まず淀殿を政権継続の**切り札**として活用する道を模索したのである。

　時は移って、「大坂冬の陣」（1614年）。そのころの淀殿は大坂城の「絶対的君主」と、敵・味方からも見做されていたし、徳川軍との講和交渉の過程でも「淀殿人質」案が論議されていた。

　要するに切り札としての存在価値が十分にあったのだが、そのカードは切られることがなかった。そして「大坂夏の陣」（1615年）のときには、彼女の影は急激に薄らぎ、大坂城の蔵の中で最期を遂げる。

Ⅷ　真田一族略伝――主要周辺人物

主要周辺人物略伝 ② 関ヶ原に散った勇将
大谷吉継
おおたに・よしつぐ

DATA
- 生没年　1559（永禄2）年～1600（慶長5）年
- 享年　42歳
- 通称　紀之介
- 別名　吉隆
- 官位　従五位下　刑部少輔
- 死因　戦死
- 死没地　美濃・関ヶ原

　大谷吉継の母が、北政所に仕えた女官・東殿ということは判明しているが、父は近江の国人・大谷吉房とも豊後の国人・大谷盛治ともいわれる。

　おそらく吉継は、近江出身なのであろう。秀吉に出仕後は「賤ヶ岳の戦い」（1583年）で、柴田勝家の養子・勝豊が籠もる長浜城を攻めて、手柄を挙げたという。それ以来、吉継は九州征伐では兵站、北条征伐後は関東・奥羽で検地、朝鮮出兵では海上輸送、伏見城の築城……を担当し、石田三成と同じように**官僚**としてのキャリアを積んでいく。

　秀吉の死後（1598年）、吉継は徳川家康に接近して、「親・家康派」のひとりといわれた。「上杉征伐」（1600年）のときは豊臣政権の閣僚として決議に加わり、家康が率いる豊臣公儀軍に参加するために越前・敦賀（5万石）を出陣する。そして京都・伏見経由で美濃まで来たところを三成に呼ばれ、家康討伐を明かされる。

　それに対して吉継は、「①家康が大大名で、軍勢が多いこと、②それと比べれば三成は小大名で、諸大名から憎まれていること」などを率直に指摘して、「勝つ見込みは薄い」と三成を思い止まらせようとする。しかし、最後は「年来の朋友にて捨てがたく」（『慶長見聞集』）思って、謀議に加わったといわれる。

　いわゆる「三成＝吉継友情説」であり、このことから、吉継は「義のために戦った武将」というイメージが定着している。ただし逆にいえば、それまで一切の計画を、三成は親友・吉継に明かしていない。であれば、真田昌幸が三成の計画を知ったときに激怒したように、感情的な反応の方が自然である。

　ここはむしろ吉継がスタンスを突如、〈親・家康→反・家康〉と180度転換した以上は、「三成＝吉継」が親友を超える関係にあったか、または「北政所＆東殿」が介在したと考えるべきであろう。

　よく北政所は「親・家康」で、「福島正則などの武断派の諸大名を家康に味方させた」と書かれたりもするが、それほど単純な図柄でもない。存立基盤である豊臣家のためならば、北政所が両陣営に子飼いを配置させることもありうるであろう。どちらが勝つかは、その時点では分からないのだから。

　また関ヶ原の戦いのとき、吉継は「小早川秀秋の東軍寝返りを疑って備えていた」というが、これも結果論からの話。吉継は勝つために奮戦するが、小早川軍に襲われて、最期は自刃を遂げた。ちなみに彼の長男・大学助吉治は戦地を脱し、後に大坂城に籠もって義兄・真田幸村とともに討死した。

主要周辺人物略伝 3　最期まで豊臣氏に尽くした忠臣
大野治長

おおの・はるなが

DATA
- 生没年　？〜1615（元和1）年
- 享年　40数歳
- 官位　従五位下　修理亮
- 死因　自刃
- 死没地　摂津・大坂城

　知名度が高い割には、大野治長のことはあまりよく分かっていない。母が淀殿の乳母を務めた**大蔵卿局**なのは確かだが、父のことは不詳である。

　弟には主馬治房、道犬斎治胤、隠岐守治純がいた。治長以下の3兄弟は母とともに豊臣氏に仕えたが、末弟の治純だけは徳川氏の旗本となった。

　おそらく淀殿がその居場所を〈浅井長政（父）→織田信長（伯父）→柴田勝家（義父）→羽柴秀吉〉と移る中で、大野兄弟も母とともに転々としたのであろう。

　「関ヶ原」以前で分かっているのは、治長が伏見城築城の奉行のひとりを務め、1万石の知行をもらっている程度のことだ。

　次に名前が登場するのは、秀吉が死んだ後に起きた「**家康暗殺未遂事件**」（1599年）のときだ。この事件は前田利家の嫡男・利長が企て、家康が登城したタイミングを狙ったものといわれる。

　その段取りは――。まず浅野長政が家康を出迎えて、挨拶と同時に手を握る。そこを脇から土方雄久と治長が襲って、家康を刺し殺す。そういう手筈だったが、家康に通報する者がいて、企ては事前に露見してしまう。

　その結果、実行予定者3名は流罪に処せられ、治長は下総・結城に流されるが、翌年には許されて一時期「上杉征伐」に参加し、「関ヶ原の戦い」では東軍の浅野幸長部隊に属して戦った。

　戦後、家康は大坂城の淀殿宛ての使者として、治長を派遣する。それ以降、再び彼は豊臣氏に出仕して、片桐且元、織田有楽などとともに秀頼の重臣となった。

　「大坂冬の陣」（1614年）では豊臣方の中心人物として、積極的に真田幸村や後藤又兵衛などの牢人を招いて合戦の準備を進めた。

　冬の陣の講和が成立すると、織田有楽と彼は人質を出し、家康のもとに伺候した。そのときに家康が「**治長の武勇と秀頼への忠誠**」を褒め、側近の本多正純に「治長にあやかれ」と語ったという話が残っている。

　このころ、治長のスタンスは主戦派から講和派に転じていたようで、「大坂夏の陣」（1615年）の前には暗殺されそうになり、重傷を負っている。

　それでも合戦には出陣して、敗戦後は①人質の千姫を城外に脱出させて、また②みずからの切腹を条件として、終始「秀頼＆淀殿」の助命を嘆願し続け、最期は秀頼に殉じて自刃を遂げる。

　その意味では悪評とは裏腹に、家康の言葉どおりの忠臣だったと思われる。

主要周辺人物略伝 4 「天下の牢人」後藤又兵衛、見参！
後藤基次
ごとう・もとつぐ

DATA
生没年	1560（永禄3）年～1615（元和1）年
享年	56歳
通称	又兵衛、隠岐守
死因	戦死
死没地	和泉・道明寺

　後藤氏は、鎌倉幕府で播磨（兵庫県）守護を務めた後藤基清の子孫で、代々「基」を通字とした。父は基国といい、羽柴秀吉に亡ぼされた別所長治（播磨・三木城主）に仕えて、戦死したという。

　幼かった基次は、秀吉の部将・黒田官兵衛孝高（後の如水）に養われ、以来、黒田孝高・長政父子に従って、数多くの合戦に参戦する。

　中でも九州征伐（1587年）、朝鮮出兵（1592年）、関ヶ原（1600年）ではかなり活躍したようで、関ヶ原後に長政が筑前（福岡県）52万石に封ぜられたときは、基次は1万6千石を領するまでの重臣となった。基次の方が長政より8歳年長であり、その名は諸大名に知られている。いわば、武士社会の**著名人**、名士なのである。

　だが、基次は長政のもとを去る。原因は「不和説」、「子供のトラブル説」など諸説があるのだが、結果として基次の出奔事件は、家臣が主君を見限った形で世間では映った。

　牢人した基次に対して、細川忠興（小倉）、福島正則（広島）、池田輝政（姫路）などから仕官の誘いがあったが、面目丸つぶれの長政からは執拗なまでの妨害が入る。これを**奉公構え**という。「又兵衛を奉公させないでください」という旧主からの依頼、干渉である。

　長政の恨みはかなり深かったようだ。「大坂冬の陣」（1614年）の開戦前、長政は豊臣恩顧として福島正則らとともに江戸残留を命じられる。そのときでも彼は、本多正信に「又兵衛の処罰を私に委ねてください」という書状を送っているほどだ。長政からすれば、「飼い犬に手を噛まれた」という気持ちが強かったのであろう。

　ことごとく仕官の邪魔をされた基次は困窮し、奈良で寺子屋を開いた。そこへ豊臣方からの誘いがあり、大坂城に入城したという話もある。しかし本当は故国・播磨で池田輝政の援助を受けていたようで、彼は6千人を率いて大坂城に入った。

　大坂に集まった多くの牢人の中で、徳川家康が評価したのは「後藤又兵衛と御宿勘兵衛（松平忠直の旧臣）だけ」という逸話もある。そのくらい彼の名は天下に鳴り響いていたが、逆に真田幸村は無名の存在だった。

　大坂城での基次は、大野治長派となった。治長が推進した紀伊・浅野氏寝返り工作も担当したようで、年齢的な開きはあるが、基次（55歳）は治長（40歳代）の娘婿になったという話もある。この大物牢人は「大坂夏の陣」（1615年）のとき、道明寺の合戦で孤軍奮闘するが、戦死を遂げた。

VIII 真田一族略伝——主要周辺人物

主要周辺人物略伝 ⑤ 最期まで秀頼を見届けた猛将
毛利勝永

もうり・かつなが

DATA
- 生没年　？～1615（元和1）年
- 享　年　30代の後半
- 別　名　吉政
- 官　位　豊前守
- 死　因　自刃
- 死没地　摂津・大坂城

　毛利壱岐守勝信（吉成）の子供。父・勝信は尾張の出身で森三左衛門といい、豊臣秀吉が「木下藤吉郎」時代からの家臣といわれる。いわば最も初期段階の譜代であり、山内一豊と親しかったようだ。

　1592（天正15）年、豊前・小倉6万石の大名に取り立てられた勝信は、秀吉の指示で「森」姓を「毛利」姓に改める。西国の大名となる彼のステータスを上げるために、秀吉が毛利輝元に頼んだといわれる。このことからも窺えるように、当時の「毛利」の読み方は「もり」だった可能性がある。また秀吉からの偏諱「吉」のほかに、なぜ父子が「勝」の字を用いたのかは分からない。

　このとき、勝永もまた豊前で1万石の大名に任ぜられ、毛利父子は「関ヶ原の戦い」に際しては西軍（石田三成方）に参加した。勝信は九州で戦い、勝永は伏見城を攻略したが、決戦場では毛利秀元（輝元の養子）に属したことから戦わずに敗戦を迎える。

　そして戦後の父子は、土佐20万石の大名となった山内一豊のもとに預けられる。旧知の仲ということで、一豊からは1千石の知行をもらったらしい。また一豊は彼らの家臣も引き受けたという話もあり、流罪とはいっても父子は経済的に恵まれていたようだ。しかも勝永は、一豊の養子・忠義とは男色の関係にあり、監視の目も薄かったと伝えられる。

　この地で勝信が死去して3年後、残された勝永のもとに大坂城からの入城要請が届く。勝永には妻子もおり、だいぶ思い悩んだようだが、「武名を汚さないでください」という妻の言葉で入城を決意する。

　彼は牢人といっても、船を仕立てて土佐から海路で大坂に乗り込んだ。この船出のとき、山内氏に仕えた旧臣が陰ながらに協力したという。

　城内でかつて大名だった勝永は、長宗我部盛親、真田幸村とともに「三人衆」として遇された。彼が大活躍したのは、「大坂夏の陣」（1615年）である。

　特に最後の決戦となった**「天王寺の合戦」**では、徳川軍の本多忠朝、小笠原秀政を討死させるという殊勲を挙げる。その様子を見た黒田長政が、隣の加藤嘉明に「誰か？」と尋ねる。「あれが壱岐守の子の豊前守だ」という嘉明の言葉に、「あの子供が……」と長政が語ったという話が残っている。

　さらに勝永は徳川家康の本陣を襲う。幸村の活躍とされる話は、本当は勝永の働きだったという説もある。そして敗戦後に城内に戻った彼は、最後まで秀頼に付き添い、秀頼を介錯した後に自刃して果てた。

Ⅷ　真田一族略伝──主要周辺人物

269

主要周辺人物略伝 ❻ 実らなかった「戦雲の夢」
長宗我部盛親（ちょうそかべ・もりちか）

DATA
生没年	1575（天正3）年～1615（元和1）年
享年	41歳
幼名	千熊丸
通称	右衛門太郎
官位	宮内少輔
法名	大岩祐夢（たいがんゆうむ）
死因	斬首
死没地	京都

　長宗我部氏は土佐の有力国人で、もとは宗我部（曾我部）といったが、「長岡郡の宗我部」ということで、長宗我部を名乗ることになる。

　1572（元亀2）年、土佐を平定した長宗我部元親は、約10年の歳月をかけて四国全土の攻略に成功する。それに対して織田信長は四国征伐を進めるが、「本能寺の変」によって計画は挫折してしまう。

　実は元親の妻は、明智光秀の重臣・斎藤利三（としみつ）の妹。そのために「本能寺の変」は、「四国征伐を阻止すべく、利三が独断に近い形で起こした事件」とする説もある。ちなみに利三の娘が、徳川家光の乳母となる春日局（かすがのつぼね）で、盛親の従姉妹（いとこ）にあたる。

　その後、羽柴秀吉に降伏した元親は、土佐1国を安堵される。だが長男・信親が九州征伐で戦死したことから、4男・盛親を後継者とした。

　どうやら元親は、盛親を溺愛したらしい。次男・3男を差し置いての話であり、このことが禍根を残す。まず、秀吉の人質だった次男・親和は、家督の件を聞いて自殺を遂げる。そして元親が死ぬと、3男・親忠は盛親によって土佐に幽閉されてしまう。

　その翌年が関ヶ原の戦い（1600年）で、26歳の盛親は東軍に味方するつもりだったが、連絡がうまく取れず、やむなく西軍へ参加する。結局、戦場では戦わずに土佐に戻った盛親は、家康に謝罪しようとする。だが、兄・親忠に「家康が土佐半国を与える」という噂を信じて、兄を謀殺してしまう。結果、その罪によって土佐を没収され、盛親は京都に居住して寺子屋を営んだという。

　1614（慶長19）年、盛親は豊臣方から「土佐1国」の知行を約束されて大坂城に入る。そのとき、故国から旧臣も駆けつけて、約5千人の軍勢に膨れ上がったという。かつて国持（くにもち）大名であったから、牢人の中でも盛親は格別の待遇だったらしい。「三人衆」のトップである。

　「大坂冬の陣」（1614年）では、真田幸村とともに真田丸を守った。その手柄は幸村がひとり占めしてしまったようで、「盛親隊が気の毒」と記す史料もある。続く「大坂夏の陣」（1615年）のとき、盛親隊が徳川軍を相手に大奮戦したのが「八尾の合戦」。どうやら、これが最大の激戦だったようだ。

　翌日、大坂城の落城とともに、彼は城を脱出する。再起を図るためといわれるが、京都に潜んでいるところを徳川方に見つかり、処刑された。

著者略歴

相川　司（あいかわ　つかさ）

歴史、ミステリ、保険評論家。日本推理作家協会員。1951年東京生まれ。1973年早稲田大学卒業。斯波司名義でも執筆活動を行う。主な著作：『新選組　知られざる隊士の真影』（相川司著　新紀元社）、『柳生一族　将軍家指南役の野望』（相川司・伊藤昭著　新紀元社）、『掛けていい保険、いけない保険』（相川司著　新紀元社）、『新選組実録』（相川司・菊地明著　ちくま新書）、『新選組のすべて』（新人物往来社編　新人物往来社）、『J's ミステリーKING＆QUEEN』（相川司・青山栄編　荒地出版社）、『J's ミステリーKING＆QUEEN　海外作家編』（同上）、『やくざ映画とその時代』（斯波司名儀・青山栄著　ちくま新書）

【参考文献】

　本書を執筆するにあたり、以下に掲げた文献を参考にさせていただき、また一部を引用させていただきました。ほかにも数多くの文献にお世話になりました。

　ここに御礼を申し上げます。

『真田一族』……小林計一郎　新人物往来社
『真田昌幸』……柴辻俊六　吉川弘文館
『真田昌幸のすべて』……小林計一郎　新人物往来社
『真田幸村のすべて』……小林計一郎　新人物往来社
『真田幸村　戦国を生きた知将三代』……橋場日月　学習研究社
『闘将幸村と真田一族』……別冊歴史読本　新人物往来社
『奮迅　真田幸村』……歴史群像シリーズ　学習研究社
『真田史料集』……新人物往来社
『真田氏史料集』……上田市立博物館
『甲陽軍鑑』上・中・下（原本現代訳）……ニュートンプレス
『三河物語』上・下（原本現代訳）……ニュートンプレス
『常山紀談』……湯浅常山　岩波書店
『長野県の歴史』……古川貞雄ほか　山川出版社
『源平合戦の虚像を剥ぐ』……川合康　講談社
『戦国15大合戦の真相』……鈴木眞哉　平凡社
『地方別・日本の名族（五）中部編』……オメガ社編　新人物往来社
『真説・川中島合戦』……三池純正　洋泉社
『川中島の戦い』上・下……平山優　学習研究社
『戦国「関東三国志」』……歴史群像シリーズ　学習研究社
『関ヶ原合戦』……笠谷和比古　講談社
『真説　関ヶ原合戦』……桐野作人　学習研究社
『真説　大坂の陣』……吉本健二　学習研究社
『史伝　武田信玄』……小和田哲男　学習研究社
『上杉謙信は女だった』……八切止夫　作品社
『徳川家康』……山本七平　文藝春秋
『太閤の手紙』……桑田忠親　文藝春秋
『豊臣秀吉』……山路愛山　岩波書店
『悲劇のヒーロー豊臣秀頼』……森田恭二　和泉書院
『実録　後藤又兵衛』……綿谷雪　中央公論社
『【絵解き】戦国武士の合戦心得』……東郷隆　講談社
『図説日本戦陣作法事典』……笹間良彦　柏書房
『戦国人名事典コンパクト版』……阿部猛／西村圭子編　新人物往来社
（順不同）

Truth In History 5
真田一族
家康が恐れた最強軍団

2005年7月23日　初版発行　　2016年1月15日　3刷発行

著　　　者	相川　司 <small>あいかわ　つかさ</small>
編　　　集	株式会社新紀元社編集部 有限会社マイストリート
発　行　者	宮田一登志
発　行　所	株式会社新紀元社 〒101-0054 東京都千代田区神田錦町1-7　錦町一丁目ビル2F TEL:03-3219-0921　FAX:03-3219-0922 http://www.shinkigensha.co.jp/ 郵便振替　00110-4-27618
カバーイラスト 本文イラスト 本文写真提供	諏訪原寛幸 福地貴子 伊藤　昭／マイストリート
デザイン・DTP	株式会社明昌堂
印刷・製本	株式会社リーブルテック

ISBN978-4-7753-0406-8
定価はカバーに表示してあります。
Printed in Japan